L'ANNAM, LE TONKIN

ET

L'INTERVENTION DE LA FRANCE EN EXTRÊME ORIENT

OUVRAGES DU MÊME AUTEUR

L'ANNAM, LE TONKIN

ET

L'INTERVENTION DE LA FRANCE

EN

EXTRÊME ORIENT

PAR

Paul ANTONINI

—⁂—

Coup d'œil sur l'histoire nationale de l'empire d'Annam

L'Indo-Chine physique. — Le Foyer annamite

Les Chrétiens : les Persécuteurs et les Martyrs

Mgr de Behaine et le futur empereur Gia-long

Mgr Puginier. — Guerre de Chine

Conquête de l'Indo-Chine

—⁂—

PARIS

LIBRAIRIE BLOUD ET BARRAL

4, RUE MADAME, ET RUE DE RENNES, 59

L'ANNAM, LE TONKIN

ET

L'INTERVENTION DE LA FRANCE EN EXTRÊME ORIENT

AVANT-PROPOS

Sur les rivages de l'Indo-Chine, le drapeau de la France flotte à côté de la Croix.

Le sang de nos soldats a, lui aussi, comme le sang des martyrs de la foi, fécondé l'œuvre de la civilisation.

Nos pères, nos fils, nos frères, dorment en ce lointain pays l'éternel sommeil; ce sol, qui naguère nous était étranger, est devenu pour nous la *res sacra* des Romains.

C'est un pieux hommage à rendre à ceux qui ne sont plus, à ceux dont la place est vide au foyer domestique parce qu'ils sont tombés au champ d'honneur, c'est un pieux hommage à leur rendre que d'étudier les pays et les peuples dont la conquête leur a coûté la vie.

Leurs noms sont inscrits au livre d'or de la Patrie. Mais il faut aussi que le souvenir de la lutte qu'ils ont soutenue reste vivant au milieu de nous ; il faut encore que nous apprenions à connaître ce qu'ils nous ont donné, afin que leur sacrifice ne demeure pas stérile.

C'est donc tout à la fois les mœurs, les institutions des peuples de l'Indo-Chine, puis l'Indo-Chine elle-même, et enfin l'histoire de l'intervention française dans l'extrême Orient que nous devons étudier.

Sur quelques points, les mœurs et les institutions de l'empire d'Annam se rapprochent de celles de l'empire chinois ; mais sur d'autres elles en diffèrent ; la situation politique, comme la position géographique et les ressources de ces contrées méritent d'être examinées avec soin.

Quant aux pages de notre histoire nationale qui retracent nos luttes en extrême-Orient, elles sont dignes des plus belles époques de gloire militaire.

Le cœur palpite au récit de ces combats hors de toute proportion numérique, comme il se serre devant le tableau de nos douleurs, de nos pertes, de nos déceptions — bien compensées d'ailleurs par la gloire dont elles furent le prix.

Nous avons dit : le drapeau de la France flotte en Indo-Chine à côté de la Croix.

C'est qu'en effet, dès longtemps, les missionnaires catholiques, d'autant plus ardents à faire le bien qu'ils rencontrent de plus grandes difficultés à l'accomplir, les missionnaires n'ont pas attendu, pour implanter la croix dans l'empire d'Annam, que l'épée de la France leur ait frayé la voie.

Nous verrons leur premier séminaire établi *dans une barque*. L'Eglise d'Indo-Chine a subi de terribles épreuves. On peut dire qu'aucune ne lui a été épargnée.

A certains jours, l'intervention armée de la France, excitant la haine des païens, a contribué à faire couler le sang des martyrs, non seulement celui des prêtres, mais encore celui des Annamites soldats du Christ, de ceux dont le gendre de M. Paul Bert a cru pouvoir dire qu'ils se servent de la conversion *comme d'un moyen !*

Chrétiens pour de l'argent ! eux qui ont souffert les tourments et la mort plutôt que de fouler la croix aux pieds.

Si nous considérons comme un pieux hommage à rendre aux soldats de la France l'étude sincère des peuples et du pays d'Annam, nous voyons un acte de justice dans l'exposé de l'histoire de l'Eglise d'Indo-Chine : on jugera, par cet exposé, de la valeur des accusations portées contre les missionnaires et contre les chrétiens.

Pionniers de la civilisation, les missionnaires sont aussi les éducateurs naturels des peuples ; leur tâche, qui n'exclut pas les préoccupations patriotiques, est de celles que tout Français doit encourager.

Nous renouvelons ici aux membres des divers Ordres qui nous ont fourni des documents précis sur l'état actuel de leurs travaux, et en particulier aux Révérends Pères des Missions Etrangères, l'expression de notre gratitude pour leur bienveillant concours.

PREMIÈRE PARTIE

ANNAM & TONKIN

CHAPITRE PREMIER

I. LES VASSAUX DE LA CHINE. COUP D'OEIL SUR L'HISTOIRE
DE L'EMPIRE D'ANNAM. — II. L'INDO-CHINE PHYSIQUE.

———

I.

L'empereur de Chine n'a pas seulement sous sa domination la Chine proprement dite et la Tartarie. Il est en outre prince suzerain de plusieurs Etats : le Thibet, la Boukharie, le Turkestan, la Corée.... Il y a peu d'années encore, il était suzerain de l'Annam.

Les Etats vassaux sont tenus d'envoyer périodiquement un tribut à l'empereur de Chine, tribut annuel ou triennal, suivant les conventions, et dont plusieurs causes peuvent modifier l'importance, soit en l'augmentant, soit en la diminuant.

En retour de la foi et de l'hommage du prince chef de chaque Etat, le souverain chinois est tenu de le protéger contre les étrangers et même contre ses sujets révoltés.

Les alliances entre l'empereur et les familles régnantes ont eu souvent pour effet de réduire l'impôt qu'une révolte ou le seul mécontentement du souverain chinois avait rendu précédemment plus lourd. C'est là, par exemple, ce qui arriva pour la Corée : une princesse coréenne, étant devenue l'épouse de l'empereur de Chine, se souvint de sa patrie et usa de son influence nouvelle pour obtenir, entre autres adoucissements, que le tribut de riz payé par la Corée serait réduit des *neuf dixièmes*.

A son avènement au trône, le prince vassal doit donner à l'empereur de Chine avis de son élévation et lui demander l'*investiture*.

Les lettres du vassal ne sont pas remises directement au puissant monarque par l'ambassadeur qui les porte.

Reçu à Pé-kin par les membres du bureau des interprètes, l'envoyé extraordinaire est conduit par eux au ministère des Rites ; il y pénètre avec les personnes de sa suite par une porte latérale ; tous s'arrêtent au seuil d'une salle de réception où se trouvent le président et quelques membres du ministère ; ils se mettent à genoux. Elevant alors au-dessus de sa tête la lettre de son prince, l'ambassadeur la remet à l'un des membres du bureau des interprètes, qui la communique aussitôt au président. Celui-ci, la prenant avec respect, la dépose sur une table. L'ambassadeur et ceux qui l'accompagnent accomplissent le salut solennel; ils se retirent.... la mission est remplie.

La lettre du prince vassal est remise ensuite au Grand Conseil de l'empire, qui prend les ordres de l'empereur au sujet de la réponse à faire en son nom.

Cette réponse n'est pas remise à l'envoyé du roi vassal : on lui fait seulement savoir que le Fils du Ciel accueille la requête de son maître et qu'il se dispose à lui adresser des ambassadeurs.

L'arrivée de ces derniers dans l'Etat vassal est un événement politique. Le jour et l'heure auxquels ils se trouveront à la frontière sont rigoureusement indiqués, car de hauts fonctionnaires doivent les y attendre pour les conduire à la capitale.

La réception des lettres du Fils du Ciel à son vassal diffère de celle des lettres du vassal à l'empereur.

Les ambassadeurs, logés par les soins du souverain, attendent que celui-ci *vienne saluer la lettre.* Quand cette formalité a été remplie, les ambassadeurs se rendent au palais. Ils y pénètrent par la porte *centrale* — ce qui est une marque de déférence — puis ils entrent dans la salle d'honneur, où se trouvent le prince régnant et sa cour. Au milieu de la salle est une table *jaune*, les ambassadeurs y déposent la lettre impériale ; le vassal et sa suite se mettent *à genoux,* font le salut solennel devant la lettre et, dans cette humble posture écoutent la lecture de l'acte qui le reconnaît comme roi.

L'échange de lettres de cette importance est toujours accompagné de présents. En outre, quand il s'agit d'une investiture, et qu'il y a eu un changement de dynastie soit pour le vassal, soit pour l'empereur de Chine, *un sceau* nouveau est remis au prince reconnu par le Fils du Ciel. L'empreinte de ce sceau devra se trouver sur tous les actes officiels du ressort direct de l'autorité royale, et cela jusqu'à ce qu'un autre signe du pouvoir ait été remis au prince vassal.

Au moment où la dynastie nationale chinoise des *Min* agonisait au sud de l'empire et opposait une résistance suprême aux Tartares, maîtres du nord dès l'année 1644 [1], le roi d'Annam resta fidèle aux *Min*. Le chef de ce parti, qui n'était empereur que de nom, car le nombre de ses défaites s'accroissait sans cesse, envoya l'investiture et le sceau au roi d'Annam en 1647. Ce prince mourut l'année suivante.

Son successeur, adoptant d'abord sa politique, se fit reconnaître par le prince des Min ; et même, en 1659, il reçut un sceau nouveau en signe d'alliance.

Cependant l'autorité des Tartares s'affermissant en Chine au point qu'on ne pouvait plus douter de leur succès définitif, le souverain annamite crut prudent de rompre avec ses amis. Pour conquérir la bienveillance des nouveaux maîtres de l'empire, il eut même le triste courage de livrer aux Tartares les derniers membres de la dynastie des Min !

Il n'eut pas le temps de recevoir l'investiture des empereurs de la nouvelle dynastie (celle des *Ta-tsin*, qui règne encore aujourd'hui) : la mort le surprit peu de temps après qu'en réponse à sa trahison et en remerciement de ses présents, le Fils du Ciel régnant l'eût simplement assuré de ses bons sentiments, assurance qu'il confirmait d'ailleurs par l'envoi de riches cadeaux.

Mais lorsque son fils eut fait part à l'empereur de son avènement au trône d'Annam et lui eut demandé de le reconnaître, l'ordre du prince suzerain fut qu'avant de remettre au nouveau roi le sceau portant le signe des *Ta-tsin*, ses ambassadeurs se fissent livrer, pour le détruire, le sceau donné au père du jeune roi par le dernier des *Min*.

Le sceau joue donc un rôle considérable dans les rela-

____

(1) **V.** *Au Pays de Chine* et *Les Chinois peints par un Français.*

tions existant entre le vassal et le suzerain. Aussi, après avoir soustrait l'empire d'Annam à la suzeraineté de la Chine, nous avons, fidèles aux traditions, exigé la remise du signe du pouvoir donné par l'empereur chinois au restaurateur de l'empire d'Annam, Gia-long, en 1804.

Le 6 juin 1884, en exécution du traité obtenu par M. Patenôtre, le sceau de Gia-long fut détruit. Il pesait près de *six kilogrammes*.

Rarement le vassal perd l'espoir de reconquérir sa pleine indépendance ; mais jusqu'ici, l'intervention étrangère seule a pu faire réussir ces projets, dont la réalisation devient la suprême préoccupation des Etats soumis à un tribut onéreux ou humiliant.

Cependant, il faut le dire, comme les chefs des royaumes d'extrême Orient qui dépendent de la Chine savent qu'en acceptant le concours des peuples d'Occident ils auront ensuite à subir leur protectorat, ils hésitent toujours à suivre une politique nouvelle, dont ils redoutent les conséquences sans en comprendre les avantages.

Payer un tribut à la Chine leur est pénible ; mais se soumettre à l'influence d'un gouvernement européen ne leur est pas agréable. Sans doute, s'il ne prenait conseil que de lui-même, le prince aurait moins d'hésitation. Les hauts fonctionnaires, derrière lesquels se trouve toute une armée de *lettrés* et de mandarins, l'excitent au contraire à la résistance, car les modifications que doivent introduire les hommes d'Occident dans l'administration du pays causent une véritable terreur à ceux qui, à tous les degrés de la hiérarchie gouvernementale, sont appelés à diriger les affaires publiques.

Nous en avons eu une preuve éclatante dans l'empire d'Annam, où nos ennemis ont été les mandarins et les lettrés, la *cour* bien plus que le *roi*. L'opposition des ministres, — expression du mauvais vouloir de tous les fonctionnaires, — a été poussée jusqu'aux limites extrêmes ; et quand, vaincu par la force ou se rendant aux avis d'hommes plus éclairés, le prince consentit enfin un accord avec la France, il fut empoisonné !

La lutte recommença à nouveau, malgré des protestations d'amitié auxquelles nous avons eu souvent le tort d'ajouter foi ; et ceux-là mêmes qui nous assuraient de leur sympathie demandèrent aux Chinois aide et assistance contre l'armée française.

De telle sorte que pour soumettre l'Annam il a fallu vaincre la Chine : ce fut seulement quand il n'eut plus de secours à attendre du suzerain que le vassal accepta d'être protégé par la France.

Mais cette opposition systématique des fonctionnaires de tous grades et des lettrés n'a pas à se produire quand, au lieu d'entrer de force ou de plein gré dans le mouvement politique et social dont un peuple d'Occident donne l'impulsion, le souverain tente uniquement d'échapper autant qu'il le peut au joug de l'empereur de Chine ; le concours de tous lui est alors acquis.

Les annales de l'empire du Milieu nous font connaître un fait curieux, qui révèle d'ailleurs le caractère puéril des entreprises politiques de l'Annam. Il semble, en lisant ce rapport, qu'on soit en présence d'un écolier essayant de tromper son maître.

Une ambassade avait été annoncée de Pé-kin à la cour d'Annam. Aussitôt le prince qui résidait à Hué ordonna d'exécuter de grands travaux *en l'honneur* des envoyés du Fils du Ciel. Chacun se mit à l'œuvre avec d'autant plus d'ardeur que tous comprirent le but secret des prescriptions royales : il s'agissait de faire faire aux ambassadeurs un trajet double ou triple de celui qu'ils auraient accompli en suivant les chemins ordinaires.

On creusa des canaux, on fit faire aux rivières de nombreux circuits.... Les ambassadeurs, reçus avec pompe à la frontière, prirent ce chemin d'écoliers, et cela sans se douter tout d'abord « qu'on leur jouait un mauvais tour. »

Cependant, quand ils se virent, après quelques jours de navigation, au milieu de rizières ou de champs, tandis que d'après leurs calculs ils auraient dû être rendus à la capitale, ils éprouvèrent quelque surprise. Comme les Chinois ne le cèdent en rien aux Annamites, surtout en finesse, ils soupçonnèrent quelque ruse et se mirent à observer. Ils s'aperçurent alors que pendant la nuit on stoppait souvent, sous prétexte de passages difficiles à franchir ; puis que la barque, à la faveur des ténèbres, retournait en arrière pour reprendre après un certain temps sa marche en avant, de sorte que, le jour venu, après avoir bien navigué, on se trouvait non pas au point même où l'on était la veille au soir — c'eût été une ruse trop grossière — mais à une faible distance de ce point.

Les ambassadeurs étaient fixés ; en bons Chinois ils ne témoignèrent aucun étonnement et, en philosophes, supportèrent sans se plaindre l'ennui d'un long voyage. Seulement ils prirent bonne note de tout cela. Des travaux si récents devaient en outre avoir tout le cachet de la nouveauté, si bien qu'à la fin du trajet les envoyés du Fils du Ciel avaient pu calculer la somme d'efforts dépensée *en leur honneur*, et se persuader que le roi d'Annam devait avoir un secret motif pour les traiter avec une pareille munificence.

Quant au roi d'Annam, n'imaginant pas que ses hôtes se doutassent de la supercherie, il leur exposa la reconnaissance qu'il avait, d'une part, à l'empereur de Chine de lui envoyer des hommes aussi distingués, et, d'autre part, à ces hommes mêmes d'avoir accepté d'accomplir un aussi long voyage.... car le royaume d'Annam était *très grand, très puissant* aussi.

Le discours, après avoir commencé par des compliments à l'adresse de *l'immense* empire de Chine et de son puissant monarque, se termina par quelques phrases ambiguës dont le sens apparent était : l'Annam, aujourd'hui Etat vassal, est assez fort pour devenir indépendant.

Il est probable que si l'empereur de Chine n'avait eu à ce moment quelque grave préoccupation, le rapport fait par les ambassadeurs à leur retour l'eût décidé à augmenter les redevances dues par l'Annam, comme n'étant pas assez élevées *pour un si grand Etat.*

Le roi d'Annam, grâce à des circonstances particulières, n'eut pas à se repentir d'avoir voulu tromper son suzerain, mais il ne gagna rien à sa ruse, qui ne lui valut aucun dégrèvement.

S'il était nécessaire d'expliquer comment les Etats vassaux peuvent être amenés à résister aux Européens cherchant à les soustraire au protectorat de la Chine pour lui substituer celui d'une puissance occidentale, il n'est pas besoin de justifier le désir qu'ont les souverains chinois de conserver leur autorité sur les Etats devenus leurs vassaux.

Soit en punition d'un audacieux soulèvement réprimé par les armes, soit en paiement d'un concours accordé contre l'attaque d'un peuple voisin, la Chine s'est fait comme une ceinture d'Etats féodaux. A certaines époques il lui a été certainement difficile de remplir vis-à-vis de quelques-uns les devoirs que lui créent ses droits euxmêmes. Ainsi, par exemple, la Corée ayant été attaquée par les Japonais à la fin du xvie siècle, des soldats chinois durent lui être prêtés pour repousser les assaillants, et le trésor se trouva épuisé à ce point qu'on fit, nous l'avons vu [1], bon accueil à Pé-kin au R. P. Ricci, dans l'espoir qu'il possédait le secret de faire de l'or.

Cependant, malgré les charges qui peuvent en résulter pour elle, la Chine se montre jalouse de sa suzeraineté, non seulement à cause des tributs qu'elle lui rapporte, mais encore et surtout parce qu'elle l'autorise à se mêler de la politique de ses voisins immédiats et à repousser les envahisseurs étrangers à son alliance, de telle sorte que jusqu'ici elle n'était en contact sur ses frontières qu'avec des peuples amis et même dépendant de son autorité.

Aussi n'est-ce qu'après une lutte qui coûta à la France de grands sacrifices qu'il fut possible de décider la cour de Pé-kin au renoncement de l'antique protectorat qu'elle exerçait sur l'Annam.

Le nom d'ANNAM, *paix du Sud*, fut donné pour la première fois par les Chinois au pays des *Giao-chi*, vers la fin du iiie siècle avant Jésus-Christ.

L'Annam comprenait primitivement la région que nous nommons Tonkin et celle qui conserve encore le nom d'Annam proprement dit. Puis, ce royaume s'augmenta du pays des Ciampa, le *Chen-chin* (la Cochinchine). Il s'accrut en outre par l'annexion d'une partie du Cambodge et du Laos. Mais au moment où ces provinces du Sud furent attachées à *l'empire* d'Annam par des liens plus forts, on distinguait déjà une scission profonde entre les détenteurs du pouvoir.

[1] V. *Au Pays de Chine.*

En 1546 on peut distinguer réellement dans la péninsule indo-chinoise deux royaumes : celui du Nord, qui reconnaît l'autorité des Mac, dont la capitale est *Dong-kinh* ou *Tong-kin (cour d'Orient)*, le *Hanoï* actuel ; — celui du Sud, qui reconnaît pour souverains les Lê.

Cette division résulta d'abord de dissensions intestines, de révoltes du peuple, révoltes qui prirent le caractère de guerres civiles, et enfin d'un ordre de l'empereur de Chine.

En 1562, le gouverneur de la Cochinchine actuelle est *Nguyên*. La famille des Nguyên devait produire des hommes de grande valeur, et c'est d'elle que descend la dynastie actuellement régnante en Annam.

La lutte entre les Mac et les Lê dura jusqu'à l'extinction des Mac, qui d'ailleurs, longtemps avant de disparaître complètement de la scène, avaient perdu toute autorité. Ainsi que nos anciens « rois fainéants, » ils se laissaient gouverner eux-mêmes et abandonnaient la direction du royaume à des *seigneurs*, chua, sorte de maires du palais, plus tyranniques que les rois.

Ce fut en 1592 que le général *Trinh-tông*, commandant l'armée des Lê, s'empara de Hanoï et fit le roi prisonnier. Malgré cela, les hostilités ne cessèrent point, parce que l'or des Mac obtint des Chinois que le roi du Sud, Lê-*the-tong*, laisserait les deux provinces de Cao-bang et de Thái-nguyên à leur dynastie chancelante.

L'unité devait se faire enfin, mais non point sous les rois de la famille Lê : ce grand événement fut accompli par un prince régnant en Cochinchine, appartenant à la famille des *Nguyên*, et qui prit le nom de Gia-long. Ce fut seulement en 1802 que sous le même sceptre se trouvèrent réunis le Tonkin, l'Annam proprement dit et la Cochinchine. La France fut mêlée à cet événement.

C'est donc l'histoire du vaste pays qui s'étend depuis le cap *Paklung* jusqu'au golfe du Bengale d'une part, et d'autre part de la mer de Chine jusqu'au royaume de Siam, qu'il faudrait retracer pour décrire l'histoire de l'empire d'Annam.

Mais cette étude n'offre d'intérêt pour la France qu'à partir de la fin du xviiie siècle. Jusque-là tout se borne à des luttes constantes d'abord entre la région du nord et celle du centre, puis entre celles-ci et les provinces du sud. La Chine ne reste pas toujours étrangère à ces querelles, et quelquefois elle tire profit de son intervention. Les hasards du combat font passer le pays tantôt sous la domination de la famille régnante du nord, tantôt sous le pouvoir des Lê, ou bien encore sous l'autorité des Chinois. L'unité se fait par moments, puis se rompt, pour se refaire à nouveau et disparaître encore.... Ne nous arrêtons pas devant le tableau de ces combats dont l'enjeu est souvent un trône. Mais à partir de la fin du xviiie siècle le drapeau de la France se trouve engagé dans l'Indo-Chine. Nous allons donc retracer rapidement les événements qui ont immédiatement précédé notre intervention. Nous aurons ensuite, dans la seconde partie de notre étude, à examiner cette période d'un siècle pendant laquelle l'unité des trois royaumes d'Indo-Chine, qui s'était faite sous la protection du Fils du Ciel, s'est rompue pour se refaire sans doute sous la protection et au nom de la France.

En 1740, l'empire d'Annam était divisé en deux royaumes, celui du Nord (capitale *Hanoï)*, celui du Sud (capitale *Hué)*. Ces deux royaumes étaient indépendants *de fait*, bien qu'en principe le souverain du Nord se prétendît chef du Sud; enfin le prince régnant à Hué voyait son pouvoir étendu sur la Cochinchine, qui donnait son nom au royaume du Sud. De sorte que l'Annam comprenait le royaume du Tonkin et celui de Cochinchine.

En 1749, un Français, nommé Poivre, était arrivé à Tourane, puis à Hué. Le roi *Vo-vuong* lui fit bon accueil et autorisa la création d'établissements commerciaux français sur le territoire soumis à son autorité, création que sollicitait la Compagnie des Indes. Le roi donna même à Poivre une lettre pour le monarque de France : il assurait ce prince de ses dispositions amicales et déclarait que leurs Etats respectifs « ne devaient plus en former qu'un seul. »

Ce n'était qu'une formule de politesse. Cependant elle témoignait du bon vouloir de Vo-vuong, et sans doute la France aurait pu en profiter si de graves préoccupations d'abord, la ruine ensuite, n'avaient détourné la Compagnie de s'engager dans une entreprise nouvelle.

Le roi de Hué régna longtemps encore ; puis il mourut en 1765. Il laissait un fils légitime, reconnu comme son successeur, et d'autres enfants qui ne pouvaient prétendre au trône que la naissance réservait à leur frère : malgré toutes les considérations de justice et de légalité, Vo-vuong déclara son fils légitime déchu de ses droits et donna la couronne à un autre de ses enfants tout jeune encore, Duê-tông.

L'occasion était bonne, pour un ministre ambitieux, de saisir les rênes du gouvernement suprême et de se substituer au prince : c'est ce que fit un haut mandarin connu sous le nom de Phuoc-man.

Cet homme, sans profiter de ses crimes, allait soumettre le royaume à une terrible épreuve et permettre à un puissant parti de révoltés de s'emparer du pouvoir.

Phuoc-man, se préoccupant fort peu du jeune roi laissé par Vo-vuong comme chef de l'Etat, gouverna selon son caprice, satisfit ses rancunes personnelles, se plut à la vengeance, aux exactions de toutes sortes, et, afin de n'avoir rien à redouter, jeta en prison l'héritier légitime, qui aurait sans peine rallié autour de lui les forces nécessaires pour conquérir le trône d'où son père l'avait en quelque sorte fait descendre.

Ce prince mourut dans sa prison.

Mais il laissait deux fils. L'un d'eux, *Nguyen-anh*, devait plus tard montrer au monde ce que peuvent le courage, l'énergie, la persévérance et l'intelligence. C'est lui que nous retrouverons, au commencement du XIXe siècle, empereur d'Annam sous le nom de Gia-long.

Son père mort, Nguyen-anh, qui était encore fort jeune, jugea qu'il devait se tenir à l'écart des troubles qui menaçaient l'Etat, et attendre que l'heure de réclamer ses droits fût venue.

Le ministre coupable, Phuoc-man, l'aurait sans doute poursuivi de sa haine, si lui-même ne se fût soudain trouvé dans le plus grand péril et bientôt hors d'état de nuire : sa tyrannie prit un tel caractère que les grands et le peuple résolurent d'en secouer le joug. Seulement, tous comprenaient que s'ils perdaient la partie contre le ministre, les têtes seraient fauchées dans le royaume comme les épis dans un champ de céréales au jour de la moisson.

Il résulta de cette certitude et de ce désir combinés, qu'au lieu de se soulever de suite contre leur tyran et de soutenir seuls la lutte, les Cochinchinois appelèrent à leur secours le roi du Nord, le souverain du Tonkin, qui avait toujours protesté contre l'indépendance de la Cochinchine.

Cet appel pouvait donc faire naître dans l'avenir un péril national. Mais le danger présent sembla devoir faire négliger toutes préoccupations futures.

La requête des Cochinchinois favorisait trop bien les

secrets désirs de la cour du Nord pour qu'elle hésitât un seul instant à l'accueillir. De sorte qu'une armée tonkinoise envahit le royaume du Sud dans le but apparent de chasser le ministre exécré; son chef avait le secret dessein de s'emparer du pouvoir et de joindre ainsi le royaume du Sud à celui du Nord.

Dieu en décida autrement.

Pendant que Tonkinois et Cochinchinois ensemble combattaient les troupes à la solde du ministre Phuoc-man, les Siamois attaquèrent la basse Cochinchine, s'emparèrent de Hà-tien et marchèrent sur Saïgon. Vainqueurs des forces annamites réunies, ils eurent en eux pleine confiance et crurent au succès final. Mais battu avec ses meilleures troupes, le roi de Siam ne voulut pas continuer la lutte et retourna à Bangkok, après avoir restitué Hà-tien, en 1774.

La Cochinchine et le Tonkin se trouvaient à ce moment face à face, et les destinées des deux royaumes se seraient sans doute jouées sur un champ de bataille, si un nouvel ennemi n'avait attaqué à la fois et le sud et le nord.

Commandés par deux frères dont l'un était un ancien chef de bandits, voleurs de grands chemins, les *montagnards de l'Ouest, Tay-son*, résolurent de profiter des troubles de l'empire pour s'en emparer.

Au moment où l'armée tonkinoise, poursuivant le dessein de s'emparer du royaume de Cochinchine, attaquait la capitale *Hué* et mettait en fuite le pauvre roi qui n'avait jamais régné que de nom, grâce à son ministre, et pendant que ce prince se réfugiait à Saïgon, les Tay-son entraient par surprise dans la ville de Qui-nhon.

La manière dont ils s'emparèrent de ce port mérite d'être rappelée. Un des deux chefs des rebelles — l'ancien capitaine des voleurs — se fit *enfermer dans une cage* et donna l'ordre à ses fidèles de le livrer ainsi aux mandarins de Qui-nhon, comme traître au parti.

Les mandarins reçurent le soir cet étrange présent et remirent au lendemain le soin de décider quel traitement on devait lui faire subir. Ce sursis entrait dans les calculs du chef ennemi. Les barreaux de la cage étaient disposés d'une manière connue de lui, et bien qu'un examen superficiel ne pût révéler quoi que ce fût d'anormal dans leur agencement, il y en avait un certain nombre qu'on pouvait démonter facilement et sans bruit.

Garder sévèrement un homme enfermé dans une cage sembla fort inutile.

Au milieu de la nuit, profitant à la fois et du peu d'attention dont il était l'objet et des ténèbres, le chef des Tayson détacha quelques barreaux, sortit de sa *prison*, se glissa jusqu'à une porte, et, se mêlant aux veilleurs annamites, ouvrit cette porte.... derrière laquelle étaient cachés un petit nombre des siens. Ceux-ci donnèrent l'éveil à une troupe nombreuse qui attendait un peu plus loin, et tous ensemble pénétrèrent dans la ville.

En quelques heures ils furent maîtres de la cité, des approvisionnements qui s'y trouvaient en dépôt pour le service de l'armée annamite, et des jonques de guerre qui attendaient dans le port l'ordre de prendre part à la lutte contre les montagnards.

Qui-nhon fut aussitôt prise par les vainqueurs comme base de leurs opérations. Ils dirigèrent d'abord leurs efforts contre l'armée tonkinoise établie à Hué, s'emparèrent de cette ville, que ses défenseurs avaient prudemment abandonnée; puis, le nombre de leurs partisans s'accroissant sans cesse de tous les mécontents, ils se portèrent sur la capitale du Nord, Hanoï, où ils remportèrent une victoire qui leur livra la ville et le roi.

Chose étrange cependant, et qui peut être considérée comme indiquant dans l'esprit du vainqueur un doute sur la réussite complète de son audacieuse entreprise, le chef des Tay-son ne chassa pas le roi tonkinois. Celui-ci, touché de son respect, le considéra comme un général d'armée, non comme un bandit commandant à des révoltés, et lui donna une princesse en mariage. Ces bonnes relations, nouées vers 1785, ne furent pas de longue durée.

Nhac, le chef des Tay-son qui avait conquis Hanoï, se retira à Hué, tandis que son frère se fixait à Saïgon.

De Hué, le *roi* — car Nhac avait pris ce titre — surveillait le nord de ses Etats et attendait que ses forces étant concentrées et une occasion venant à naître, l'heure sonnât pour lui d'entrer à nouveau au Tonkin. Des dissensions intestines à la cour de Hanoï lui firent croire que son entreprise aurait plein succès. Il marcha droit à la capitale, y pénétra et.... revint à Hué, comme il l'avait fait lors de sa première conquête.

La famille royale s'était enfuie en Chine. La reine mère sollicita l'appui de l'empereur suzerain, et celui-ci autorisa l'entrée en Annam de deux armées ayant mission de replacer le roi légitime sur le trône du Tonkin, puis d'infliger une terrible leçon aux rebelles.

La première partie de ce programme s'accomplit au mois de décembre 1788; mais quant à la seconde, les rôles se trouvèrent renversés, si bien que les Tay-son ayant complètement battu la première armée chinoise qui se présenta à eux au delà de Nam-dinh, le chef de cette armée, pris de terreur, s'enfuit, traversa le fleuve Rouge et, détruisant derrière ses troupes le pont à l'aide duquel le passage s'était effectué, empêcha la seconde armée, qui fuyait aussi, d'opérer sûrement sa retraite. Les Annales rapportent que dix mille Chinois se noyèrent.

Les Tay-son avaient donc le champ libre devant eux.
Le résultat de leur grande et facile victoire fut non seulement de leur livrer le Tonkin, mais encore — avantage plus précieux — de leur assurer l'*amitié* de la Chine.

Nous avons dit, dans une précédente étude [1], que les Chinois sont faibles vis-à-vis des forts : les princes légitimes du Tonkin firent la triste expérience de la facilité avec laquelle le Fils du Ciel abandonne ses alliés, se tourne même contre eux quand il le croit de son intérêt.

Le chef des Tay-son qui se trouvait au nord de l'Annam s'empressa, en effet, d'envoyer au vice-roi du Yun-nan des présents pour lui et une lettre pour l'empereur. Les présents firent que la lettre parvint rapidement au souverain, accompagnée d'ailleurs d'un avis favorable. Le vainqueur des Tonkinois et des Chinois demandait à être reconnu comme roi par le Fils du Ciel. En même temps que cette requête présentée par le vice-roi du Yun-nan arrivait, avec un rapport favorable, à la cour de Pé-kin, le neveu du chef des rebelles s'y présentait aussi : il apportait de riches présents et demandait pour son oncle la faveur *de se rendre lui-même à Pé-kin*, afin d'y recevoir l'investiture.

L'empereur se souciait peu de faire la guerre aux Tay-son en faveur du prince légitime du Tonkin, et la défaite de ses deux armées le prévenait en faveur des rebelles. Il déclara que le ciel seul avait pu permettre leur triomphe ; qu'il se prononçait aussi contre le prince légitime, car dans sa fuite il n'avait pu sauver le *sceau* royal. En conséquence, le *Ciel* favorisant le vainqueur, le *Fils du Ciel* ne pouvait que le reconnaître. La venue du chef tay-son fut donc autorisée.

(1) V. *Au Pays de Chine.*

John Barow (*Voyage en Cochinchine en* 1793) raconte qu'au lieu d'aller lui-même à Pé-kin, le nouveau maître du Nord y envoya un officier qui lui ressemblait : il craignait en effet un brusque revirement de l'empereur. Les Chinois ne s'aperçurent pas de la supercherie — qu'ils contestent d'ailleurs — et plus tard, afin d'éviter qu'elle ne fût révélée par celui-là même qui l'avait remplacé, le chef tay-son le fit mettre à mort.

Telle est, en résumé, l'histoire de la grande révolte des montagnards de l'Ouest, qui, avec des fortunes diverses, dominèrent en Annam de 1773 à 1801.

Le roi légitime du Tonkin appartenait à la famille Lê. Dernier souverain régnant de cette dynastie, il se réfugia à Pé-kin, où il eut rang de mandarin de troisième ordre. Il mourut en 1791. Ses partisans s'étaient enfuis en Chine ou dans les montagnes de l'Annam ; son corps fut ramené dans la patrie en 1803. Depuis, à diverses époques, un descendant des Lê prend en main sa bannière, qui devient le drapeau de la révolte. La France a eu, de 1874 à 1885, des rapports au Tonkin avec les représentants de la vieille dynastie nationale, et nous exposerons bientôt comment leur dernière tentative de restauration a échoué.

Pour suivre dès leurs progrès les Tay-son au nord, nous avons dû négliger les événements accomplis au sud pendant la même période. Ces événements furent considérables, car au même temps où les rebelles affermissaient progressivement leur autorité au Tonkin, à l'époque où ils chassaient à la fois le roi Lê et les Chinois venus au secours du vassal de l'empereur, ailleurs, en Cochinchine, ils étaient menacés, attaqués, vaincus par le futur empereur Gia-long, dont le nom de famille était *Nguyen-anh*.

La fortune, inconstante d'ailleurs, ne couronna pas d'abord tous les efforts de Nguyen-anh, fils et légitime héritier du roi de Cochinchine.

En 1775, n'ayant autour de lui qu'une poignée de partisans et ne pouvant rien entreprendre contre les Tay-son, il se retira dans une île du golfe de Siam. De sa retraite il suivit les progrès des rebelles, que sa disparition avait tranquillisés.

En 1776, profitant de ce que leur chef et la plus forte partie de l'armée avaient abandonné Saïgon pour se retirer à Qui-nhon, le jeune prince rassembla ses fidèles, groupa les montagnards de l'*Est*, *Dong-son*, s'assura du concours utile d'une colonie chinoise établie dans les possessions extrêmes de son père, puis, à la tête de cette petite armée, entra en campagne. Son audace, ses talents et la confiance que ses partisans avaient en lui assurèrent le succès des premières entreprises : à la fin de l'année, Saïgon et toute la basse Cochinchine étaient en son pouvoir.

Les Tay-son survinrent en force.... ils furent battus. Cette nouvelle victoire augmenta le nombre des partisans de Nguyen-anh, et la défection des garnisons de quelques villes lui valut la possession de la province de Binh-thuan. Mais le commandant des troupes chinoises ayant outragé une personne de sa famille, Nguyen le fit mettre à mort. Cette rigueur détacha les Chinois de sa cause ; ils se retirèrent dans le Mi-tho et fomentèrent la révolte contre lui. En même temps le reste de ses soldats et sa flotte, vaincus par les Tay-son, durent abandonner la province de Binh-thuan.

Nguyen-anh réprima cependant la révolte des Chinois et même secourut le roi de Cambodge menacé par celui de Siam. Mais les montagnards de l'Ouest étant descendus en basse Cochinchine, il dut livrer bataille, et, de nouveau vaincu, se réfugia à *Phu-quoc*.

Voyant leur ennemi presque abandonné et sans ressources, les Tay-son, qui avaient à combattre ailleurs, se retirèrent. Nguyen-anh, dont rien ne pouvait abattre le courage, entreprit de reprendre la basse Cochinchine.... Il fut battu, et sans une tempête qui éloigna la flotte qui le poursuivait dans sa fuite, il eût probablement succombé [1].

C'est alors qu'il songea à un illustre fugitif, à un grand Français, Mgr Pigneaux de Béhaine, qui, persécuté et ne pouvant rien obtenir pour l'Eglise à cette époque, était réfugié sur un îlot du golfe de Siam.

C'est là que nous les trouverons réunis en 1785 ; c'est là, sur un rocher, que fut contractée une amitié dont la France profita et dont l'Eglise conçut une vive espérance qui ne se réalisa pas.

La suite de ces événements appartient au récit de l'intervention française en Annam, à laquelle le traité signé par Louis XVI, en 1787, donna un caractère officiel qu'elle ne perdit plus.

Vainqueur grâce au concours que nos compatriotes lui prêtèrent, Nguyen-anh put enfin réaliser le beau rêve qu'il avait fait en exil : il reprit possession des Etats de ses pères.

Puis, poursuivant ses conquêtes autant par ambition que par un juste désir de sécurité, il réunit le royaume du Nord à celui du Sud, et prit, en 1802, le nom de GIA-LONG, sous lequel il est connu comme l'un des plus grands princes de l'extrême Orient, nom qui signifie *Souveraine extension*.

Après avoir examiné l'histoire nationale de l'Annam,

---

[1] Pour plus de développements sur l'histoire d'Annam on peut consulter : *Histoire de l'Annam*, par l'abbé LAUNAY ; — *Histoire des relations de la Chine avec l'Annam*, par M. DEVÉRIA.

nous devons maintenant porter nos regards sur l'Indo-Chine même et sur les hommes qui la peuplent.

II.

L'Indo-Chine physique. — Tonkin. — Annam. — Cochinchine.

Depuis un temps immémorial la petite péninsule où se trouve le cap Paklung appartenait à l'Annam septentrional. Lors des travaux de délimitation en 1887, la Chine s'avisa de revendiquer ce territoire.... la France le lui a abandonné.

C'est donc au sud du cap Paklung que commence la frontière maritime du Tonkin, et aussi sa frontière nord, toute politique.

La ligne de délimitation nord part du cap Paklung, elle passe au-dessus de Lang-son et de Cao-bang, pour rejoindre au nord-ouest les plateaux du Kouang-si et du Yun-nan.

A l'ouest se trouvent des régions du Laos peu explorées, sur lesquelles les royaumes voisins (Birmanie et Siam) prétendent exercer des revendications.

A l'est, le littoral se développe. La ligne côtière du Tonkin est considérable ; on l'évalue à six cent cinquante kilomètres : dans cette évaluation on ne tient pas compte des irrégularités de la côte, qui offre un grand nombre de baies. C'est là le littoral baigné par le golfe du Tonkin. Mais, par le traité Patenôtre, la France ayant, le 4 juin 1884, rendu à l'Annam trois provinces, le Tonkin proprement dit a perdu ainsi trois degrés.

Le littoral du Delta du fleuve Rouge (*Song-koi*) est compris entre le *Lach-huyen* [1], près de la baie d'Along avec laquelle elle communique, et le *Cua-day* [2]. Le Tonkin proprement dit s'arrête au 20e degré de latitude (mérid. de Paris) ; ce n'est qu'une limite politique.

C'est à cette limite, c'est-à-dire au 20e degré, que commence l'*Annam* ; il va jusqu'au cap *Ba-ké*, à 10°30' ; là on trouve le littoral de Cochinchine qui termine la péninsule indo-chinoise.

Parcourons rapidement le littoral de cette péninsule, où nous avons maintenant de si grands intérêts.

En partant du cap Paklung, on rencontre de nombreuses baies, des mouillages souvent ensablés, un grand nombre de petites îles rocheuses, qui dans l'avenir seront sans doute reliées au continent par des terres d'alluvion. Les apports quotidiens du fleuve Rouge sont en effet considérables. Hanoï qui autrefois — il y a *treize cents ans* — était, dit-on, port de mer, se trouve aujourd'hui éloigné de la côte d'environ *soixante-trois* kilomètres en ligne droite.

La baie d'Along est un mouillage très beau, sûr, vaste, où de nombreux navires ont pu s'abriter pendant la dernière guerre. Cette baie communique avec la baie de *Fetzelung*, le Delta, la baie de *Hong-gay* et celle de *Lan-ha*. Un canal conduit les navires de faible tonnage dans le Lach-huyen, qui n'est que la continuation du *Song-chong*. C'est par la rivière Huyen que les bâtiments arrivent à *Hai-phong*, qui peut être considéré comme le véritable port du Tonkin.

---

(1) *Lach* signifie *rivière*.
(2) *Cua*, *embouchure*.

On trouve après la baie d'Along les bouches du *Thaï-binh*
et du *Song-koi*. Ces embouchures n'ont aucune ressem-
blance avec celle du Yang-tse-kiang. Autant celle-ci est
immense, autant celles-là sont petites, étroites ; mais elles
sont au nombre de *quatorze*, toutes peu profondes, ensa-
blées, accessibles seulement à certains moments ou même
à certaines époques, et aux canonnières. Cependant l'embouchure (*cua*) Cam sert d'entrée au port de Hai-phong,
tandis que par le cua *Van-uc* on peut aller à Hai-dzuong.

On trouve dans ces parages d'innombrables petites îles,
à proximité de la terre chinoise et qui servent de refuges
aux pirates. Il y a aussi quelques îles plus importantes,
mais ne dépassant pas environ trente kilomètres de longueur. Telle est, par exemple, l'île de *Cat-ba*, qui possède un mouillage assez sûr, mais ne pouvant convenir
qu'aux navires calant cinq mètres, six au plus.

Puis viennent le groupe des îles *Norway* ; — la petite
île (*Hon-dau*) qui porte un phare à feu fixe ; — l'île *Mé* et
l'île *Bien-son*, où les Portugais se trouvaient au xviie siècle,
et sur laquelle débarquèrent les missionnaires qui arrivèrent à cette époque dans l'Indo-Chine.

Le cap *Vung-chua* dominant l'île *Tseu* — vis-à-vis de la
baie de *Yu-lin-kan*, qui appartient au littoral ouest de
l'île d'Hainan, — limite du golfe du Tonkin.

Notre première conquête nous donnait le Tonkin à peu
près tel qu'il était autrefois, la province de Ha-tinh finis-
sant en face de l'île *Tseu*. Le mur qui servait de limite aux
deux royaumes, et qui existe encore en partie, se trouve un
peu plus au sud. Ce mur a été construit pendant une
guerre pour servir à la défense des Etats du sud contre
ceux du nord, et le général qui le fit élever l'appuya
contre une montagne de peu d'importance, qui est une
ramification de la grande chaîne parcourant toute la pé-

ninsule dans sa longueur. Cette chaîne se rapproche à certains endroits très près de la mer ; sur un long parcours elle sert de limite naturelle à l'Annam sur la frontière ouest. Nos possessions prenant fin au nord de cette muraille, nous respections l'ancien partage, sans prétendre étendre notre domination / jusqu'aux limites naturelles du Tonkin, qui peuvent être considérées comme se trouvant au cap *Lay*, où passe la ligne de démarcation du Quang-tri et du Quang-binh.

Mais, nous l'avons dit, à peine notre drapeau flottait-il sur ces régions, qu'un traité nous fit rendre à l'Annam les trois provinces de *Thanh-hoa*, *Nghé-an* et *Ha-tinh*. De sorte qu'en vertu de cet acte diplomatique de 1884, le Tonkin s'arrête et l'Annam commence au *Cua-chinh*, au 20e degré.

Le littoral de l'Annam prend fin au cap *Bac-lé*; là commence le littoral de la Cochinchine.

HUÉ, capitale du royaume d'Annam, est à 12 milles environ de la mer, et à 85 kilomètres de *Tourane*. Elle communique avec la mer par une rivière nommée rivière de Hué, à l'embouchure de laquelle se trouve *Thouan-an*. Ce port communique avec la baie de Chou-may, au sud, par un chenal qui existe entre le littoral et un banc formant l'île *Truoï*.

La baie de Tourane, ouverte au commerce européen ainsi que la ville même par le traité du 25 août 1883, est célèbre par sa beauté, son entrée large de près de quatre milles, sa profondeur, l'aspect pittoresque de la plaine qui s'étend à l'ouest et par les roches de marbre qui sont au sud. Les roches de marbre de Tourane sont au nombre de cinq ; elles sont fort belles et considérées par les Annamites comme *saintes*. On y voit une grotte curieuse consacrée au culte bouddhiste.

Cependant, il faut le dire, Tourane est aussi célèbre par son climat meurtrier que par ses beautés. C'est de l'occupation de Tourane par l'amiral Rigault de Genouilly, au mois d'août 1858, que datent nos premières déceptions dans l'extrême Orient.

Il fallut l'évacuer le 23 mars 1860, après y avoir perdu inutilement un nombre considérable de soldats.

Malgré les inconvénients de son climat, il faut reconnaître que Tourane offre un précieux avantage, celui d'offrir un mouillage sûr à tous les navires, même aux plus forts, ce qui n'est pas commun sur la côte annamite. Cet avantage est d'autant plus appréciable que de terribles tourmentes désolent trop souvent les parages de la mer de Chine.

Au nord du cap *Batangan*, on trouve aussi une baie ; il y en a une autre au sud. Ces deux abris sont bons, mais ne peuvent être comparés à la baie de Tourane.

Le port de *Quin-nhon*, au nord de la baie de *Xuan-day*, fut en 1792 le théâtre d'une bataille navale qui assura le triomphe du futur empereur d'Annam, Gia-long. Ce port a été ouvert au commerce étranger par le traité du 15 mars 1874. Mais son entrée est rendue difficile par une barre qui lui fait préférer le mouillage de Xuan-day, ouvert par le traité de 1883.

A mesure qu'on descend vers le sud, la côte annamite devient de plus en plus découpée. Au sud du cap *Varella*, entre ce cap et celui qui porte le nom de *Padaran*, les baies sont très nombreuses et peu profondes. Le cap Padaran, précédé d'un bon mouillage, est très difficile à doubler.

Au sud de ce cap et voisine de la côte, se trouve l'île *Cécir de Terre*; plus au sud encore et loin du continent, on voit l'île *Cécir de Mer* ; elle est située presque en face de la pointe de *Kéga*.

L'île du *Tigre* est entre la pointe de Kéga et celle de *Guio*. Enfin au sud de Kéga se trouve le cap Bac-lé, où s'arrête le royaume d'Annam.

Nous voici donc arrivés sur le littoral de la Cochinchine.

Le cap *Saint-Jacques* marque au nord le commencement d'une côte toute sillonnée de bouches : bouches de la *rivière de Saïgon* et d'autres cours d'eau ; bouches du *Mé-kong*.

La Cochinchine, capitale SAÏGON, est une plaine basse sillonnée de cours d'eau. Au nord et à l'ouest seulement, surtout dans les provinces françaises de *Bien-hoa*, de *Baria* et de *Thu-dau-mot*, se trouvent quelques montagnes, derniers contreforts de la grande chaîne annamitique. Pendant la saison des pluies, la plaine prend l'aspect d'un lac, et le sable charrié par les eaux s'amoncelle sur quelques points en monticules, tandis que sur d'autres il exhausse la plaine d'une manière uniforme, tout en exhaussant aussi le lit des rivières et arroyos.

La pointe extrême de la plaine de la Cochinchine porte le nom de *Camau*. L'île de *Poulo-Condor*, qui, nous le verrons, devait être cédée à la France à la fin du siècle dernier, est un peu à l'est, dans la mer de Chine. Après avoir doublé la pointe de Camau, on entre dans le golfe de Siam.

Nous avons parcouru rapidement le littoral de la péninsule indo-chinoise. Nous devons maintenant pénétrer dans cette péninsule. Entrons tout d'abord dans le Tonkin.

Le Tonkin comprend deux régions : celle du delta à l'est ; celle des montagnes, hauts plateaux ou forêts, au nord et au nord-ouest.

Quant à l'Annam, il est traversé dans toute sa longueur

par la chaine dite annamitique, qui, née dans le plateau central de l'Asie, se dirige d'abord du nord-ouest au sud-est et se rattache aux monts du Tonkin oriental ; puis, à la hauteur de l'île d'Hai-nan, cette chaîne devient parallèle à la côte et s'en rapproche parfois au point de ne laisser à l'Annam proprement dit qu'une largeur de 20 à 30 kilomètres, tandis qu'à d'autres endroits, cette largeur est de 100 kilomètres.

La chaîne annamitique a des ramifications nombreuses allant de l'ouest à l'est et se terminant généralement en falaises. Ces ramifications créent dans le pays une multitude de vallées étroites entre lesquelles les communications ne peuvent guère se faire que par les cols ou par le littoral.

Cette chaîne vient enfin, comme nous l'avons dit, se terminer au nord et au nord-ouest de la Cochinchine. Le grand fleuve le Mé-kong coule de l'ouest à l'est.

De l'orientation des montagnes, il résulte que : les deux grands cours d'eau du Tonkin coulent du nord-ouest au sud-est ; les fleuves d'Annam vont de l'ouest à l'est ; enfin le Mé-kong vient déboucher dans la Cochinchine après une longue marche du nord-ouest au sud-est.

Le Tonkin est arrosé par deux grands fleuves : le Thai-binh et le Song-koi, qui prennent leur source, l'un probablement dans les montagnes du Kouang-sy [1], l'autre dans les hauts plateaux du Yun-nan, près de Ta-li-fou, où il se nomme *Hong-kiang, fleuve Rouge*.

Ces deux grands cours d'eau communiquent entre eux par de nombreux *arroyos*, petites rivières ou cours naturels ne méritant pas le nom de rivières ; ils se déversent dans le golfe du Tonkin par *quinze bouches*.

---

[1] Ou peut-être dans le Cao-bang ; on n'est pas encore fixé sur ce point.

Le fleuve Rouge — pour donner à ce fleuve le nom sous lequel il est devenu célèbre, reçoit des Annamites la dénomination de *Song-thao* dans son parcours depuis Long-po, point de la frontière où il pénètre au Tonkin, jusqu'à *Hong-hoa*, ville au-dessus de laquelle il reçoit la rivière Noire, son affluent de droite. Puis, comme en amont de Hanoï il se divise en deux bras, les indigènes ont appelé l'un de ces bras *Song-koï, fleuve principal,* et l'autre *Song-day.*

Le Song-koï a lui-même deux bras : le Song-giau (rivière des Mûriers) et le canal de Bac-ninh (ou des Rapides).

Les principaux affluents du fleuve Rouge sont : sur la rive droite, le *Tsin-choui,* le *Pé* et la *rivière Noire;* sur la rive gauche, le *Nan-si* et la *rivière Claire.*

Quant aux cours d'eau de peu d'importance qu'il reçoit aussi, nous renonçons à les nommer, d'autant plus qu'ils n'ont pas encore reçu de dénomination précise.

On se sert pour remonter le fleuve Rouge du Cua-Cam. La navigation sur ce fleuve n'est possible que pour des navires ayant un faible tirant d'eau. Dans la partie supérieure de son cours, les barques seules peuvent passer.

Le Thai-binh prend tout d'abord le nom de *Song-cau.* Ses bifurcations sont au nombre de cinq.

La région du Delta comprend *neuf* provinces :
Bac-ninh, Son-tay, Hanoï, Hai-Dzuong, Hong-yen, Nam-dinh, Ninh-binh, Hai-phong, Quang-yen.

La superficie de cette région est évaluée à onze ou douze mille kilomètres carrés.

La deuxième région du Tonkin est celle des montagnes qui s'étendent au nord et au sud-ouest. Tuyen-quang, Lang-son, se trouvent dans la contrée des hauts plateaux.

Les forêts se continuent dans la province de Ninh-binh et dans les provinces que nous avons rendues à l'Annam.

La capitale du Tonkin est Hanoï. De Hai-phong, qui est le port adopté, jusqu'à Hanoï, il faut environ douze heures par bateau à vapeur, mais douze heures de marche. Jusqu'ici les bateaux ne remontent point le fleuve pendant la nuit.

En ligne directe, Hanoï n'est pas à une aussi grande distance de la mer; mais les circuits des cours d'eau qu'il faut suivre augmentent le trajet. La ville est située en aval de la bifurcation du fleuve.

Autrefois Hanoï renfermait, dit-on, cent cinquante mille âmes. Mais la capitale a sous ce rapport beaucoup diminué d'importance, ou bien ce chiffre est inexact. On ne peut guère, maintenant, lui attribuer que quatre-vingt mille ou quatre-vingt-dix mille habitants.

La citadelle de Hanoï est carrée. Avant la guerre elle était vraiment immense; chacun de ses côtés avait mille mètres, ce qui lui donnait une surface de *cent hectares*. Les murailles étaient flanquées de bastions et percées de portes à redan. Mais pendant les événements militaires qui précédèrent notre occupation définitive, la citadelle avait été très éprouvée; on dut se résoudre à en démolir une partie. Cette mesure était d'ailleurs rendue indispensable par le petit nombre d'hommes dont on pouvait disposer pour défendre les remparts; on réduisit donc le périmètre afin de le garder plus attentivement, tout en n'imposant pas à nos soldats des fatigues qui eussent bientôt excédé leurs forces.

Un des premiers soins de M. Paul Bert, en arrivant au Tonkin comme résident général, fut de rétablir les *examens* à Hanoï, examens annuels qui ont une importance considérable même au point de vue commercial, car ils attirent à la capitale un grand nombre de candidats, —

quatre mille et parfois jusqu'à huit mille. Tous ou du moins presque tous ces candidats sont accompagnés d'un domestique. Le nombre des consommateurs se trouve donc chaque année, pendant un mois, augmenté de huit à seize mille.

En outre, soit que les aspirants aient de la fortune, soit que pour la circonstance leurs familles aient fait un sacrifice pécuniaire, il est certain qu'ils songent plus à dépenser qu'à faire des économies pendant leur séjour à la capitale. De sorte que toutes les branches du commerce ne peuvent que gagner à ce que les examens aient lieu régulièrement.

Au point de vue politique, c'est-à-dire au point de vue de l'affermissement de notre autorité dans le pays conquis, la période d'examens est aussi très importante, parce que tous les jeunes gens qui viennent à Hanoï se trouvent en contact avec la civilisation d'Occident, en rapport direct avec les autorités françaises. De retour dans leurs provinces respectives, ils ne manquent pas de faire connaître ce qu'ils ont vu et ce qu'ils ont pu apprécier.

Depuis l'occupation française, Hanoï s'est déjà transfiguré ; cette ville traverse encore une période de transformation complète.

Autrefois, les rues étaient en réalité assez larges ; mais l'usage d'élever des murs ou des barrières devant les maisons les rendait étroites. En supprimant ces clôtures dans les rues principales, on les a rendues plus aérées, plus saines et plus belles — ou moins laides.

L'aspect de la ville proprement dite était, avant notre arrivée, celui des cités chinoises. Les Chinois se trouvent d'ailleurs en grand nombre à Hanoï, mais ils y occupent un quartier spécial. Par suite de leur présence, les mœurs annamites, qui, sur tant de points, se rapprochent de celles du « peuple aux cent noms, » ont acquis un caractère plus chinois encore.

La construction de maisons édifiées selon l'art européen modifie l'aspect de Hanoï.

Au milieu de la ville se trouve un petit lac, le Hoankiem-ho, *lac de la grande épée*, dont le nom rappelle une légende relative au roi Lê-loi, fondateur de la dynastie des Lê postérieurs (au commencement du xve siècle).

Voici en quelques mots cette légende, qui a été publiée par le *Courrier de Hanoï* [1].

La dynastie des Tran régnait encore au Tonkin ; la Chine faisait peser sur le pays son « joug odieux » (1418). A ce moment vivait à Hanoï un homme pauvre, presque misérable, et qui cependant avait occupé un rang assez élevé à la cour. N'ayant plus d'emploi, il s'était fait pêcheur. Parfois, il jetait ses filets dans le petit lac de la ville.

Un jour, il trouva dans ses filets non point des poissons, mais une épée magnifique dont la lame, grande et forte, « jetait des éclairs. »

Ce fut pour lui la soudaine révélation d'un ordre céleste, d'une mission qu'il devait remplir.

Il cacha l'épée, puis excita le soulèvement du peuple contre les Chinois. Quand il jugea les forces nationales assez considérables pour lutter avec avantage, il prit en main l'étendard de la révolte, dirigea la guerre, et, après dix ans de combats presque incessants, vit ses efforts couronnés de succès : les Chinois avaient abandonné l'Annam (1428).

Lê-loi se fit couronner ; roi du Tonkin, il voulut offrir un sacrifice au génie du lac qui, au temps où il pêchait pour vivre, garnissait ses filets de poissons.

____

(1) Numéro du 3 septembre 1887.

La cérémonie devait être solennelle ; elle s'accomplit au milieu d'un cortège imposant, entouré d'une foule nombreuse. Mais le spectacle auquel on assista ne fut pas tel qu'on l'attendait.

A peine, en effet, le roi était-il arrivé près de la rive que le tonnerre gronda, puis l'épée royale sortit d'elle-même du fourreau et se changea en un dragon, couleur de jade, qui se précipita dans les eaux.

Le génie du lac avait donc pris la forme d'une épée flamboyante et avait choisi Lê-loi pour délivrer le pays de l'oppression des Chinois.

Cette légende du lac eut pour but de représenter le fondateur de la dynastie des Lê postérieurs comme ayant agi sur l'ordre et avec le concours des divinités. Les succès vraiment surprenants du chef du parti national contribuèrent à lui faire trouver plus de crédit encore chez le peuple, toujours disposé à croire au merveilleux. Ajoutons que par une mesure politique fort sage, Lê-loi, après avoir vaincu définitivement les Chinois, proclama roi un descendant de l'ancienne dynastie des Tran, *Tran-kieu*, qui fut détrôné par les mandarins, emprisonné, et qui s'empoisonna. C'est alors que le peuple lui-même appela au pouvoir souverain Lê-loi, connu, dès ce moment, sous le nom de *Lê-thai-to*. Le fondateur de la dynastie fut couronné à Hanoï (Dong-king, qui jusque-là s'appelait Dong-dô), et l'investiture ne lui fut accordée par l'empereur de Chine qu'en 1431.

A l'ouest de Hanoï, il y a un lac beaucoup plus grand que celui dont le nom rappelle la légende ; il longe presque toute la ville ; une pagode renommée est bâtie tout auprès.

Les boutiques de Hanoï sont tenues par des femmes annamites, assises sur une natte, souvent en dehors du magasin ; elles attendent sans impatience apparente la venue d'un acheteur. Quand celui-ci se présente, il faut qu'il expose avec soin ce qu'il désire ; la marchande juge alors si elle possède de quoi le satisfaire. Si elle ne croit pas avoir l'objet demandé, elle ne se donne pas la peine de chercher un équivalent et laisse partir l'amateur.

Hanoï est sur la route royale qui longe tout l'empire annamite jusqu'à Saïgon, en passant par Hué. Au delà de Hanoï, cette route se prolonge dans la direction de la Chine, mais elle n'est plus unique, elle devient double : une voie mène au nord par Lang-son ; l'autre va à l'est par Quang-yen.

Quand on voyage par terre et qu'on trouve un cours d'eau de quelque importance, on est obligé de le traverser en bac, parce que les indigènes n'ont établi de ponts en bois que sur les arroyos.

Pendant la dernière guerre, le gouvernement annamite a fait établir une autre route, moins large, entre le Thanh-hoa et le nord-ouest de Hong-hoa. C'est cette route que suivit l'armée annamite dans sa marche sur Son-tay et Hanoï.

En dehors de cette route et de la route royale proprement dite, il n'y a que des chemins d'intérêt local et particulier, aussi étroits que possible ; leur largeur varie entre 0^m50 et 1^m50. Ils servent à relier les villes et les villages entre eux ou à les rattacher à la route. Les sentiers qui longent les rizières sont souvent rendus impraticables par la pluie ; dès qu'ils deviennent seulement glissants, ils sont dangereux, parce qu'un faux pas peut faire tomber dans la rizière, où il y a de l'eau et de la vase.

Les bateaux qui vont de Hai-phong à Hanoï ne doivent pas avoir plus de 3^m50 de tirant d'eau pendant la saison des pluies, et de 1^m80 dans la saison sèche. Il faut, avons-nous dit, douze heures de marche aux bateaux pour se rendre de Hai-phong à Hanoï. Mais la distance n'est pas tout à fait la même par les deux voies fluviales qui mènent à la capitale : par le canal *des Bambous* il y a environ 120 kilomètres, et seulement 90 kilomètres par le canal *des Rapides*. Le courrier met vingt-six heures pour se rendre de Hai-phong à Hanoï.

En annamite la poste se nomme *tram* ; ce nom s'applique en général aussi bien au service postal lui-même qu'à la *distance* à parcourir entre deux relais et aux *relais* mêmes. Cependant on donne plus spécialement le nom de *cung* à la distance qui se trouve entre deux trams, c'est-à-dire entre deux relais. Cette distance varie comme longueur, car les relais sont établis de façon à ce qu'un homme, marchant avec une vitesse toujours égale, mette juste le même temps pour aller de l'un à l'autre, quels qu'ils soient. On a donc dû tenir compte, pour l'établissement des relais, des difficultés de la route, des accidents de terrain, des rivières à traverser, en un mot de toutes les causes qui peuvent retarder la marche du courrier.

De Hanoï, capitale du Tonkin, à Hué, capitale de l'Annam, les courriers mettent ou huit jours, ou trois jours et demi, suivant l'allure qu'on leur donne l'ordre de prendre en même temps qu'on leur remet les dépêches. Le délai ordinaire est de huit jours.

Nous avons parlé de Hanoï tout d'abord, parce que cette ville est la capitale du Tonkin. Revenons maintenant au port de cette capitale. Nous avons dit que ce port est Hai-phong.

Hai-phong n'a d'importance que depuis l'occupation française. Ce n'était autrefois qu'un pauvre village qui peu à peu se transforme en ville. Il n'y a point d'eau potable à Hai-phong ; on est obligé de la faire venir de

Quang-yen et d'autres villages voisins. En outre, les navires calant plus de six mètres ne peuvent arriver jusqu'au port à cause d'une barre qui se trouve à l'entrée ; mais Hai-phong rachète ces inconvénients par sa position géographique, qui commande les deux voies par lesquelles on peut être en communication, non seulement avec la capitale, mais encore avec le Tonkin tout entier.

Quang-yen, au nord-est de Hai-phong, conviendrait aussi comme port du Tonkin, et ses puits d'eau douce rendraient cette station plus agréable que celle dont nous avons fait jusqu'ici la base de notre établissement ; mais la position de Quang-yen ne répond pas aux exigences présentes, car nous devons tout d'abord utiliser les chemins et les routes naturelles du pays.

La province de Ninh-binh est, depuis la restitution des trois provinces du sud, la dernière de nos possessions du côté du royaume d'Annam. Sa capitale porte le même nom, Ninh-binh ; elle se trouve sur la rive gauche du Day, au bord d'une plaine qui est comme une île, puisque les eaux des fleuves et arroyos, comme aussi les eaux du golfe, l'entourent de tous côtés.

Cette ville a une importance réelle, surtout au point de vue militaire ; elle est d'un accès facile puisqu'on y arrive directement par la bouche du Day. Au point de vue commercial, Ninh-binh offre aussi des avantages et prendra de l'extension en tant qu'entrepôt des produits du sud. Elle communique par un arroyo avec *Nam-binh*, chef-lieu de la province de ce nom. L'arroyo passe au pied de Nam-binh et rejoint le fleuve Rouge.

Nam-binh a une importance plus grande que Ninh-binh, et même avant notre arrivée dans le pays il en était ainsi. On a cru pouvoir dire que cette ville comptait 60,000 habitants.

En remontant le fleuve on trouve à droite *Hong-yen*, puis au nord-ouest *Hai-dzuong*. Cette dernière cité prend une grande extension. Elle est sur le second fleuve du Tonkin, le Thaï-binh ; mais elle est en communication avec le sud par des canaux et des arroyos.

La ville de *Bac-ninh*, à 35 kilomètres de Hanoï, est située au nord-est sur la rive droite du Thaï-binh, auquel elle est reliée par un arroyo.

A 157 kilomètres de Hanoï, plus au nord encore, on rencontre *Thaï-nguyen*, puis sur la même ligne, mais à l'ouest, *Tuyen-Quan*.

Enfin, à la frontière nord-est, se trouve *Lang-son* ; — à la frontière du Yun-nan, *Lao-kay* ; — à l'ouest de Hanoï, *Son-tay* : telles sont les villes principales du Tonkin, villes dont le nom rappelle à la France tant de sacrifices et tant de gloire !

Les cours d'eau de l'Annam proprement dit sont nombreux, mais sans grande importance.

Le *Song-ma* et le *Song-caï* dans la province de Thanh-hoa ; — le *Song-mô* ou *Song-ca*, dans la province du Nghé-an [1] ; le *Song-gianh* dans l'arrondissement de Bo-chinh : telles sont les principales rivières de l'Annam proprement dit.

Le Song-gianh prend sa source dans des grottes où ont été découvertes des inscriptions en caractères d'écriture étrangers au pays. Si nous ne nous trompons, ces caractères ont été reconnus comme appartenant à la langue *Kmers*, qui est l'ancien cambodgien.

A très peu de distance de ce cours d'eau se trouve la

---

(1) Le Song-ma, le Song-caï et le Song-mô communiquent entre eux par des canaux et mettent ainsi l'Annam en rapport avec le Delta.

petite ville de Huong-phuong, résidence de quelques missionnaires. Quant au vicaire apostolique de la région, il demeure à Xa-doai, siège du vicariat du Tonkin méridional, comprenant les provinces de Nghé-an et de Ha-tinh.

Le royaume d'Annam, tel qu'il est actuellement, comprend douze provinces, qui sont celles de :

1° HUÉ, province capitale.

Au nord de Hué :

2° THANH-HOA,
3° NGHÉ-AN, } rendues à l'Annam par la France, en exécution du traité de 1884.
4° HA-TINH,

5° QUANG-BINH.

6° QUANG-TRI.

Au sud de Hué :

7° BINH-THUAN, { ancien royaume de Ciampa ; cédée à la France le 25 août 1883 ; rendue à l'Annam le 6 juin 1884.

8° BINH-HOA.

9° PHU-YEN.

10° BINH-DINH.

11° QOUANG-NGAI.

12° QOUANG-NAM.

Le Tonkin, qui comprenait dix-sept provinces, n'en a plus que quatorze depuis que nous en avons rendu trois à l'Annam. Ces quatorze provinces sont :

Région du Delta :

1° BAC-NINH.

2° SON-TAY.

3° HA-NOÏ, province capitale.

4° HAI-DZUONG.

5° HONG-YEN.

6° NAM-DINII.

7° NINH-BINH.

8° Hai-phong.

9° Quang-yen.

Région des montagnes :

10° Hong-hoa.

11° Tuyen-quan.

12° Thai-nguyen.

13° Cao-bang.

14° Lang-son.

Hanoï n'a réellement cessé d'être, en *droit* comme en *fait*, la capitale de l'Annam entier, qu'après la conquête de Gia-long et sa reconnaissance comme empereur d'Annam, en 1802.

Depuis 1546, il y avait bien, comme nous l'avons dit, deux royaumes et deux capitales dans l'Annam ; le second siège du gouvernement fut tout d'abord Tourane avant d'être Hué. Mais l'Etat, dont l'une ou l'autre de ces villes était capitale, dépendait en principe de la dynastie régnante à Hanoï. On conçoit que pendant les luttes séculaires dont l'Indo-Chine fut le théâtre, la nature du pouvoir dominant dans chaque contrée ait pu varier. Mais en droit, la cour de Hanoï refusait de voir dans les possesseurs du Sud autre chose que des vice-rois, gouvernant au nom du souverain résidant au Nord. Cette prétention résultait de ce fait qu'une vice-royauté fut réellement l'origine du pouvoir des chefs du Midi.

Gia-long, réunissant tous les Etats sous sa domination, mit fin à la fois aux dissensions politiques et aux prétentions des cours rivales. Il établit le siège de son gouvernement à Hué, point beaucoup plus central que Hanoï, eu égard à l'extension du nouvel empire.

Bien qu'il n'entre pas dans le cadre de cette étude de nous occuper spécialement de la Cochinchine, nous croyons cependant devoir au moins rappeler le rôle que joua un des héros du Tonkin, Francis Garnier, dans l'exploration du Mé-kong. Deux raisons nous engagent à parler de ce fait scientifique qui eut à son heure un grand retentissement : la première est que trop souvent on a injustement dénié à F. Garnier le mérite d'avoir été l'instigateur de cette exploration ; la seconde est qu'en étudiant le Mé-kong et en constatant qu'il n'était pas navigable jusqu'aux régions voisines de Chine, le jeune lieutenant de vaisseau reconnut un bras du fleuve Rouge et, le premier, croyons-nous, affirma que cette voie naturelle peut conduire depuis la mer jusqu'à la province chinoise du Yun-nan.

Francis Garnier souhaitait ardemment de faire déverser dans notre colonie naissante de Cochinchine les richesses minérales qui gisent près du cours supérieur du Mé-kong, et que, chaque année, des Chinois vont chercher.... à leur profit.

En 1863, il proposa l'exploration du grand fleuve ; en 1864, grâce à l'intervention de M. Trèves, le projet de Garnier fut soumis au ministre de la marine, M. de Chasseloup-Laubat : c'est M. Trèves lui-même qui l'affirme.

Le livre de M. Luro [1], ami de Francis, a une préface de M. H. de Bizemont, capitaine de frégate ; mieux que d'autres, par suite des relations qu'il eut avec Garnier, il pouvait attribuer à qui de droit le projet d'exploration.

Voici en quels termes s'est exprimé M. de Bizemont :

«.... Le vaste fleuve, le Mé-kong, dont nous venions d'occuper définitivement le riche delta, devait en être la grande artère (de notre empire colonial) ; il fallait donc commencer par en explorer le cours en le remontant aussi

____

[1] *Au pays d'Annam.*

loin que possible, mais tout au moins jusqu'à la frontière chinoise. Aussitôt, un projet d'exploration *fut conçu par Francis Garnier*, et adopté avec enthousiasme par Luro et par celui qui écrit ces lignes, seul survivant de cet ardent triumvirat de jeunes gens qui ne rêvaient rien moins que la gloire de fonder une nouvelle France dans la péninsule indo-chinoise.

» Les dates relatives à ce projet d'exploration ayant été vivement discutées et contestées dans ces derniers temps, il n'est pas inutile de les établir, non pas seulement d'après les souvenirs d'un collaborateur, mais d'après des lettres et des pièces authentiques que nous avons entre les mains. Le plan de Francis Garnier date *du mois de juin* 1863, et c'est dans les premiers jours de 1864 que nous l'avons rédigé d'après les notes et, en partie, sous la dictée de son inventeur. »

Après de telles affirmations, nous ne croyons pas possible de contester le projet d'exploration à celui qui devait l'exécuter d'abord sous les ordres de M. de la Grée, puis comme chef de la mission, quand la mort eut saisi ce brillant officier.

Francis Garnier, enseigne de vaisseau, était à Lorient, en 1862, fort occupé, comme il l'écrivait avec humour, à faire manœuvrer sept heures par jour des fusiliers marins. Il avait terminé un congé de quatre mois obtenu à la fin de 1861, lors de son retour de Cochinchine avec l'amiral Charner, et sortait de l'école de tir de Vincennes.

Son caractère ardent supportait difficilement l'inaction. Aussi, l'ordre de départ pour Saïgon qu'il reçut les derniers jours de 1862 lui apportait-il un véritable soulagement. Mais il avait de trop graves préoccupations de famille, et d'ailleurs sa foi dans l'avenir était trop faible pour qu'il fût enthousiaste de sa nouvelle expédition.

Le 1er janvier 1863, il écrivait à son meilleur ami :

«.... Je m'en vais le cœur serré, sans avoir pu embrasser les miens.... Derrière moi, tout un monde de soucis ; devant, une triste et décevante campagne.... »

Sans lui faire perdre le souvenir de ses soucis, l'action, le travail, la possibilité de donner carrière à son ardeur, effacèrent peu à peu cette première impression. Il conserva sans doute un grand fonds de tristesse ou d'amertume, mais il sut réagir contre ce mal moral. Et bientôt il devait montrer ce dont il était capable, se couvrir de gloire en portant bien haut le drapeau de la France.

Arrivé depuis peu en Cochinchine, Garnier fut nommé cependant administrateur de la ville de Cholen et de l'arrondissement, puis inspecteur des affaires indigènes, et en 1865, lieutenant de vaisseau — il avait vingt-six ans.

L'exploration du Mé-kong ne cessait d'être son idée fixe, son but. On peut attribuer à ses instances réitérées la décision du ministre qui autorisa cette entreprise.

Le 1er juin 1866, les membres de la mission furent officiellement désignés : Francis Garnier était trop jeune en grade pour avoir le commandement, qui fut donné à M. Doudard de la Grée ; Garnier était son second.

Les instructions données aux explorateurs furent très précises : « .... Déterminer géographiquement le cours du fleuve par une reconnaissance rapide poussée le plus loin possible ; chemin faisant, étudier les ressources des pays traversés et rechercher par quels moyens efficaces on pourrait unir commercialement la vallée supérieure du Mé-kong au Cambodge et à la Cochinchine : tels sont, en résumé, les objets essentiels que vous ne devez jamais perdre de vue. »

Le 5 juin, tous les préparatifs de la mission étant achevés, elle quitta Saïgon sur deux canonnières.

M. de la Grée devait y rentrer dans un cercueil !

Au début du voyage, tout ce que vit Garnier contribua à augmenter sa joie et ses espérances. Mais arrivés au barrage naturel de Khon, en face des cataractes résultant d'une élévation considérable et subite du lit du fleuve, les explorateurs comprirent que le Mé-kong ne serait jamais une voie commerciale : la violence des courants et des remous s'y opposait.

L'hiver se passa dans le Laos. Un an après son départ de Saïgon, la mission était à la capitale du Laos, *Louang-prabang*. Elle profita de sa présence en cette ville peu accessible pour élever un monument commémoratif au *missionnaire* explorateur Mouchot, mort dans la capitale en 1861.

Francis Garnier nous a laissé le récit de son séjour au milieu des Laotiens. Le portrait qu'il trace de ces hommes, connus encore aujourd'hui presque exclusivement des missionnaires catholiques, mérite de trouver place ici, parce qu'il permettra d'établir une comparaison avec celui des Annamites.

« Le Laotien est en général bien fait et vigoureux. Sa physionomie offre un singulier mélange de finesse et d'apathie, de bienveillance et de timidité. Il a la tête rasée et ne conserve, comme les Siamois, qu'un rond de cheveux longs de trois ou quatre centimètres sur le sommet de la tête. Il sait se draper avec goût et porter les plus belles étoffes avec aisance et dignité. Il choisit toujours les couleurs les plus voyantes, et le coup d'œil d'une assemblée nombreuse, où ces vives nuances du costume tranchent sur le teint cuivré des acteurs, ne manque pas de pittoresque et forme parfois un ensemble saisissant. La coiffure et la chaussure sont choses presque hors d'usage au Laos ; seuls les gens de peine ou les bateliers, quand ils travaillent ou rament sous un soleil ardent, se couvrent la tête d'un immense chapeau en bambou tressé et presque plat, qui ressemble à un parasol. Les enfants portent souvent aux bras et aux jambes des anneaux d'or, d'argent ou de cuivre, ou simplement des cordons de coton ou de soie, auxquels sont suspendues des amulettes données par les prêtres ou les médecins, comme talismans ou comme remèdes. Les hommes faits dédaignent en général ces vains ornements et n'estiment guère que des bagues à pierres brillantes.... Il faut mentionner encore, parmi les accessoires du costume, l'invariable cigarette, roulée en forme de tronc de cône dans un fragment de feuille de bananier et posée sur l'oreille, comme la plume d'un scribe. »

D'après ces détails et l'assurance que « les Laotiens savent se draper avec goût et porter les plus belles étoffes avec aisance et dignité, » on pourrait croire que leur costume est un peu compliqué.... Il est à peine *complet !*

« Il se compose, pour les gens du commun, d'une simple pièce de cotonnade ou *langouti*, passée entre les jambes et autour de la ceinture. Pour les gens d'un certain rang, le langouti est en soie, et le costume se complète souvent d'une petite veste boutonnée droit sur la poitrine, et dont les manches sont très étroites, quelquefois d'une autre pièce d'étoffe que l'on met soit en guise de ceinture, soit en manière d'écharpe autour du cou. »

Les femmes laotiennes ne sont guère plus vêtues que leurs maris, et la principale, souvent la seule différence de leur costume, consiste en ceci : le *langouti* est attaché à la ceinture; il retombe jusqu'aux genoux en forme de jupe collante.

Nous verrons bientôt que tout l'avantage, au point de vue de l'habillement, appartient aux Annamites — si toutefois c'est un réel avantage que d'être bien vêtu.

Au mois de novembre 1867, les explorateurs étaient dans le Yun-nan, province chinoise, alors en pleine guerre par suite de la révolte des musulmans. Tout en cheminant vers la capitale, les officiers notaient tout ce qui les frappait.

Dans une de leurs étapes, ils arrivèrent sur les rives d'un cours d'eau important : c'était le *Ho-ti-kiang*, branche maîtresse du Song-koï. On s'embarqua sur une jonque, et pendant quelques kilomètres on suivit le cours d'eau. M. de la Grée déploya le drapeau de la France et le fit saluer de quelques coups de feu.

Garnier, vivement ému, vit un présage dans cet incident. Déçu de n'avoir pas trouvé le Mé-kong navigable ainsi qu'il l'espérait, il crut entrevoir la possibilité de se servir du fleuve Rouge à son lieu et place. Il obtint de M. de la Grée l'autorisation de suivre le cours du fleuve. La curiosité exagérée des riverains, la malveillance de plusieurs d'entre eux, enfin les instructions qui, à moins d'une certitude non acquise encore, ne permettaient pas de s'écarter de la ligne tracée, tout cela fit que Garnier ne put s'avancer au delà de Lin-ngan, où ses compagnons arrivèrent à temps pour le délivrer des importunités et des menaces dont il était l'objet.

On remonta donc le fleuve Rouge au lieu de continuer à le descendre.... Mais Garnier avait compris que là était la voie naturelle qui mettrait bientôt en communication le Yun-nan et la mer. Aussi, dès qu'il rencontra M. Dupuis à Han-keou, en juin 1868, s'empressa-t-il de lui faire part de sa conviction. C'est grâce à ses indications que M. Dupuis tenta de descendre le fleuve depuis le Yun-nan jusqu'au golfe du Tonkin. Il réussit, et Francis Garnier, qui, rentré en France, apprit ce succès, s'en réjouit autant que si lui-même y avait pris part. En fait, son rôle dans cette découverte avait eu une importance capitale : il en avait été l'instigateur.

La mission s'était arrêtée à Yun-nan-fou, capitale du Yun-nan.

Atteint par la fièvre, épuisé par les fatigues du voyage, M. Doudard de la Grée s'alita. Désespérant de pouvoir reprendre de suite la direction des travaux, il autorisa Francis Garnier à se rendre à Taly-fou, pour continuer ses recherches. Quand celui-ci revint, il trouva son chef mort (12 mars 1868), et devint ainsi le directeur de la mission d'exploration. Mais le cadre des travaux était rempli; on devait songer au retour, qui se fit par le Yang-tse-kiang. Le corps de M. Doudard de la Grée ne fut pas abandonné sur la terre étrangère, et le 29 juin, plus de deux ans après leur départ, les explorateurs entrèrent à Saïgon, où les honneurs funèbres furent rendus à leur chef, « mort au champ d'honneur le plus enviable, celui de la science et de la civilisation. »

CHAPITRE II

CLIMAT, PRODUITS, INDUSTRIE ET COMMERCE
DU TONKIN ET DE L'ANNAM.

Le climat de la presqu'île indo-chinoise est, en général, énervant, malsain, pernicieux pour les hommes d'Occident.

Sans aucun doute, il y a des degrés dans cette insalubrité : certaines régions méritent un jugement plus favorable ; mais il ne paraît pas qu'aucune fasse réellement exception à la règle.

La comparaison joue un grand rôle dans l'appréciation des avantages climatériques de telle ou telle contrée : son climat est réputé *bon* parce qu'il est *moins mauvais* que celui d'autres provinces.

Malgré les améliorations notables et successives qui se sont produites en Cochinchine depuis notre conquête définitive, il est encore vrai de dire que, de toute la péninsule indo-chinoise, cette colonie est la partie la moins salubre.

Ce n'est plus cependant « qu'en touchant le sol on doive périr, » comme on le disait il y a vingt ans ; mais, pour employer une image orientale, il n'est pas encore besoin d'y « chercher la mort ; c'est la mort qui guette sa proie et la saisit. »

On conçoit aisément qu'une température de 35° pendant le jour, de 30° pendant la nuit, qu'une tension électrique presque constante de mars à juin, que des pluies torrentielles auxquelles succède un soleil ardent.... ne puisse convenir longtemps au tempérament des Européens.

Aussi a-t-on proposé d'envoyer les malades réparer leurs forces une première fois au Tonkin, à Hai-phong, par exemple. Ceci indique que, par comparaison, le Tonkin ou du moins *une partie* du Tonkin est salubre.

Pendant la courte durée de sa mission en Indo-Chine, Paul Bert se préoccupa de créer un *sanatorium* pour les militaires et aussi pour le personnel civil de nos possessions. Il choisit comme emplacement une pointe de la presqu'île de Do-son.

Cette presqu'île, à l'extrémité de laquelle se trouve un ilot portant le même nom et séparé de la terre ferme par une petite passe assez profonde, devient elle-même une île à la marée haute. Elle est placée entre deux des nombreuses embouchures du Grand Fleuve; le *Gua-van-uc*, au sud, et le *Cua-lach-tray*, au nord.

Montagneuse, sillonnée de gracieuses vallées, mais ayant aussi de belles plaines d'alluvion où sont de fertiles rizières, la presqu'île de Do-son, qui mesure environ huit kilomètres, est bien cultivée; ses habitants sont robustes; la plupart se livrent à la pêche, et salent ou font sécher le poisson qu'ils ne consomment pas.

Le climat y est sain, l'air vivifiant; comme la presqu'île est presque partout assez étroite, *l'air de la mer* règne dans toute son étendue.

C'est là que s'élève la « Maison Blanche, » qui, dans la pensée du premier résident général, devait recevoir des malades et des convalescents; mais les chemins sont mauvais, les communications difficiles. De sorte que pour cette raison ou pour toute autre, l'idée de Paul Bert est demeurée à peu près stérile. Les particuliers qui résident non loin de la presqu'île y viennent se reposer ; plusieurs ont fait construire des chalets, un hôtel s'y est ouvert ; on se rend à Do-son comme, en France, on va à Arcachon ou au Tréport.... seulement, il n'y a pas de chemin de fer.

Le principe est donc que le climat du nord de la péninsule indo-chinoise vaut beaucoup mieux que celui du sud ; la température y est plus variable, la tension électrique moins forte, et la chaleur — sur quelques points — moins humide.

Mais, ce principe posé, il ne faut pas oublier qu'au Tonkin même il convient de prendre de nombreuses précautions, parce que, là aussi, « la mort cherche l'homme. » L'été surtout est redoutable ; les Européens sont anémiés et, par suite, dans les conditions les plus favorables pour contracter diverses maladies qui deviennent d'autant plus graves que l'état général laisse davantage à désirer.

Choléra, dysenterie, fièvre typhoïde, insolation, anémie, fièvre : tels sont les ennemis qui ont fait à nos soldats autant de mal que les Chinois et les Annamites. M. Ernest Millot a dit, en faveur du Tonkin, que les Anglais, les Espagnols et les Hollandais ne font pas plus attention au choléra dans leurs colonies qu'on ne fait, en France, attention à la fièvre typhoïde. Il y aurait bien des distinctions à établir, et l'on pourrait aussi discuter sur le degré de préoccupation que cause en France cette dernière maladie ; mais cette discussion n'est pas de notre compétence. Le point sur lequel il convient d'attirer l'attention, c'est l'impérieuse nécessité de l'hygiène pour les Européens, les Français surtout, qui vivent au Tonkin. Les fièvres *des bois,* dans la région des montagnes, et les fièvres palu-

déennes, au Delta, ne sont d'ailleurs pas moins à redouter
que le choléra et la dysenterie.

Dans le Delta, la culture semble jouer un rôle important
au point de vue sanitaire ; ce rôle varie : il est tantôt nuisible, tantôt favorable. Voici ce qui se produit. Les premiers labours, en remuant le sol marécageux, facilitent la
sortie des miasmes ; ensuite les pluies surviennent, elles
inondent la plaine : alors, en principe du moins, la fièvre
due aux émanations malsaines doit diminuer d'intensité ;
mais les pluies s'arrêtent ; le soleil *assèche* le sol.... les
fièvres deviennent plus fréquentes. Cependant les céréales
poussent, le riz grandit, toutes les plantes absorbent à
leur profit l'humidité du sol. Aussi se produit-il une
amélioration générale dans l'état sanitaire. L'automne
vient, c'est la meilleure saison. En hiver, la température
s'abaisse, il est vrai, mais les pluies froides, glaciales
même, et l'humidité constante ne permettent pas de béné-
ficier complètement de la diminution de la chaleur. En
outre, les brusques variations de 6, 8 et même 10 degrés
dans la température d'une même journée, constituent un
danger sérieux pour les Européens.

Il faut donc s'armer de prudence en arrivant en Annam
ou au Tonkin, bien que ce dernier soit avec raison considéré comme jouissant d'un climat moins énervant que
celui de la Cochinchine. La prudence n'est qu'une moda-
lité du courage ; on peut donc, on doit même, sans craindre
d'être taxé de pusillanimité, se garantir de tout accident,
— y compris les piqûres de moustiques, qui, à certaines
époques, s'enveniment au point de mettre la vie en péril.

La question de savoir si le choléra existe, au Tonkin, à
l'état *épidémique* ou *endémique*, n'a pas été résolue de la
même manière par toutes les personnes compétentes ;
mais nous croyons que celles dont l'opinion est que le cho-

léra s'y trouve *à la fois* avec ces deux caractères, doit être préférée comme la plus exacte. Il paraît que les prescriptions de la Faculté doivent avoir raison du fléau, quelle que soit sa nature.... Tous nos vœux les accompagnent.

En résumé, la renommée fait de la Cochinchine une manière d'enfer où l'on *grille*, où l'on *bout* ; — l'opinion de quelques médecins tend à présenter le Tonkin comme une manière de paradis.... où l'on peut cependant trouver la mort : ce serait le paradis terrestre après la chute ! Et l'Annam ? Est-il une sorte de purgatoire ? Ce doit être, puisqu'il est placé entre la Cochinchine et le Tonkin ; mais il faut avouer que ce purgatoire ressemble bien à l'enfer son voisin !

Pendant toute la saison chaude, on ne peut se risquer au dehors, « même muni d'un casque, de huit heures du matin à cinq heures du soir, » disent MM. Bouinais et Paulus [1]. Cependant les nuits y sont plus fraîches qu'au sud de la péninsule, et les mêmes auteurs pensent « que la garnison de Hué ne sera pas la moins agréable du protectorat, dès que le génie aura fait les installations nécessaires. »

Nous désirons vivement qu'il en soit ainsi ; le jour où cet espoir sera réalisé, on pourra ajouter un qualificatif au titre du corps chargé des travaux, et dire qu'il est un *bon génie.*

En attendant mieux, voici quelle est l'existence de nos troupes pendant quatre mois de l'année — de juin à octobre — au Tonkin en général, dans le haut fleuve Rouge en particulier.

On se lève entre trois et quatre heures du matin. Les

(1) *Indo-Chine française contemporaine.*

öfficiers visitent les soldats, font les reconnaissances nécessaires aux environs des cantonnements, exercent les
troupes, etc. A sept heures du matin, tout le monde est
rentré, et *défense est faite* aux officiers comme aux soldats
de sortir avant cinq heures du soir.

De sept à dix heures, chacun s'occupe comme il veut ou
comme il peut : on lit, on écrit, on songe à la France et à
ceux qu'on y a laissés. A dix heures, on prend de l'alcoolé
de quinquina : c'est obligatoire. A dix heures et demie, on
déjeune. Puis chacun regagne son coin dans le bâtiment
militaire et s'éponge jusqu'à cinq heures du soir, sans parvenir à se sécher, sans avoir le courage de lire ou d'écrire,
ou même de fumer, tant il fait chaud.

A cinq heures, bien que le soleil soit encore ardent, on
s'occupe de la *théorie*. Puis vient de nouveau l'absorption
obligatoire du quinquina. On dîne, et le plus souvent on
se couche, fatigué de sa journée.

Se coucher n'est pas difficile, mais dormir l'est davantage.

Les officiers se réfugient sous la véranda.... quand il y
en a une. Bref, chacun tâche de dormir.

Le haut fleuve Rouge est si malsain que les Annamites
eux-mêmes le fuient; les villages sont rares, éloignés les
uns des autres, ce qui rend les reconnaissances militaires encore plus pénibles, puisqu'il faut cheminer longtemps.

Il est hors de doute que l'armée offre de grand cœur à
la France les fatigues qu'elle supporte ; mais si, par aventure, elle s'aperçoit que ces fatigues ont pour principal résultat de faciliter le trafic commercial aux Anglais, aux
Américains, etc., beaucoup plus qu'aux Français, elle
doit, ce nous semble, faire des vœux pour que l'activité de
nos compatriotes se réveille.

Avant d'indiquer les ressources et les productions diverses de l'Annam et du Tonkin, il n'est pas sans intérêt de voir quelle était, à la fin du siècle dernier, l'opinion accréditée en Europe sur ces lointaines contrées.

C'est à un Italien, missionnaire prêt à partir, le P. Castiglioni, que nous empruntons l'expression du sentiment général. Peu avant son départ pour le Tonkin, il écrivit, le 9 juin 1772 :

« Le Tonkin est un pays couvert de marais, où il n'y
» a ni pain, ni vin, ni huile, ni beurre, ni lait, ni viande,
» ni gibier, ni œufs, ni volailles, ni oiseaux, ni légumes,
» ni herbages, ni fruits ; en un mot, on n'*y trouve absolu-*
» *ment que du riz, du soleil et de l'eau chaude,* chaude
» parce que froide elle ferait mal. Il y a aussi des voleurs
» qui font le métier d'enlever des hommes pour les vendre.
» On y met à prix la tête des Européens, et quand on en
» prend un, il est sûr de la corde. Le pays est excessive-
» ment pauvre, le climat fort chaud.... »

Ce tableau n'est certes pas à l'avantage du Tonkin ! Sur certains points, particulièrement sur l'absence complète de légumes, de fruits, de ressources alimentaires, en un mot, il est inexact. Mais on ne peut qu'admirer le courage des hommes qui, croyant cette peinture vraie, n'en partaient pas moins pleins d'ardeur, de courage et de gaieté, afin de prêcher la doctrine du Christ aux barbares habitants de cette terre ingrate !

Toutes les fois qu'on trouve réunis dans une contrée la chaleur, l'eau et le limon des fleuves, on peut tenir pour assuré d'y rencontrer une végétation luxuriante. C'est, en effet, ce qu'on trouve dans l'Indo-Chine, surtout en Cochinchine et au sud de l'Annam.

On peut demander à la Cochinchine le café, le sucre, le

tabac, le poivre, le maïs, l'indigo, le coton, et cela dans la région des plateaux de l'ouest et du nord. Au sud et dans la région des terres d'alluvion, dans le Delta, on trouve du riz ; puis aussi les arbres fruitiers, en particulier le bananier, le cocotier, l'aréquier.

L'Annam a les mêmes produits, mais moins beaux en général, parce que le pays est moins fertile que les deux Deltas, celui du Sud et celui du Nord. En tenant compte des degrés divers de fertilité, on peut ne considérer l'Indo-Chine que comme un seul royaume, donnant à peu près partout les mêmes produits, pourvu que la nature du sol soit appropriée à ces productions.

Ainsi, la culture essentielle, la seule qui soit générale dans les plaines et la plus utile au point de vue de la consommation sur place, comme aussi pour l'exportation dans le Yun-nan, est celle du riz. Le riz est en Annam, comme en Chine, la base de la nourriture. Seulement, l'Annam proprement dit n'en produit pas assez pour sa consommation ; il doit en demander soit à la Cochinchine, soit au Tonkin.

C'est sur le riz plus que sur toute autre céréale que se fait sentir l'influence de l'eau : tandis que les plaines inondées produisent deux récoltes par an, les terrains plus secs n'en produisent qu'une. Les montagnes mêmes ont des rizières ; c'est là que vient le riz dit *des montagnes*, le *lua-loc*.

Divers noms sont, en effet, appliqués à cette céréale si précieuse, non seulement suivant la variété à laquelle elle appartient, mais encore suivant l'*état* de la plante ou du riz même. Le *plant* de riz se nomme *ma* avant son repiquage, et *lua* après. Les grains de riz non décortiqués s'appellent *thoc*. Au moment de la moisson, le prix du *thoc*, au Tonkin, est, en année moyenne, d'environ *une ligature de zinc* (soit 75 c.) *les* 25 *daus*, c'est-à-dire les 22 à 23 litres. Le riz décortiqué se nomme *gao ;* enfin, le riz cuit, prêt à être mangé, s'appelle *cam.* Il y a une espèce de riz dite *lua-nep,* riz gluant, qui s'emploie pour faire les gâteaux et surtout pour la fabrication du vin, ou pour mieux dire de l'eau-de-vie de riz.

La canne à sucre et les mûriers sont deux éléments essentiels de la culture dans l'Indo-Chine ; il est à souhaiter qu'on les propage partout où ils peuvent donner de bons résultats. La vigne se trouve à l'état natif dans les forêts du Tonkin ; mais le raisin qu'elle produit est aqueux. Peut-être serait-il possible d'améliorer cette vigne indigène ; en l'état actuel, le vin qu'elle donne est mauvais ; aussi n'en fabrique-t-on pas.

Quant à la vigne cultivée dans les villes, dans les jardins, surtout à Hanoï, on a cru qu'elle donnait deux récoltes par an. Peut-être serait-il plus exact de dire que la maturité de son raisin n'est pas régulière, en ce sens que toutes les grappes qu'elle porte ne mûrissent pas en même temps.

Les fruits des zones tropicales et tempérées, presque tous du moins, peuvent être cultivés dans la péninsule, en choisissant la région qui leur est la plus favorable. La majeure partie des essences d'arbres et des variétés de plantes dont nous avons signalé la présence en Chine, se retrouvent au Tonkin et en Annam. Les provinces de Thanh-hoa et de Nghé-an, — deux de celles que nous avons rendues à l'Annam, — peuvent être classées parmi les plus riches et les plus productives.

Parmi les fruits qui abondent au Tonkin, celui du jaquier n'est pas le préféré des Européens. Ce fruit, qui vient à la naissance des branches de l'arbre, dont les feuilles sont d'un beau vert, a une jolie apparence. Mais son odeur et sa saveur.... *sui generis* ne flattent ni l'odorat ni le goût des Occidentaux.

Les végétaux qui servent à l'alimentation sont nombreux ; la *mélongène*, qui appartient à la famille des aubergines, rend de grands services à la population pauvre. Ce légume n'est pas très gros ; en général il ne dépasse pas la grosseur d'une noix, mais il pousse rapidement et peut se récolter avant la première moisson du riz, au mois de mai. Venant au moment où la provision de riz de la récolte précédente s'épuise, il permet d'attendre la moisson nouvelle sans dépenser beaucoup, car il est abondant et d'un prix modique.

Les *châtaignes d'eau douce*, dans les régions marécageuses, et le *cu-maï*, dans les régions de montagnes, sont aussi fort utiles. Le cu-maï pousse dans les forêts ; c'est un tubercule qui ressemble un peu à la carotte, dont il a la forme allongée. Il est très gros ; sa chair sucrée, farineuse, se rapproche de celle de la *patate*. Quant à cette dernière, elle se plaît dans les terrains sablonneux.

Le blé et le caféier sont cultivés dans les propriétés des missionnaires ; mais ces deux cultures, la dernière surtout, sont encore à l'état d'essai.

Le Tonkin nord a des arbres à vernis et à laque qui donnent des produits recherchés par les Chinois. Ceux-ci les importent en Chine, où ils sont vendus ou employés comme vernis et comme laque du pays et même.... du Japon.

La culture du mûrier peut être améliorée au Tonkin ; elle y est une des principales sources de revenus, puisqu'elle permet l'élevage des vers à soie. Quant à la *soie végétale*, elle est assez estimée.

Les *joncs* et les *bambous* servent à mille usages, comme nous l'avons dit à propos des productions de la Chine.

Le R. P. Leserteur a écrit la monographie d'un arbuste très utile, le *hoang-nan*, qui appartient à la famille des strychnées. Les indigènes l'emploient pour combattre et guérir la lèpre, les piqûres d'animaux venimeux et la rage. Il renferme un poison des plus violents.

Un des arbres les plus communs dans l'Indo-Chine est l'*aréquier*. Le village de Ké-so, où se trouve une importante mission catholique, est tout planté d'aréquiers. Ké-so est à une grande journée de marche de Hanoï, dix à douze lieues en ligne droite ; la mission possède de grands jardins, dont les allées sont bordées de ces *arbres à noix*. Les noix d'arec sont recherchées par les indigènes, qui les *chiquent*. On roule, pour cet usage, un morceau de noix et quelques parcelles de chaux dans une feuille de bétel. Les Européens, en arrivant au Tonkin et en Annam, ne manquent pas de critiquer l'habitude de chiquer l'arec et le bétel ; puis, après quelque temps de séjour, ils l'adoptent à leur tour. C'est qu'on peut ainsi combattre efficacement le refroidissement et le malaise que causent les pluies d'hiver. La mastication des ces petits rouleaux composés de bétel, de chaux et de noix d'arec, donne à la circulation du sang une activité plus grande et réchauffe le corps.

On accuse généralement le bétel de noircir les dents des Annamites : c'est à tort. Les Annamites, qui conçoivent la *beauté* autrement que les Occidentaux, n'apprécient pas les dents blanches ; ils préfèrent les dents *noires*. Aussi, vers l'âge de douze à quinze ans, ont-ils soin de recourir à une teinture spéciale dont nous ignorons la composition, et que les indigènes nomment *thuoc-nhuom-rang*, c'est-à-dire *médecine* — (pour) *teindre* — (les) *dents*.

Nous devons dire quelques mots de l'opium au Tonkin.

Le pavot vient bien dans ces régions ; il pousse à l'ombre de notre drapeau ; car, il faut l'avouer à notre honte, nous avons acclimaté l'usage de l'opium en Annam, comme les Anglais l'ont introduit en Chine. Au temps où ils commencèrent à imposer ce poison aux Chinois, les Anglais encoururent la réprobation des nations européennes, celle de la France surtout. Et voici que maintenant, pour créer des revenus à la colonie, la France encourage la culture du pavot et permet l'introduction de l'opium au Tonkin. Peut-être un jour reconnaîtra-t-on les dangers de cette mesure économique. L'empereur d'Annam, avant notre venue, défendait la vente du poison dans ses Etats ; il est vrai qu'on l'employait malgré sa défense ; maintenant on le fume ouvertement, sans avoir recours à la contrebande.

La main-d'œuvre n'est pas élevée au Tonkin. La journée d'un homme se paie une *ligature de zinc* et même moins. Avant l'occupation française, cette ligature valait environ 1 fr. ; maintenant, sa valeur n'est plus guère que de 75 c. à 80 c. La ligature de cuivre a *six fois* plus de valeur ; au taux actuel, elle représente donc environ 4 fr. 80 c. ou 5 fr., comme en Chine.

La bête de somme le plus souvent employée pour les travaux de l'agriculture est le buffle.

Les forêts du Tonkin et de l'Annam sont peuplées d'animaux redoutables, en particulier de tigres, de panthères et de sangliers ; mais l'animal le plus nuisible, celui qu'on redoute tous les jours dans le pays tout entier, n'est pas le plus gros ! C'est la *fourmi blanche*, une des plaies du Tonkin et de l'Annam.

Ces très petites bêtes sont à la fois d'une prudence et d'une ardeur désespérantes ; en outre, comme si elles savaient que l'union fait la force, elles ne se montrent pas plus isolément qu'elles ne travaillent à découvert. Elles marchent par bandes, en armée, faisant avec de la terre mouillée de leur salive un petit canal dans lequel toutes s'engagent en file indienne, jusqu'à ce qu'elles se trouvent au point d'opération. Quand elles attaquent le bois, elles procèdent en le creusant à l'intérieur et respectent la surface ; de sorte que le mal apparaît au moment où il est sans remède. On a vu des maisons s'effondrer subitement, alors que rien ne laissait supposer qu'elles fussent minées : les piliers sur lesquels repose la charpente étaient creusés au cœur même ; du cœur, les fourmis avaient rayonné vers l'écorce, mais sans la percer ; un jour, l'écorce seule subsistant, les maisons s'écroulèrent. Il faut, pour éviter ce danger, que les piliers soient en *bois de fer* ou en bambou vieux, c'est-à-dire très dur.

Souvent, par prudence, on pratique des sondages dans les colonnes des habitations, et dès que la sonde révèle l'existence d'une *mine* de fourmis, on s'empresse de changer la colonne attaquée.

Les fourmis blanches ne sont d'ailleurs pas difficiles sur le choix de leurs mets : elles dévorent tout ce qu'elles trouvent et qui n'est point trop dur. On a vu des livres reliés et dont la couverture était laquée, selon la mode annamite, fort détériorés en une seule nuit par les fourmis blanches qui les avaient attaqués à la fois par la couverture et par les trois tranches.

Ces petits insectes ne sont dangereux pour l'homme que s'il se trouve en contact avec ce qu'on peut appeler un de leurs corps expéditionnaires, tels qu'on en trouve quelquefois dans son lit. La piqûre d'*une* fourmi n'est rien ; mais répétée mille ou deux mille fois, c'est quelque chose ! Ces hôtes importuns se rencontrent partout, dans la plaine comme dans la montagne, aux champs comme au village, sauf cependant dans les rizières.

Au logis même on est menacé par un autre petit animal, un petit lézard, dont le cri ressemble à celui d'un oiseau. Ce lézard attaque rarement l'homme; mais quand il se croit menacé, quand on le touche, même involontairement, il mord, et sa morsure est venimeuse; aussi convient-il, avant de se coucher, d'inspecter soigneusement la natte, le matelas, en un mot le lit et sa garniture.

Les serpents, qui sont malheureusement nombreux, se trouvent dans les champs, dans les bois et dans les habitations même, où ils se réfugient pendant les inondations, en compagnie des crapauds.

En somme, on est rarement *seul chez soi*, au Tonkin et en Annam !

Les poissons des fleuves et rivières de l'Indo-Chine sont excellents et très abondants; ceux des étangs sont généralement mauvais, ou du moins très inférieurs aux autres. Parmi les poissons les plus estimés, il faut citer les carpes et le *ca-tram*. Ce dernier ressemble au brochet, mais il pèse en général 4 à 5 kilogrammes; on en trouve qui ont jusqu'à 1ᵐ50 de long.

Les indigènes mangent volontiers le poisson cru, coupé par filets qu'on sert avec du gingembre, divers autres condiments, additionnés de deux sauces, l'une salée, l'autre *sucrée*. Les convives ont donc le choix; chacun prépare sa *bouchée* de poisson, avec la sauce et les condiments qui lui conviennent, sur une feuille d'arbre, puis il mange le tout.

Les Annamites, comme les Chinois, sont d'habiles pêcheurs. Ils emploient divers procédés et se servent de plusieurs instruments. Citons, entre autres, un filet fixé à une sorte de raquette, mais qui, au lieu d'être arrondie, se termine en pointe à l'opposé du manche. En outre, à droite et à gauche de cette pointe débordent deux *nageoires*. Voici comment on se sert de cet instrument : un indigène entre dans l'eau, s'avance dans le lit du fleuve ou de la rivière tant qu'il *a pied*, poussant devant lui, sous l'eau, le filet destiné à prendre les poissons ; puis brusquement il relève ce filet dès qu'il suppose que des poissons se trouvent au-dessus ; il jette les victimes sur la rive, où un autre indigène les recueille.

Dans les arroyos et dans les rivières peu profondes, on use d'un stratagème curieux qui réussit fort bien. Les Annamites couvrent de branchages et de broussailles une partie du cours d'eau sur laquelle dardent les rayons du soleil. Les poissons accourent aussitôt se mettre à l'ombre sous ce *toit*. On a soin de faire silence auprès de l'endroit ainsi protégé. Quelques jours plus tard, des hommes munis de longues claies en bambou, dont les mailles ne peuvent laisser passer le poisson, se placent les uns en amont, les autres en aval, dans le lit même, et marchent à la rencontre les uns des autres, en poussant les claies devant eux dans la direction des branchages. Le poisson se trouve ainsi emprisonné entre les claies et les rives du cours d'eau. Il ne reste qu'à retirer les branchages et les broussailles et à capturer les hôtes de l'endroit ; pour cela, on plonge des paniers ou bien on jette des filets qu'on retire chargés de victimes.

On fait sécher une grande quantité de poissons. On vide ceux qui sont destinés à cette préparation, puis on les lave, après quoi on les ouvre en deux par une fente longitudinale. Ils sont alors salés, puis exposés au soleil pour se dessécher.

Les Annamites font aussi usage de poisson *fermenté*, qui excite leur appétit, comme celui des Chinois, et dont les habitants des deux empires d'extrême Orient se montrent très friands.

L'Annam et le Tonkin, particulièrement le nord et le nord-ouest de ce dernier, sont riches en métaux ; on y trouve même de l'or. Aussi les mines, les *placers*, ne sont-ils pas un des moindres attraits qui ont engagé les Européens à aventurer leurs capitaux dans ces lointaines régions. Souhaitons que leurs espérances ne soient pas déçues.

Or, argent, cuivre, plomb, zinc, fer, mercure...., puis aussi marbre, pierres précieuses, huile, sel...., tout cela existe au Tonkin comme en Chine ; mais encore faut-il savoir et pouvoir faire siennes ces richesses. C'est là le point vers lequel doivent tendre nos efforts.

Par le dernier traité de commerce conclu entre la France et la Chine, cette puissance a autorisé l'importation directe de l'opium ; cette résolution est fort sage. La funeste coutume de fumer l'opium est désormais trop invétérée pour qu'on puisse songer à l'extirper. Il y a donc un intérêt majeur à fournir aux consommateurs le poison *étranger* à bon compte, afin que la culture du pavot soit moins répandue en Chine au détriment des céréales.

Par le même traité qui a autorisé l'importation de l'opium, la Chine a refusé l'importation *directe du sel*, sous prétexte qu'il existe une compagnie fermière du sel. Le gouvernement de Pé-kin laisse d'ailleurs à cette compagnie la faculté d'acheter le sel au Tonkin. Nous ne voyons pas que cette faculté puisse être contestée ; par suite, il n'y avait pas lieu, semble-t-il, à reconnaître et à *accorder* ce droit. On ne conçoit pas comment le gouvernement chinois pourrait prétendre imposer à une compagnie fermière l'obligation de ne pas acheter dans tel ou tel pays les produits dont elle a besoin.

Ajoutons que l'importation directe du sel en Chine serait très avantageuse pour le Tonkin, parce que le prix de vente serait plus rémunérateur. C'est avec des chargements de sel que notre compatriote, M. Dupuis, fit les premières opérations commerciales de ce siècle par le fleuve Rouge, entre le Tonkin et le Yun-nan.

Ce n'est pas seulement au XIXᵉ siècle que les produits de l'Indo-Chine ont tenté les Européens, et que le commerce s'est fait entre l'Occident et l'extrême Orient.

En 1637, les Hollandais avaient fondé un comptoir au Tonkin, à *Hung-yen*, petite ville située entre Hanoï et Nam-dinh. Les Français eux-mêmes y furent représentés jusqu'en 1700.

Vers l'époque où les Hollandais s'établirent au Tonkin, les Portugais y vinrent aussi, non pas d'Europe même, mais de Macao ; leur présence portait ombrage aux Hollandais, qui agirent peut-être sur le roi. Celui-ci obligea les Portugais à jurer de ne rien entreprendre contre le royaume.

La situation qui leur fut faite à partir de ce moment était trop précaire pour qu'ils se décidassent à l'accepter : ils repartirent pour Macao ; c'était ce que désiraient les Hollandais.

Ceux-ci devinrent d'autant plus puissants au Tonkin que leur chef, Charles Hartsink, véritable diplomate au service de la Compagnie des Indes, fut *adopté* par le roi de Hanoï.

La fortune des Hollandais dans l'extrême Orient serait, selon toute probabilité, devenue considérable, et l'empire indo-chinois serait peut-être tombé sous leur domination, s'ils n'avaient commis de grandes fautes politiques et s'ils n'avaient, en outre, donné satisfaction à une haine nationale.

Tandis qu'ils promettaient au gouvernement de Hanoï aide et secours contre les Nguyen, c'est-à-dire contre le gouvernement du Midi, ils sollicitaient et obtenaient de ce dernier une protection utile pour s'établir près de la baie de Tourane, à l'endroit appelé Païn-pho.

Ils jouaient donc double jeu, et le roi de Hanoï, ignorant les menées contraires à ses intérêts, offrait aux Hollandais *de leur donner le pays des Nguyen!* L'offre était belle. Cependant la partie fut considérée comme trop aléatoire pour l'accepter franchement, car pour recevoir le pays des Nguyen, il fallait commencer par aider à le conquérir. Les Hollandais se contentèrent donc de promettre des hommes et des vaisseaux au gouvernement de Hanoï, tout en continuant à faire des protestations d'amitié aux Nguyen; mais ils ne donnèrent ni vaisseaux ni hommes.

Le dénouement se devine. Le roi de Hanoï fut irrité; quant au gouvernement des Nguyen, il connut les propositions faites contre lui et les promesses qui avaient répondu aux offres. Bien que ces promesses fussent demeurées lettre morte, bien qu'elles n'eussent pas été suivies d'exécution, il en conçut un ressentiment légitime.

La situation que les Hollandais s'étaient faite par leur conduite était donc devenue assez difficile au nord comme au sud. Au lieu de s'en tenir à leur influence présente et de chercher à ressaisir celle qu'ils avaient perdue, mais en n'employant que des moyens loyaux, ils s'avisèrent de vouloir empêcher les Portugais de faire le commerce dans la péninsule indo-chinoise, commerce qu'ils avaient continué avec leurs navires après leur départ du Tonkin et leur retour à Macao.

Les Hollandais résolurent donc de saisir tous les Portugais qu'ils trouveraient à terre, de s'emparer des vaisseaux qui les avaient amenés : ils devaient envoyer les hommes comme prisonniers soit aux îles Pescadores, soit à Taÿ-ouan ; quant au butin, c'est-à-dire au chargement des vaisseaux, ils le garderaient pour eux-mêmes comme *prise*.

Le projet était bien conçu, seulement l'heure n'était pas propice à son exécution : le roi de Hanoï, l'ayant connu, édicta la *peine de mort* contre tout Hollandais qui attaquerait les Portugais ou chercherait à leur nuire dans leurs biens et leur commerce.

L'étoile des Hollandais avait pâli ; elle devait disparaître.

En 1663, le comptoir de Hung-yen fut supprimé et rétabli deux ans plus tard. Mais les Hollandais eurent alors à subir de mauvais traitements en souvenir de leur promesse non exécutée. Après que leurs chefs eurent été emprisonnés, ils quittèrent la partie. C'est le 8 février 1700 qu'ils partirent pour Batavia.

Quant à la Compagnie française aux Indes, elle voulait tenter l'établissement d'un comptoir, mais avec chances de succès durable. Les gouvernements de l'Indo-Chine étaient peu disposés à attirer les étrangers, car les agissements de ceux qu'ils connaissaient ne leur avaient inspiré aucune confiance dans ceux qu'ils ne connaissaient pas encore ; ils les confondaient tous dans une même réprobation en les nommant des barbares.

Depuis Chappelier, en 1684, jusqu'en 1749, plusieurs tentatives furent faites, mais sans succès.

En 1749, nous l'avons dit incidemment en examinant l'histoire d'Annam, un Français nommé Poivre débarqua à Tourane, puis se rendit à Hué. Le prince régnant lui fit bon accueil et lui remit, pour le roi de France, une lettre dans laquelle il déclarait que désormais les *deux royaumes de France et de Cochinchine ne devaient plus former qu'un seul Etat*.

Le mauvais état des affaires de la Compagnie des Indes,

et sans doute aussi les préoccupations de la politique intérieure, ne permirent pas à la France de mettre à profit ces ouvertures inespérées. Il s'en fallait encore d'un demi-siècle que le vœu du roi de Hué, *Vo-vuong*, commençât à se réaliser. Les événements qui se produisirent à la fin du xviii siècle intéressent trop directement la France pour être séparés de l'intervention française dans l'extrême Orient, intervention que nous examinerons dans la dernière partie de cette étude.

Les Annamites, surtout ceux de l'Annam proprement dit, et les habitants du Tonkin, sont aussi industrieux que les Chinois ; ils le sont plus que les indigènes de la basse Cochinchine.

Facile à diriger, docile, attentif à l'enseignement pratique, l'ouvrier annamite se prête à tous les travaux, se familiarise avec tous les métiers, sans éprouver pour les perfectionnements ou les innovations la même répulsion que les Chinois. En un mot, son éducation industrielle n'a rien de difficile.

Cette docilité et cette disposition d'esprit doivent être considérées comme très heureuses pour la prospérité de nos établissements, puisqu'il faut renoncer à envoyer des travailleurs au Tonkin.

Lorsque l'expédition française eut ouvert ce pays au commerce, bien des Français pensèrent à s'expatrier dans l'espoir de réaliser rapidement une fortune trop lente à amasser en France. C'est alors que le résident général, M. Paul Bert, fut obligé d'avertir qu'il n'y avait au Tonkin rien à espérer pour les *travailleurs* : il n'y a place que pour les *capitaux*.

« Il n'y a que deux sortes de Français qui puissent réussir ici, écrivit-il aux chambres commerciales ; ce sont :

1° les gros capitalistes ; 2° les artisans exerçant des professions encore mal connues des Asiatiques : mécaniciens, fondeurs, contremaîtres de certaines industries. Mais pour ceux-là, l'heure n'est pas encore venue.... »

Les Annamites ont des habitudes qui diffèrent des nôtres ; de longtemps nous ne pourrons songer à les plier à nos usages ; nous ne devons pas supposer qu'ils adoptent notre costume ni notre manière de vivre. Ce fait est pour une branche de notre industrie un écueil auquel elle s'est heurtée déjà. On a envoyé au Tonkin des étoffes qui se vendraient facilement si elles avaient une autre largeur : elles ont 80 centimètres, tandis que les Annamites font usage d'étoffes n'ayant que 30 centimètres. Les Anglais, prompts à saisir toutes les occasions de trafiquer, empressés à se plier aux exigences commerciales, du moment que quelques concessions peuvent leur rapporter d'importants bénéfices, les Anglais ont dès longtemps modifié leurs métiers, diminué la largeur des tissus qu'ils destinent à l'Annam ; de sorte qu'ils peuvent livrer ces tissus à un prix inférieur à celui de nos produits. En outre, comme les mesures annamites sont observées, les Anglais écoulent facilement les étoffes qu'ils importent dans l'Indo-Chine et qui répondent aux besoins des habitants.

Les importations peuvent être considérées comme provenant de Chine et d'Angleterre — ou des colonies anglaises. Jusqu'ici, les importations qui sont le fait des maisons françaises n'atteignent qu'*un dixième* environ du commerce général au Tonkin. Pour connaître les branches de l'industrie française qui trouvent le plus d'extension dans ce pays, il n'est besoin que de parcourir les annonces figurant dans les journaux qui s'impriment au Tonkin : presque toutes, sinon toutes, sont fournies par des liquoristes ou des négociants en conserves alimentaires. Mais les liqueurs, l'alcool, le vin, sont au premier rang. Les articles dits *de Paris*, la bimbeloterie commune, la verroterie, viennent après les liqueurs, le vin et les conserves alimentaires.

Parmi les articles qu'on exporte le plus du Tonkin se trouvent le riz, la soie, la laque, le vernis et des petits meubles ornés d'incrustations.

Le génie français comporte plus de générosité et d'ardeur chevaleresque que d'habileté commerciale. Il semble que notre rôle au milieu des nations ait quelque analogie avec celui des inventeurs dans les sociétés particulières : en général, l'inventeur *crée* aux dépens de sa fortune et parfois de sa vie....; d'autres que lui bénéficient de ses découvertes. Presque toujours son nom est connu alors que déjà il est mort, alors qu'il n'a plus que faire de couronnes, d'argent, de gloire.

Comme les nations vivent des siècles au lieu de vivre seulement quelques années, la gloire dont elles se couvrent à une époque rejaillit sur l'époque qui suit, de même que la gloire de l'inventeur honore ses descendants.

La France est riche de gloire; mais trop souvent elle s'en tient aux lauriers !

Ceci n'est pas une critique, c'est seulement la constatation d'un fait dont on trouve la cause dans le caractère chevaleresque et généreux de la nation.

Chère France ! aimons-la comme l'enfant aime sa mère. Admirons-la dans la gloire, plaignons-la dans la douleur, soutenons-la dans le combat.

Soyons forts nous-mêmes pour que la France soit forte. Et si l'on peut dire qu'elle n'a pas le *sens pratique*, le génie des affaires, faisons du moins en sorte qu'on ne puisse l'accuser de faillir à son passé, passé de gloire, de désintéressement, de charité, de foi et d'honneur !

CHAPITRE III

L'ANNAMITE : MOEURS, INSTITUTIONS, CROYANCES, FAMILLE.

I.

Annamites et Muongs. — Habitations. — Villes et villages. — Propriété foncière. — L'encens et le feu. — Culte des ancêtres. — Les Esprits tutélaires. — Le Bouddhisme.

Une grande blouse fendue sur le côté et de forme ample ; — un pantalon sans ceinture (comme d'ailleurs les pantalons chinois), et si large qu'il faut apporter quelque attention à sa toilette pour ne point passer les deux jambes par la même ouverture ; — un turban roulé autour de la tête et, s'il fait chaud, un grand chapeau pointu posé sur le turban : tels sont les principaux éléments du costume annamite.

Le turban est généralement en crépon, les pauvres seuls le font en cotonnade. Il est de couleur claire ; rouge ou bleu pour les jeunes gens ; violet foncé ou noir pour les hommes faits et les vieillards ; vert pour les mandarins.

En principe, le pantalon de l'Annamite, plus large que celui des Chinois, doit être attaché sur les hanches de son possesseur par une ceinture rouge, violette ou blanche, en soie, et dont les bouts dépassent un peu la blouse par devant.... Voilà ce que font les élégants. Parfois cependant on le fixe par lui-même : d'une main on retient tous les plis de l'étoffe réunis sur un côté; de l'autre on tourne et retourne l'étoffe.... c'est fait.

La coupe des vêtements des dames est la même que celle des habits des hommes; seulement leur blouse est plus longue; l'étoffe porte des fleurettes ou de petits dessins. Leur pantalon est de couleur, c'est seulement le jour de leur mariage qu'elles peuvent en avoir un blanc.

Le pantalon a joué pour les dames tonkinoises le même rôle que la *natte* pour les Chinois [1] : il leur a été imposé par l'empereur Min-Mang, vers 1830. Jusque-là elles portaient, suivant la coutume particulière aux femmes du Tonkin, des jupes étroites; l'empereur, qui cherchait à vaincre par tous les moyens l'esprit d'indépendance des populations du Nord, décréta que la *mode* du royaume du Sud serait adoptée par les dames du pays conquis par Gialong. De sorte que le pantalon est devenu pour elles un signe de défaite, tout comme la natte le fut pour les Chinois après la conquête des Tartares. A la campagne, elles ont conservé le jupon.

Elles sont en outre revêtues d'une sorte d'écharpe, *ké-yêm*, qui fait le tour du cou, se croise sur la poitrine et se noue autour de la taille.

Leur chapeau, loin d'être pointu comme celui des hommes, a la forme d'un plat, rond, large, retenu par des cordons de soie; il est posé sur le chignon — toujours *vrai!* — que retient une épingle d'or donnée à la jeune fille dans une assemblée familiale le jour de sa majorité.

(1) V. *Les Chinois peints par un Français.*

En général, les femmes ont de très beaux cheveux, avantage qu'on attribue à l'usage de les raser souvent pendant l'enfance.

Ce qu'il y a de pointu dans le costume des hommes, c'est le chapeau ; — dans le costume des dames, ce sont les souliers. Ils se terminent en effet par une pointe aiguë et accentuée, mais recourbée; les chaussures des hommes sont, au contraire, larges du bout. Les femmes annamites ont les pieds naturellement petits et ne les déforment pas comme le font les Chinoises [1].

Dans les régions montagneuses et pendant la saison des pluies, la plupart des Annamites portent un manteau fait de feuilles de palmier ou en joncs. Ces feuilles, ou joncs, sont étagées, en recouvrement les unes des autres, de sorte que celles de dessus cachent en partie celles de dessous, à la manière des tuiles ou des ardoises d'un toit. L'eau glisse sur cet étrange vêtement, qui protège fort bien de la pluie.

Ajoutons, enfin, que la blouse et le pantalon sont faits en soie quand on le peut, en étoffe de coton dans le cas contraire.

Voilà, esquissé à grands traits, le costume annamite ; le lecteur jugera comme nous qu'il l'emporte de beaucoup sur celui des Laotiens.

Examinons maintenant l'Annamite lui-même.

Sous le turban qui retient les cheveux captifs, apparaissent : un front bas et arrondi ; des yeux noirs légèrement fendus en amande ; un nez écrasé ; des pommettes saillantes ; une bouche rieuse dont les lèvres, en s'entr'ouvrant, laissent apercevoir de belles dents *noires* ; le teint du visage est jaunâtre ou même couleur havane foncé chez les travailleurs.

---

(1) *Au Pays de Chine.*

Nous avouons que, dans son ensemble comme dans ses détails, ce visage ne répond point au type de beauté préféré des Occidentaux ; mais, à tout prendre, il est original plutôt que laid. On doit d'ailleurs tenir compte de l'*expression* de la physionomie : cette expression est généralement agréable chez l'homme aussi bien que chez la femme.

L'Annamite a l'air doux, timide, souvent même naïf ; ses épaules et sa poitrine sont larges, ses bras grêles, ses mains longues et osseuses. Sa taille varie entre 1^{m}55 et 1^{m}65. Il est d'ailleurs plus robuste au Tonkin qu'en Annam, et en Annam qu'en Cochinchine ; cela est dû au climat, moins énervant au nord qu'au sud de la péninsule. Les femmes sont généralement petites, mais elles ont une apparence robuste.

Il est de mode en Indo-Chine d'avoir les ongles fort longs. Ce n'est qu'après *sept à huit ans* de croissance qu'un ongle est réputé beau. Comme on peut le supposer, tous les doigts ne sont point pourvus d'un pareil ornement, car il deviendrait alors impossible de travailler. Cependant cette raison même fait qu'on tient à posséder de grands ongles, témoins d'occupations purement intellectuelles, et les lettrés seuls se permettent ce luxe. En général, ils taillent ceux du pouce et de l'indicateur, et laissent croître en liberté ceux des autres doigts à chaque main. Il devient souvent nécessaire de les protéger, ce que l'on fait à l'aide d'un bambou très mince dans lequel chaque ongle entre comme dans une gaine.

Quant aux dents *noires* des Annamites, nous avons dit, à propos de l'aréquier, que leur couleur ne doit pas être attribuée à l'usage de mâcher la noix d'arec enfermée avec de la chaux dans une feuille de bétel, mais bien à l'emploi d'une teinture spéciale que les indigènes nomment *thuoc-*

nhuom-rang, c'est-à-dire médecine (pour) teindre (les) dents.

Ajoutons que cette *médecine*, au moment où l'on s'en sert, ramollit tellement les dents, que pendant deux ou trois jours, le patient est obligé de se nourrir exclusivement de riz très cuit et de bouillie : il lui serait impossible de broyer des aliments solides.

Fort heureusement l'effet du thuoc-nhuom-rang dure pendant toute l'existence, et jusque dans la vieillesse la plus avancée les personnes qui en ont fait usage ont des dents d'ébène.

La plupart des habitations annamites sont des *paillottes*, maisons faites de bambou et de terre ou de briques, auxquelles les Européens ont donné ce nom à cause de leur couverture faite en paille de riz.

On fabrique cependant au Tonkin des tuiles dites *mandarines*. Cette dénomination même prouve que leur emploi fut d'abord réservé aux habitations des mandarins ; mais leur usage se répand ; elles couvrent aussi le toit qui abrite les riches particuliers.

La division de la maison annamite diffère presque toujours de celle des demeures chinoises : les séparations intérieures, au lieu d'être perpendiculaires à la façade où se trouve la porte d'entrée, lui sont parallèles. Cependant on trouve en Annam, et surtout au Tonkin, bon nombre d'habitations établies suivant le type chinois.

La maison du pauvre ne comprend en général que deux pièces ou, pour mieux dire, qu'une seule, coupée en deux parties. Celle qu'occupe une famille aisée comprend plusieurs appartements formés par des cloisons et communiquant entre eux par de petites ouvertures devant lesquelles tombent des rideaux.

Pour les constructions importantes, on emploie du bois dur appelé *go* ou *trac*. Le bois d'aréquier trouve sa place dans les bâtiments légers.

Les pièces du devant de la maison sont occupées par les hommes ; celles de l'arrière sont réservées aux dames.

Le plus souvent, un jardin entoure l'habitation. On y cultive des plantes utiles ou des fleurs, suivant la position sociale et la fortune des possesseurs. Presque partout on trouve des plantations d'aréquiers, arbres précieux, nous l'avons dit, à cause de leur noix.

On suppose que les Annamites ne furent pas les premiers occupants du territoire sur lequel ils se trouvent actuellement. Ce territoire a sans doute appartenu tout d'abord aux ancêtres des hommes qui sont aujourd'hui dans les montagnes du nord-ouest, et qu'on connaît sous le nom de *Muongs*. Courageux et intelligents, ils obéissent à un chef choisi par eux et nommé — ou pour mieux dire investi du pouvoir — par la cour de Hué.

Quant aux Annamites, la marche de leurs conquêtes indique qu'ils devaient primitivement habiter la Chine méridionale (le *Kouang-sy* et le *Yun-nan).* Chassés par les Chinois, ils sont descendus jusqu'au fleuve Rouge, puis, refoulés encore, ils ont franchi ce fleuve, forçant à leur tour les premiers occupants du sol d'Annam, les Muongs, à leur céder la place.

Les tribus qu'ils obligeaient à ce déplacement se réfugièrent dans les montagnes, où elles ont su conserver une indépendance relative, garder leur idiome et ne jamais se soumettre sans résistance aux caprices tyranniques des gouvernements annamites soit de Hanoï, soit de Hué. Les hommes de ces tribus ont plus d'ardeur et plus de générosité que les Annamites ; ils ont aussi plus de fierté.

Les mœurs annamites touchent par tant de points à celles des Chinois, qu'ayant exposé celles-ci dans leurs détails [1], ce serait nous répéter que de retracer celles-là longuement.

Cependant, s'il y a des usages communs aux deux peuples voisins, la similitude de leurs mœurs n'est pas complète. Les Annamites tiennent même à honneur d'établir que plusieurs de leurs coutumes diffèrent de celles des Chinois.

A l'égard de quelques-unes de leurs institutions, ils sont dans le vrai en les considérant comme supérieures à celles des fils de Han. Mais, en fait, les Annamites doivent leur civilisation aux Chinois. Le caractère général des différences qui existent entre les deux peuples prouve seulement que l'existence des habitants de l'Indo-Chine est demeurée plus *primitive;* ils n'ont pas adopté toutes les importations du Céleste Empire, de sorte que leurs anciens maîtres peuvent dire : ils sont en retard. — Quant à nous, nous dirons qu'ils ont conservé beaucoup de leur simplicité naturelle, simplicité qui a disparu presque complètement parmi les sujets du Fils du Ciel.

Etrange par son aspect et aux yeux des personnes qui le voient pour la première fois, l'Annamite, par ses qualités morales, mérite qu'on l'étudie pour le bien connaître, qu'on l'assiste, qu'on le soutienne, et qu'on le guide dans la voie du progrès où nous l'avons fait entrer.

Doux, intelligent et patient : tel il se montre quand, sa confiance étant gagnée, il n'a plus besoin d'user de ruse ; tel est le peuple ; s'il a trop souvent donné des preuves de cruauté et de fourberie, on doit faire retomber tout l'odieux de ses actes sur les mandarins, sur les *lettrés*, qui n'ont

(1) *Au Pays de Chine.*

cessé de lui présenter les étrangers comme des ennemis dignes d'extermination.

C'est de l'Annamite, plus encore que du Chinois, qu'on peut dire : il a les qualités et les défauts de l'enfant.

Nous nous sommes constitués ses éducateurs, et si nous savons être à la hauteur d'une telle mission, il répondra aux espérances que nous avons pu concevoir.

Portons nos regards sur la société annamite.

Le nom de *ville*, tel que nous l'entendons en Europe, ne pourrait être appliqué aux cités d'Annam si, en le leur donnant, on songeait à un ensemble de rues larges, propres, aérées, régulières, bordées de maisons bien construites.

Dans les villes annamites, on trouve les mêmes paillottes, les mêmes chaumières que dans les villages, mais agglomérées et très nombreuses. A côté d'elles on voit aussi des constructions élégantes, des palais même ; enfin ces diverses habitations sont groupées autour d'un centre de défense ou d'administration, citadelle en même temps que siège du pouvoir civil.

Au Tonkin, les villages sont entourés d'une haie de bambous et de lianes ; cette haie se trouve sur le talus extérieur d'une tranchée qui forme un fossé, large ruisseau plein d'eau. Cette sorte de fortification n'existe qu'exceptionnellement en Annam. Le Tonkinois, voisin des îles de la Chine et du port de Pa-koi, exposé aux coups de main des pirates, dut chercher à se garantir contre les incursions de ces forbans, qui, avant notre présence, venaient la nuit surprendre un village, le brûler, puis emmenaient captifs les habitants, qu'ils espéraient vendre un bon prix à Pa-koi ou ailleurs.

Ceux qui n'étaient pas considérés comme d'une défaite facile étaient tués.

L'occupation française n'a pas encore mis fin à de si grands malheurs. Pour les éviter, on place chaque soir des veilleurs ayant pour tâche de faire le guet et de donner l'éveil à la moindre indication d'un danger toujours imminent : la venue des pirates!

En cas d'alerte, chacun s'arme d'un bambou terminé en pointe aiguë durcie au feu, afin de repousser, si faire se peut, les *méchants hommes* qui viennent troubler la quiétude, menacer de ruine et de mort! La haie de bambous est une défense plus sérieuse qu'on ne le suppose peut-être, quand elle est bien entretenue, surtout quand elle ne se trouve pas interrompue à certains endroits par des emprunts faits aux bambous et aux lianes.

La commune est sous l'autorité d'une sorte de maire assisté du conseil des notables. Les sous-préfets, les préfets et le lieutenant criminel de la province sont les magistrats devant lesquels doivent être portées les affaires que les notables n'ont pas pu terminer à l'amiable.

Le roi de Hué est le magistrat suprême.

Depuis notre occupation, les magistrats et fonctionnaires du Tonkin relèvent du gouvernement de Hanoï, c'est-à-dire à la fois de l'autorité française et de l'autorité annamite. Celle-ci est représentée par un délégué du roi de Hué qui porte le titre de *kinh-luoc* (vice-roi).

La propriété foncière est très morcelée, comme en Chine. L'unité de mesure agraire est le *mau*, qui équivaut à soixante-deux ares vingt-cinq centiares; le dixième du mau se nomme *sao*. Au temps de l'autonomie de l'Annam, la division du sol dans tout l'empire reposait sur deux titres :

1° Le titre de propriétaire, donnant, — comme dit notre

code d'après le droit romain, — le droit d'*user et d'abuser*, c'est-à-dire le droit de jouir et de *disposer* des biens ;

2° Le titre de *concessionnaire pour trois ans*. Une partie des terrains était, en effet, considérée comme appartenant au roi, qui en abandonnait la jouissance au peuple moyennant un faible droit de redevance.

Ces terrains, *inaliénables,* étaient répartis entre les villages, suivant leur importance, et tous les trois ans les notables de chacun d'eux en proposaient la répartition entre telles et telles personnes.

En cas de pénurie d'argent, au lieu de vendre leur part comme ils l'eussent fait d'un bien dont ils auraient été *propriétaires,* les détenteurs l'engageaient pour la durée de la concession qui leur avait été consentie.

Dans les biens appartenant en toute propriété aux familles, on trouve aussi une partie inaliénable. Cette partie est, croyons-nous, égale à *un dixième* des biens immobiliers ; elle constitue une réserve attribuée à l'aîné des fils en sa qualité d'héritier du culte, de successeur du chef de la famille ; elle lui est donnée pour subvenir aux frais des sacrifices et des repas offerts aux ancêtres.

Cependant cette part n'appartient pas de droit à l'*aîné* des fils : en cas d'indignité, cet aîné peut être déclaré par son père déchu de son droit, et le rôle d'héritier du culte passe à l'un de ses frères avec la part réservée. Le père ou la mère survivante peuvent seuls, pour motifs extrêmement graves et par acte passé devant le mandarin, prononcer cette déchéance d'héritier du culte.

Cette part réservée au ministre des ancêtres existe aussi en Chine, nous l'avons dit, mais sa valeur varie.

Les Annamites la nomment *huong-hoa,* c'est-à-dire *encens et feu.*

L'aîné des fils hérite en outre des exemptions d'impôt que son père a pu obtenir du souverain, à titre de récompense pour services rendus au trône ou au pays. Cette transmission a lieu jusqu'au troisième ou quatrième degré, suivant la teneur de l'ordre impérial.

Le culte des ancêtres revêt en Annam la même forme qu'en Chine, il se présente sous le même aspect. Chaque maison renferme l'autel des ancêtres placé où cela est possible, c'est-à-dire dans la pièce la plus confortable, s'il n'en existe pas une qui lui soit spécialement réservée.

Quand la famille est groupée dans un même endroit, elle a en outre un temple pour ses ancêtres. Dans ce temple, chaque branche de la grande famille a un autel en l'honneur de ses aïeux. On conçoit, en effet, qu'après la multiplication des familles issues de la souche commune, les morts, qui se trouvent pour les uns au rang d'ascendants, ne sont pour d'autres membres que des collatéraux fort éloignés. Il importait cependant que chaque branche trouvât dans le temple la tablette de ses ancêtres directs en même temps que celle des auteurs de la famille primitive. C'est par les autels particuliers qu'on a obtenu ce résultat.

Le plus âgé des membres de la *famille souche*, — ligne ascendante, — a le droit et le devoir de fixer le jour d'une réunion annuelle dans le temple des ancêtres ; c'est lui qui prévient les divers groupes de la famille. Au jour dit, chacun offre un tribut aux aïeux. Soit sur les petits autels, soit sur une table placée en avant, on donne un *repas* aux ancêtres, repas que les descendants consomment d'ailleurs au lieu et place des morts.... qui ne réclament pas leur part !

A côté du culte des ancêtres, qui constitue la religion privée en Annam comme en Chine, se place aussi le culte

de Confucius, précepteur des peuples, la religion bouddhiste, la croyance aux esprits tutélaires ou malfaisants.

Le *Ciel* n'a qu'un seul ministre, en Annam comme en
Chine; ce ministre est pour l'Annam le roi de Hué, Fils
du Ciel.

Mais il existe, en outre, un culte rendu à l'*ombre du roi*.
Les cérémonies ont lieu dans la partie des palais réservée
au roi et où le souverain est censé résider. Cet endroit de
chaque palais s'appelle *nha-kinh-thien*, c'est-à-dire *maison*
où l'on *vénère* le *Ciel*.

En fait, il semble bien que les sacrifices offerts à l'ombre
du roi, à son esprit protecteur, s'adressent réellement *au
roi lui-même*.... On ne peut encore préciser à qui sont
portés ces hommages, et quel est exactement le but de
ces cérémonies.

Le culte de Confucius et celui des esprits tutélaires ne
comportent ni l'un ni l'autre la *figuration* de Confucius ou
des esprits honorés; c'est-à-dire que les cérémonies n'ont
pas lieu devant des statues, devant des idoles.

On rencontre fréquemment dans les campagnes une
sorte de fauteuil en pierre et en plein air : c'est le *fauteuil
de Confucius*, siège sur lequel l'*esprit* du grand philosophe
est réputé se reposer.

C'est encore un fauteuil qu'on voit dans les temples
dédiés à un esprit tutélaire : l'esprit, *désigné par le roi*,
est réputé s'asseoir sur ce siège pendant que les notables
des villages voisins viennent lui offrir un festin. Cela se
pratique régulièrement deux fois chaque année, au prin-
temps et à l'automne.

Quand l'esprit se conduit bien, quand il remplit à la
satisfaction générale son rôle de protecteur, le roi l'honore
de sa faveur et le *fait monter en grade*. Au contraire,
quand il ne se conduit pas comme un brave esprit, quand

il ne remplit pas ses devoirs de protecteur, quand il est négligent et qu'il laisse en souffrance les intérêts des populations qui lui sont confiés, le souverain s'empresse de le *dégrader*.

Les Romains battaient leurs lares et leurs dieux pénates, ils les jetaient même par la fenêtre quand ils *n'obéissaient pas* et ne s'empressaient point d'exaucer les désirs qu'on leur exprimait; — les Annamites insultent leurs *esprits*, et le roi prononce contre eux des peines allant jusqu'à établir leur indignité, quand ils ne satisfont pas leurs adorateurs.

Ce ne sont d'ailleurs que des peines *morales* qui peuvent atteindre les esprits négligents; on ne peut les *fouetter*, les battre, les jeter par la fenêtre, puisqu'aucune statue ne représente les esprits.

Vient enfin la religion bouddhiste.

Si l'on compare la situation actuelle du bouddhisme en Annam avec celle qu'il y occupait il y a deux siècles environ, on constate sans peine qu'il a beaucoup perdu.

Ce n'est pas cependant au point de vue de la diffusion de la doctrine que le bouddhisme est en décadence : cette religion est, au contraire, très répandue en Annam. Chaque village a sa pagode, reconnue par l'Etat, avec un chef officiel. En outre, il y a des bonzeries *libres*, où les bonzes vivent à leur guise, sous la direction d'un chef qu'ils choisissent et qu'ils nomment. Les prêtres bouddhistes vivent en Annam comme une congrégation indépendante, bien qu'elle soit en principe soumise au gouvernement de Hué. Chaque pagode a un sceau qui lui est particulier et dont l'empreinte doit se trouver sur les actes qu'on rédige dans la pagode, c'est-à-dire les actes de *baptême* et d'admission dans la classe religieuse.

Mais les prêtres de Bouddha, les bonzes, n'ont actuellement que très peu d'influence, parce qu'ils ne jouissent d'aucune considération dans la société. On se passe d'eux très volontiers, et les notables du village offrent, à leur place, les sacrifices aux idoles. C'est en se servant des idées superstitieuses du peuple que les bonzes s'efforcent de conserver leur pouvoir. Ainsi, en 1887, pendant que sous la direction des Français on creusait le canal de Phu-ly à Phu-xuyen, afin de préserver des inondations la région de Hong-hoa-phu (province de Hanoï), les travaux furent brusquement interrompus par suite d'un *avertissement* donné par les bonzes, appuyés d'ailleurs par des lettrés. Les travailleurs indigènes furent prévenus qu'ils violaient la sépulture du *cheval de Bouddha*, et que s'ils fouillaient ce terrain sacré, ils seraient foudroyés. Ce ne fut qu'après avoir vu des Européens sains et saufs, bien qu'ils eussent creusé la prétendue sépulture, que les Annamites consentirent à reprendre les travaux.

Mais alors, le *diable* s'en mêla ; il se mit fort en colère contre les Français, et n'osant leur jeter des pierres, il eut l'idée, pour manifester son mécontentement, d'en lancer chaque soir sur la pagode de Cau-sao. Grande terreur parmi les indigènes ! Les Français, moins faciles à troubler, déclarèrent *au diable* que s'il était pris, il recevrait cent coups de bambou et serait mis en prison. Puis, le soir venu, et la pluie de pierres commençant, ils tirèrent à blanc dans la direction d'où partaient les projectiles.

Cette démonstration suffit à l'affilié des bonzes et des lettrés qui jouait le rôle du diable ; il n'eut point le désir de poursuivre ses intimidations et, très humainement, se sauva à toutes jambes, ce qui rassura les timides indigènes et permit de continuer le percement du canal.

Les pagodes de Bouddha sont nommées *chua*.

Le célibat est obligatoire pour les bonzes et bonzesses [1] ; ils *doivent* ne rien manger de ce qui a eu vie : on dirait que le régime végétalien suffit à les rendre purs et dignes de tout respect. Seulement, en fait, on croit peu à la pureté de leur vie, de même qu'on ne croit point à leur vocation désintéressée. Il leur est cependant défendu de tirer des profits matériels de leur ministère, de considérer leur état religieux comme un métier *lucratif....* Mais entre la théorie et la pratique, il y a, souvent et pour tout, une grande distance, un abîme.

Nous le répétons, les bonzes ne jouissent en Annam comme en Chine d'aucune considération ; il en résulte que leur influence n'est pas considérable, et c'est en cela qu'on peut dire que le bouddhisme est déchu de sa grandeur passée.

De ce que nous venons de dire doit-on conclure qu'en embrassant la vie religieuse, les bouddhistes font une spéculation ?

A part de très rares exceptions, nous croyons qu'il faut envisager ainsi leur prétendue *vocation*. On objecte contre cette opinion que, pour être reçu bonze, il faut subir des épreuves douloureuses : ainsi, par exemple, on place sur la tête rasée du postulant *trois grains d'encens qu'on allume ;* il ne doit pas discontinuer ses prières ni exprimer ses souffrances, à plus forte raison faire tomber les grains d'encens, et cela sous peine de n'être pas admis au nombre des élus. Mais cette épreuve ne prouve point la *vocation.*

Elle ne la prouve point, d'abord parce que de simples fidèles, pour montrer leur fermeté dans leur religion, et sans prétendre devenir bonzes ou bonzesses, prêtent leur

---

(1) Il ne l'est pas pour les *say,* gardiens souvent confondus avec les bonzes.

crâne à cette cérémonie ; il y a donc là une expression de fanatisme religieux, rien de plus.

En outre, les personnes qui connaissent les Orientaux savent combien ils sont réfractaires à la douleur physique, surtout quand il n'est pas question de couper un membre, de faire couler le sang. Il n'est pas rare de voir ces hommes étranges, quand ils sont atteints d'une blessure grave ou qu'ils sont piqués par une bête venimeuse, placer le membre atteint au-dessus d'un brasier ardent, et demeurer impassibles autant de temps qu'il est nécessaire pour que le feu ait fait son œuvre. On conçoit que pour des êtres de cette trempe, la brûlure de trois grains d'encens ne soit pas une douleur considérable, et que, seul, le sentiment religieux puisse donner la force de la supporter.

Enfin, cette épreuve, aussi pénible qu'on puisse la supposer, prouve seulement une volonté ferme de devenir bonze ; mais elle n'indique en aucune façon la raison de cette volonté, le *mobile* qui fait agir le postulant : il se peut qu'il obéisse à une vocation, il se peut aussi qu'il entende seulement profiter des avantages pécuniaires que lui procurera son habit de prêtre bouddhiste, ou qu'il veuille échapper aux recherches de la police.

Le christianisme se trouve aussi dans l'Indo-Chine. Les bonzes et les lettrés sont, en Annam comme en Chine, les plus grands ennemis de la religion du Christ. La croix a été implantée dans la péninsule il y a un peu moins de trois siècles ; peut-être avait-elle, avant cette époque, pénétré déjà dans l'empire d'Annam.... on ne peut l'affirmer.

Le Tonkin a été évangélisé un peu plus tardivement que la Cochinchine et l'Annam proprement dit. Nous examinerons dans quelques instants les origines du christianisme dans l'Indo-Chine et l'état actuel de l'Eglise ; nous verrons que le sang des martyrs a souvent abreuvé ce sol lointain.

Malgré les persécutions nombreuses et terribles qui ont frappé les chrétiens en Annam, c'est-à-dire dans toute la péninsule, persécutions que la présence des forces militaires françaises n'a pas toujours arrêtées, le nombre des chrétiens peut être évalué à 500,000.

II.

La famille. — La nourriture. — L'instruction et la langue. — La fête du Têt. — Les incendies.

La base de la famille annamite, le principe de sa constitution et l'autorité de son chef sont les mêmes que ceux de la famille chinoise ; mais il y a des tempéraments qui modifient assez profondément le caractère de la famille annamite pour que, sur certains points, elle semble étrangère à sa sœur du Nord.

L'autorité de l'*homme*, en tant qu'époux et en tant que père, est adoucie. L'infanticide, au lieu d'être une coutume à peu près générale, n'existe que comme exception. Au reste, comme le futur, quand il possède une certaine fortune, apporte une dot, on n'est pas inquiet au sujet du mariage des jeunes filles ; leurs parents ne songent donc pas à les tuer quand elles viennent de naître, par crainte de ne pouvoir subvenir aux frais de leur établissement.

La misère *présente* menace donc seule les fillettes ; et comme l'Annamite (le Tonkinois surtout) est courageux, il lutte contre cette misère ; comme il a plus de simplicité de cœur que le Chinois, il est aussi plus porté à *aimer* ses enfants, à les élever tous.

La femme, en principe, *n'est rien ;* cependant sa condition est meilleure que celle de la femme chinoise. En cas de divorce, pourvu qu'il ne soit pas prononcé contre elle, on lui accorde généralement la moitié des bénéfices réalisés par le ménage pendant son union.

Son rôle dans la famille n'est pas absolument conforme à celui que la loi lui reconnaît, car pour celle-ci la femme n'est pas, à proprement parler, un être raisonnable : en fait, au contraire, elle a une autorité réelle, comme cela peut d'ailleurs arriver en Chine aussi.

Dans les familles d'agriculteurs, c'est sur la femme que tout repose. C'est elle qui travaille le plus, à la maison et aux champs ; elle veille un peu moins que son mari, le soir, mais elle est la première levée, car elle doit préparer le premier déjeuner de son mari, qui a lieu en été à six heures, en hiver à sept heures. Ce déjeuner se compose de thé ou d'une soupe au riz ; il varie d'ailleurs suivant les régions.

Les honneurs obtenus par son mari sont partagés par elle. De plus, la femme veuve, qui ne se remarie pas et qui administre avec sagesse les biens de ses enfants en bas âge, peut recevoir du souverain *un brevet* encadré, qu'elle suspend à la porte de sa maison.

La femme légitime a autorité sur les femmes de second rang ; elle est, comme la femme chinoise, réputée la mère de tous les enfants de son mari, et c'est d'elle qu'on porte le grand deuil de deux ans.

En principe, la femme annamite est séparée de la société des hommes ; mais, en fait, cela ne se pratique pas dans la vie quotidienne, surtout dans la classe pauvre et dans la classe moyenne. Ainsi, les membres de la famille se réunissent généralement tous à la même table, ou du moins dans la même pièce et à des tables séparées. Ce n'est qu'aux jours de grandes fêtes et pour les repas de cérémonie auxquels sont invités des amis et des étrangers, que les femmes se groupent dans une pièce de derrière, tandis que les hommes sont ensemble dans la pièce de devant. Quant aux enfants, en ces circonstances, ils aident au service pendant le repas, vont d'une pièce à l'autre, et ne mangent qu'après tout le monde.

Cependant le principe de séparation de la société des femmes de celle des hommes subsiste, et se trouve appliqué d'une manière générale chez les dignitaires et dans la famille impériale.

En 1886, le résident général français, M. Paul Bert, obtint de s'entretenir avec la reine mère. Ce fut *au travers d'une natte* qu'ils purent échanger quelques paroles. La natte, relevée quelques instants seulement, fut abaissée dès que le résident eut entrevu la souveraine, « blanche de vieillesse » et de douleur aussi : avant de descendre dans la tombe, cette princesse a vu mourir ses fils, elle a assisté à la ruine de l'empire annamite.

En résumé, l'Annamite est plus disposé que le Chinois à voir dans sa femme un être doué de sentiments qui peuvent être aussi nobles que ceux d'un homme de bien ; il est prêt à faire de la compagne de sa vie *son égale*. Dans la classe pauvre — la plus nombreuse — cette égalité est plus grande, l'union des époux est plus affectueuse ; dans les familles riches la distance entre les époux augmente, mais la femme, bien qu'elle se tienne plus à l'écart, n'en a pas moins un rôle et une influence souvent considérables.

L'instruction est libre, comme en Chine ; et, comme en Chine aussi, on enseigne aux enfants dans les écoles la morale de Confucius, puis la *langue chinoise*, le calcul, la prosodie.

Pour exciter l'ardeur des écoliers, il y a de fréquents examens dans chaque province ; ces examens n'ont pas pour objet l'obtention de grades académiques ; ce sont de simples encouragements qui sont décernés. Pour être reçu bachelier, licencié ou docteur, il faut subir des épreuves spéciales qui ont lieu, tous les trois ans, dans quelques villes choisies dans diverses régions. En principe, l'examen de doctorat se subit à la capitale : Hué d'une part, Hanoï de l'autre.

L'instruction élémentaire est très répandue, toujours à cause de l'obligation morale imposée aux pères de famille de rendre leurs enfants dignes de leurs ancêtres, d'en faire des hommes de bien qui puissent, dans l'avenir, porter témoignage en leur faveur, procurer de la gloire à leur *père et à leur mère*, gloire qui rejaillira par delà la tombe jusque sur les ancêtres de la famille.

La langue *officielle* est la langue chinoise. Mais, dans la pratique, la langue mandarine, — bien qu'on fasse des emprunts à ses caractères d'écriture, — subit de notables transformations. Le *sens* des caractères est souvent changé, leur prononciation est différente ; la construction de la phrase annamite varie aussi. Elle se rapproche beaucoup plus de la construction française que de celle qu'ont adoptée les Chinois. Ainsi on dira *la maison du roi*, tandis qu'en chinois on dit *du roi la maison*. Dans les modifications apportées en Annam à la langue chinoise, il faut voir d'abord une simplification réelle convenant mieux à l'esprit annamite, qui se plaît moins à la *gymnastique* que les Chinois. Mais, croyons-nous, il faut voir aussi, — et particulièrement dans les variations de *sens* de caractères identiques, — un signe d'opposition politique.

L'Annam a reçu sa langue officielle des Chinois *dominateurs* du royaume (111 avant Jésus-Christ jusqu'en 968 de l'ère chrétienne) : les Annamites se vengent, comme ils peuvent, en dénaturant cette langue. Le procédé est enfantin, naïf.... mais il est en cela conforme au caractère même de ces grands enfants malicieux.

Les jeunes filles reçoivent à l'intérieur de la famille une instruction, très sommaire en général, que leur donne soit leur père, soit leur mère, soit même une personne étrangère. Elles ne vont à l'école que si elles sont chrétiennes ; sur ce point, la règle est la même qu'en Chine.

L'Annamite, comme le Chinois, est sobre par nature, frugal par nécessité. Il fait trois repas ou collations en hiver, quatre en été : le matin, à sept heures ou à six heures, il prend du thé ou de la soupe au riz ; à neuf heures, il déjeune ; le soir, à cinq heures en hiver, à huit heures en été, il dîne. Dans la belle saison, une légère collation se fait entre le déjeuner et le dîner.

Le riz est la base de la nourriture pour les pauvres ; il sert de pain aux riches, mais alors il n'est servi qu'après plusieurs plats. Dans les familles aisées, on a généralement dix à quinze plats, quelquefois davantage. Les aliments sont déposés sur la table tout découpés en petits morceaux que chacun peut aisément saisir avec ses bâtonnets. Le riz, quand il sert de pain, est cuit sec, à l'eau, et tous les grains doivent se détacher les uns des autres ; on le sert dans des bols ou des tasses. Les mets varient suivant les régions et la fortune.

Comme boisson, on fait usage de thé, de vin de riz, de haricots ou de mûres ; ce *vin* est plutôt de l'eau-de-vie coupée d'eau.

L'Annam produit du thé, mais de qualité inférieure à

celui de Chine ; en outre, les feuilles ne sont pas préparées à la mode chinoise : on les fait seulement sécher au soleil et non au feu.

Ce thé est plus sain que celui de Chine, mais il a moins d'arome. Il constitue la boisson ordinaire de la grande majorité des Annamites, de ceux du moins qui ne peuvent en acheter d'autre. Mais aux jours de fête, il faut être bien pauvre pour n'avoir pas sur sa table du thé chinois ou du vin. Il y a aussi une sorte d'arbre à thé dont on fait infuser les *bourgeons*, et que pour cela on nomme *thé en boule*.

Il y a sept causes de grandes solennités dans la famille annamite : 1° la naissance des enfants; 2° leur majorité; 3° la nomination des fils à leur premier emploi; 4° le jour de l'an ; 5° le mariage; 6° la mort; 7° le culte des ancêtres.

Arrêtons-nous un instant sur quelques-unes de ces fêtes; toutes d'ailleurs comportent un ou plusieurs grands repas et, si les moyens le permettent, une *représentation théâtrale :* exception doit être faite, quant aux représentations théâtrales, pour les cérémonies des funérailles et celles du culte des ancêtres, qui ne peuvent y donner lieu.

1° *La naissance.*

Il est d'usage, quand un enfant vient de naître, de planter devant la maison une perche, — un bambou ou une grosse branche d'arbre, — à l'extrémité de laquelle on fait une fente. Dans cette fente on introduit un morceau de bois, pointu à un bout et durci au feu, qui est placé horizontalement. Si le petit enfant est un garçon, la pointe de ce morceau de bois est tournée *vers la porte* de l'habitation; elle est, au contraire, tournée à l'opposé de la porte, si l'enfant est une fillette. On indique ainsi, dans le premier cas, qu'il est né un continuateur de la famille, un futur chef de la maison ; dans le second cas, la pointe du morceau de bois tournée vers l'extérieur montre que la famille n'est augmentée que *pour un temps*, et que l'enfant devenue grande *sortira* de la maison.

Cette coutume curieuse est surtout observée dans les villages.

Au contraire de ce qui a lieu en Chine, la fillette est la bienvenue ; sa naissance donnera lieu aux mêmes réjouissances, bien qu'à dire vrai le père éprouve plus de joie s'il a un fils.

Un usage très singulier veut qu'au jour de la naissance d'un enfant *on lui donne un an*, puis qu'on lui accorde encore *une autre année* au premier jour de l'an qui suit sa naissance. De sorte qu'un enfant né le 31 décembre 1887 aura eu *deux ans* le lendemain 1er janvier 1888 ; au 1er janvier 1889, il aura trois ans, bien qu'en réalité il n'ait qu'un an et un jour.

Il semblerait résulter de l'attribution de la *seconde* année accordée au premier jour de l'année suivant la naissance, que l'anniversaire de tous les enfants devrait être le même ; cependant il se fête à la date de la naissance.

L'étrange coutume de donner deux ans à un enfant a un corollaire dans un autre usage : celui de compter *deux ans* au premier anniversaire d'une mort ; ainsi, une personne décédée le 1er septembre 1887 sera réputée, au 1er septembre 1888, morte depuis *deux ans*. De sorte que si en principe on porte le deuil des ascendants *trois* ans, en fait on ne le porte que *deux ans*, puisqu'il y a une année fictive.

En rapprochant ces deux usages, l'un relatif à l'augmentation des années de l'enfant, l'autre touchant l'augmen-

tation des années anniversaires, peut-être peut-on en
en trouver la raison.

Certain disciple demandait un jour à Confucius s'il ne
trouvait pas que la durée de trois ans fût *bien longue* pour
le deuil de parents, et s'il ne jugeait pas qu'on devrait la
réduire.

Confucius répondit que la durée du deuil correspondait
au temps pendant lequel l'enfant avait besoin des soins de
ses parents. « Faites, dit-il, que l'enfant n'ait pas besoin
de son père et de sa mère au moins pendant trois ans, et
alors vous pourrez diminuer la durée du deuil. »

Peut-être est-ce dans cette réponse qu'il faut voir la
cause des deux coutumes que nous venons d'indiquer : on
a fictivement augmenté l'âge de l'enfant, puis on a fictivement aussi constitué les trois ans de deuil. De cette
manière il n'y a pas désaccord entre la durée des soins
accordés au petit enfant et celle des regrets que l'homme
accorde à ses parents morts.

C'est un mois après la naissance de l'enfant que sa
famille fête sa venue ; c'est alors aussi qu'a lieu une sorte
de lustration de l'enfant. L'imposition d'un nom se fait
soit en même temps, soit un peu plus tard.

La famille invite des parents et des amis ; puis le père
et la mère font choix d'une personne respectable qui impose à l'enfant le nom fixé par avance : prenant une fleur
fraîchement coupée et la trempant dans l'eau, elle la
secoue sur la tête du bébé. Tout cela se fait au cours d'un
repas de cérémonie. Cette personne qui préside la fête est
un homme, quand il s'agit de recevoir officiellement un
petit garçon ; c'est une femme, quand l'enfant est une
fillette.

La cérémonie pendant laquelle l'enfant reçoit un nom et

quelques gouttes d'eau pure sur la tête est appelée *maih-miêng* ou *miên*.

Quant à la présentation du nouveau-né aux ancêtres, elle avait lieu autrefois comme en Chine ; seulement, tandis que les Chinois présentaient le petit garçon peu après sa naissance et la fillette quelques jours plus tard, les Anna-mites présentaient l'enfant quand il commençait à marcher. Pour cette raison, on nommait cette cérémonie *an thoi nôi*, expression qui signifie que l'enfant n'est plus au berceau. En Annam comme en Chine, cette coutume est à peu près partout tombée en désuétude.

2° *Majorité*.

La majorité est atteinte par les filles à quinze ans, par les garçons à vingt ans, soit *en réalité* treize à quatorze ans et dix-huit à dix-neuf ans, suivant l'époque de l'année à laquelle l'enfant est venu au monde ; on doit, en effet, tenir compte des *deux ans donnés* l'un, au jour de la naissance, l'autre, au premier jour de l'an qui suit cette naissance. C'est l'âge officiel, non l'âge réel, qui fixe la majorité.

Le jour où elle est atteinte, on convoque les parents et les amis tout comme pour la naissance ; on choisit aussi un président ou une présidente. Mais les parents, le père et la mère, jouent un rôle dans la cérémonie : ils annoncent aux ancêtres que l'âge de quinze ou de vingt ans a été atteint par leur fille ou leur fils. Après cette communication faite devant l'autel des ancêtres, ils exécutent trois fois le grand salut devant l'autel ; la famille les imite.

La cérémonie a pour objet non seulement l'annonce de l'âge aux aïeux, mais encore le *don de l'épingle* à la jeune fille, l'imposition du *bonnet viril* au jeune homme.

Dans le premier cas, *gia-ké*, la femme respectable choisie par la famille dépose sur l'autel domestique une *épingle de tête*. Puis, quand les ancêtres l'ont *vue*, elle prend cette épingle et la pique dans le chignon de la jeune fille ; celle-ci se tient à genoux devant l'autel. Dans le cas où il s'agit d'un garçon, la cérémonie *gia-quan* se fait de même : seulement, c'est la coiffure des hommes et non une épingle qui est placée sur la tète du fils majeur.

La famille et les amis qu'elle a invités prennent ensuite le repas préparé et assistent à une représentation théâtrale donnée à domicile, comme cela se fait pour toutes les fêtes joyeuses.

3° *Premier emploi du fils.*

Rien de particulier à signaler pour cette fête de famille, sauf cependant l'annonce de l'heureux événement aux ancêtres et les invitations beaucoup plus étendues que pour les cérémonies auxquelles donnent lieu la naissance et la majorité. On convoque non seulement les amis, mais encore les notables. Il faut, quant à l'application de ces coutumes, tenir compte de la fortune et de la position sociale des familles.

4° *Le premier jour de l'an.*

Les fètes qui ont lieu au renouvellement de l'année sont les plus longues et celles qu'on observe d'une manière générale. Il faut être d'une pauvreté extrême pour ne point cesser tout travail et se réjouir au moins une partie du temps que dure la fête du *têt*.

Les fêtes du têt durent quelquefois quinze jours en Annam : cinq jours avant le premier de l'an, dix après. Pendant ce temps, toutes les affaires sont suspendues ; les « choses sérieuses » sont remises au *lendemain* ; mais ce lendemain ne vient qu'après le quinzième jour. Cette suspension, cette cessation du travail est générale : les pauvres seuls — ou les plus âpres au gain — ne s'accordent pas un aussi long repos. Il en résulte que la plupart des mercenaires, des journaliers, ayant arrêté leurs travaux, ceux qui consentent à ne pas chômer se trouvent maîtres de la situation pendant les fêtes et gagnent de forts salaires. Au Tonkin les fêtes ne durent guère que cinq ou huit jours.

Les réjouissances du têt sont plutôt du domaine privé, de la famille, que du domaine de la rue. Les pétards, quelques décorations à l'extérieur des maisons, des visites accompagnées de présents, sont obligatoires.

La principale décoration extérieure consiste dans la représentation de l'*arbalète de Bouddha*, qui doit préserver toute l'année la famille. On fabrique quelquefois cette arbalète avec du papier doré — ce qui fait que quelques voyageurs l'ont confondue avec un *chapeau* [1] ; — souvent on se contente de la dessiner sur la façade du logis.

Les ancêtres sont de toutes les fêtes.

Leur autel a été orné ; devant lui on a placé une table sur laquelle se trouvent des bâtons d'encens, des bougies coloriées, du thé…. C'est un hommage rendu au génie qui doit prendre soin, pendant l'année, des affaires de la famille.

La population païenne cherche, au début d'une période nouvelle de son existence, à se rendre favorables les esprits tutélaires, les génies qu'elle suppose en état de lui venir en aide ; on invoque jusqu'au génie des *puits*, afin que l'eau ne nuise pas à la santé des familles.

Le trentième jour de la dernière lune, à minuit, chaque

---

(1) Si, comme l'a rapporté M. Gouin, résident à Son-tay, les Annamites mettent un *chapeau* à l'entrée du logis, ce ne peut être qu'une coutume toute locale ; l'*arbalète* ou l'*arc* de Bouddha est la décoration régulière.

famille s'assemble pour un repas pantagruélique accompagné de *musique* (tam-tam et pétards). Le quatrième ou le cinquième jour de la première lune, on donne encore un grand repas, auquel sont conviés les *ancêtres*. Seulement, on n'offre à ceux-ci ni vin, ni porc, ni riz ; on leur donne du papier doré et argenté, du papier-monnaie (*imitation*, bien entendu), qu'on brûle et que, sans doute dans la croyance des Annamites, les aïeux recueillent en *fumée*.

Pendant toute la durée de la fête du têt, on fait trois repas par jour : le premier à huit heures du matin, le second à midi, le troisième à cinq heures du soir. Comme on est en hiver, c'est le nombre régulier des repas. Nul doute que si le têt était en été, on prendrait quatre repas ou collations au lieu de trois.

Les pétards, qui ont ouvert la fête, la continuent et la terminent.

Nous comparons volontiers les hommes de l'extrême Orient à de grands enfants — souvent très mal élevés. On voit que pendant les fêtes dont nous venons de parler, les distractions que s'offrent les Annamites seraient bien, en effet, du goût des enfants, surtout de ceux, malheureusement nombreux partout, qui, vivant de privations toute l'année, sont plus portés que d'autres à quelque excès de nourriture quand ils trouvent l'occasion de satisfaire leur appétit longtemps inassouvi ou leur gourmandise.

Avec des gâteaux et des pétards, on obtient beaucoup des Annamites et des Chinois. Mais ne convient-il pas d'ajouter que les peuples d'Occident, pour graves et policés qu'ils soient ou qu'ils veuillent paraître, sont, eux aussi, sous ce rapport, quelque peu *enfants !* Ils n'osent demander des *gâteaux ;* ils se bornent à demander du *pain....* et des *jeux.* Le mépris de Juvénal serait encore justifié, et s'il revenait aujourd'hui au milieu des hommes d'Occident, il s'écrierait, comme autrefois, pour spécifier les désirs des foules : *Panem et circenses !* Mais il faudrait qu'il ajoute à ce pain et à ces jeux ce qu'on demande avant tout maintenant, ce à quoi on sacrifie tout : *du vin !*

Nous avons dit qu'il existe certaines superstitions se rapportant au premier jour de l'année. En voici quelques-unes indiquées par M. Gouin.

« La nuit du premier de l'an, si les *chats miaulent*, c'est un indice que les animaux féroces — tigres, sangliers, loups, etc., — seront à craindre toute l'année. »

« Pendant les fêtes du têt on doit s'abstenir de faire des reproches à ses subordonnés, sous peine d'avoir à leur en faire toute l'année. »

« Il est de bon présage de voir entrer tout d'abord dans la maison, le premier jour de l'an, une personne de marque.... »

Ces croyances superstitieuses ne doivent pas étonner les sages d'Occident, car, sans sortir d'Europe, on pourrait en trouver d'analogues.

La manière dont il commence l'année a toujours semblé à l'homme un pronostic de la manière dont il traversera, tout entière, cette période nouvelle qui l'intrigue et l'effraie quelque peu, parce qu'elle représente l'*avenir prochain,* l'avenir immédiat même dans lequel on entre.

Au moment de franchir le seuil, tout conventionnel, du nouvel an, chacun se prend à se recueillir quelques ins-tants : le passé se déroule devant l'esprit et l'avenir se présente ; on cherche à connaître *son visage.* En un mot, les dernières heures du dernier mois et les premières de celui qui ouvre l'année paraissent comme un temps unique :

le *présent* nous échappe; et tandis que sonnent les dernières heures, la main de Dieu nous pousse dans l'avenir, océan inconnu où chacun craint de rencontrer la tempête qui désemparera son esquif, l'écueil sur lequel il se brisera....., l'abîme, l'éternité!

Et si cette crainte vague de l'inconnu, de l'avenir, n'est pas étrangère aux âmes chrétiennes, comment supposer qu'elle ne puisse assaillir l'esprit des païens? Si Pierre eut peur non loin de Jésus, s'il poussa vers le Maître un suprême appel, comment se pourrait-il que marchant sur une route que n'éclaire pas la foi, les païens soient moins craintifs? Ils ne craindraient pas, cependant, s'ils ne raisonnaient pas, s'ils vivaient uniquement de la vie animale commune à l'homme et aux animaux. Mais tout prouve que ces hommes *pensent*, qu'ils raisonnent et même qu'ils croient à *une vie* au delà de la mort. Seulement, ils se contentent de cette croyance et ne cherchent pas à préparer leur être impérissable pour cette existence mystérieuse qui s'ouvre par la mort. Ce qu'ils redoutent, ces pauvres païens, c'est le *mal présent*; aussi cherchent-ils un appui, un secours auprès des êtres qu'ils jugent au-dessus de ce mal dont la mort les a délivrés : c'est pourquoi ils s'adressent, en toute occasion, aux ancêtres, aux *esprits*.

5° *Le mariage.*

Les cérémonies, ou pour mieux dire les formalités et les fêtes auxquelles donne lieu le mariage, sont, en principe, les mêmes en Annam et en Chine. En exposant la cérémonie, nous signalerons, quand il y aura lieu, les différences qui peuvent exister entre les deux pays. Mais ces différences ne portent que sur des détails.

Les unions sont préparées par les familles : les jeunes gens demeurent d'abord étrangers au choix qui est fait pour eux par leurs parents. Au reste, en règle générale, ils ne se connaissent pas, attendu que l'organisation de la famille ne permet pas aux jeunes filles de se prodiguer comme elles le font en Europe, de se faire connaître, de se produire dans ce que nous appelons le *monde*. Cependant il est d'usage que le jeune homme aille, après l'accord des parents, voir sa fiancée en présence de témoins, et qu'il ratifie le choix.

Quand la famille d'un jeune homme a remarqué une jeune personne qu'elle désire recevoir comme fille, on charge un tiers de faire la proposition de mariage. Les parents de la jeune fille désignent aussi un intermédiaire, et ce sont ces deux délégués qui préparent les voies de l'union.

En Chine, deux familles qui portent le même nom *(sin)*, c'est-à-dire qui appartiennent à la même *souche*, ne peuvent contracter alliance par le mariage. Cette règle existe aussi en Annam, mais son observance n'est pas rigoureuse.

Voici donc que par les intermédiaires deux familles sont tombées d'accord au sujet d'une alliance. Alors a lieu, toujours par les intermédiaires, l'échange des noms, prénoms et des *huit caractères*, c'est-à-dire de l'âge des futurs. On appelle cela les *huit caractères*, parce qu'on consacre ce nombre de caractères d'écriture à l'exposé de l'âge complet : année, mois, jour, heure de la naissance. C'est à l'aide de ces caractères qu'on consulte les sorts, afin de savoir si l'union se fera sous d'heureux présages. Les méchantes langues disent qu'un cadeau contribue à rendre la divination favorable à l'alliance projetée.

Enfin, si tout contribue à faire considérer l'union comme bien assortie, on fixe le jour des fiançailles. La famille du jeune homme envoie des cadeaux, et on échange ensuite une promesse écrite. Les fiançailles ont lieu plusieurs mois, souvent un ou deux ans, ou plus encore, avant le mariage ; pendant cet intervalle, il faut envoyer des cadeaux aux parents de la jeune fille. Cela est de rigueur absolue au *têt*.

Le jour du mariage est fixé longtemps à l'avance et choisi avec soin.

En Chine, le jeune homme ne va généralement pas chercher sa fiancée : il l'attend chez lui, dans la salle des ancêtres, toute décorée de cartouches rouges et de fleurs. C'est là qu'a lieu la présentation des nouveaux époux aux ancêtres de la famille, aussitôt que le cortège de la mariée est arrivé. Dans ce cortège, les pétards et la musique jouent un grand rôle.

En Annam, pétards et musique sont les uns aussi abondants, l'autre aussi bruyante. Mais le fiancé est allé chercher la jeune fille avec ses parents, et une coutume bizarre veut que, parmi les cadeaux dont il se fait précéder, se trouve un *cochon noir, vivant*, dans une cage. Les Chinois, au lieu de cochon noir, envoient des *oies vivantes, symbole de concorde*. La présentation aux ancêtres a lieu aussi devant l'autel des aïeux de la famille du jeune homme.

Un grand repas est donné ensuite ; seulement, en général, la famille de la jeune fille n'assiste pas, en Chine, à ce repas, tandis qu'elle y est présente en Annam, et le jeune homme s'incline devant ses beaux-parents comme devant son père et sa mère.

Dans ses grandes lignes, l'institution du mariage est donc la même dans l'ancien empire indo-chinois que dans l'empire chinois. La femme de premier rang est associée aux honneurs et aux dignités de son mari ; elle est réputée mère de tous les enfants qui naissent des femmes de second rang ; c'est d'elle qu'on porte le deuil, —

vingt-sept mois en Chine, comme en Annam, — tandis que le deuil de la vraie mère se porte moins longtemps. Seulement, la femme annamite est placée vis-à-vis de son mari dans une position plus voisine de l'égalité que ne l'est, en général, la femme chinoise vis-à-vis de son époux. Pour mieux dire, la prétention des Annamites est d'entourer la femme de plus de respect que ne le font leurs voisins.

6° Funérailles. 7° Culte des ancêtres.

Nous réunissons ces deux causes de cérémonies privées, parce qu'elles ont plusieurs points de contact, et que la mort les fait naître toutes deux.

Le deuil se porte en blanc, en Annam comme en Chine, et, dans les deux contrées, le mort attend souvent plusieurs mois dans la maison même avant d'être porté à sa demeure dernière ; cependant la loi annamite interdit le séjour prolongé des cadavres au milieu de la famille : l'usage est plus fort que la loi. Les tombes sont élevées sur un terrain qui est la propriété privée de la famille, non dans un cimetière public.

Les funérailles sont toujours aussi pompeuses que le permet la fortune ; on peut même dire que souvent les vivants se ruinent pour les morts. On offre un sacrifice aux esprits le jour des funérailles, puis, le jour de l'anniversaire du décès, on offre un repas aux ancêtres devant l'autel domestique. En outre, chaque année, on doit, au moins une fois — au *têt*, c'est-à-dire le premier jour de la première lune — visiter les tombeaux, dont l'entretien est du ressort du chef de chaque famille. (En 1889, le *têt* a été le 31 janvier.)

Chaque maison, nous l'avons dit, a son autel domestique, sans préjudice d'un autel spécial pour chaque branche de la famille dans le *temple* des ancêtres. La piété filiale impose l'obligation d'honorer les ancêtres représentés par leur *tablette* — que les Chinois appellent le siège de l'âme, *ling-pay* — où leur nom est inscrit après leur mort. La tablette des ancêtres est posée sur l'autel. A gauche de l'autel est un triangle en métal sur lequel on frappe avec une sorte de petit maillet ou marteau, de manière à imiter le son de la cloche ; ce triangle est suspendu à une barre horizontale soutenue par deux pieds ou supports. A droite sont des bougies coloriées, des baguettes odorantes, baguettes d'encens généralement, et des vases dans lesquels on brûle à certains jours de l'imitation de papier-monnaie.

Au-dessus de l'autel, appendue au mur, est la tablette *des cinq caractères* : au Ciel, à la Terre, à l'Empereur, aux Parents, aux Maîtres, dont on honore l'esprit d'un culte véritable. Cependant, comme ceci est un usage essentiellement chinois, il ne faudrait pas être surpris de ne pas le rencontrer partout en Annam.

Lorsqu'on offre un repas aux ancêtres, les aliments, disposés sur des plats, sont placés sur une table devant l'autel ; le plat principal est mis sur l'autel même, pendant que tout le monde se prosterne ; ce sont les membres de la famille qui consomment les aliments.

Ne soyons pas étonnés que ces pauvres païens cherchent à se rendre propices les esprits invisibles dont ils se croient entourés, et surtout l'âme des ancêtres. Ils les remercient de l'*existence* et des *biens* qu'ils leur doivent, puis ils les prient de les protéger. Que de dangers l'homme n'a-t-il pas à redouter dans une société où le mal a tant d'adeptes, où, sous le masque de la justice, la haine joue trop fréquemment un rôle terrible, et où la vengeance et la cupidité accomplissent l'œuvre de mort !

Combien de villages ont disparu dans une nuit, dévorés par un incendie, œuvre d'une haine privée qui, pour se satisfaire, n'a pas reculé à ruiner toute une population !

L'incendie est un des plus grands fléaux de l'Annam, parce que les maisons, recouvertes de paille, sont non seulement un aliment facile pour les flammes, mais encore un moyen pour le criminel d'assouvir sa vengeance sans courir le risque d'être découvert et arrêté comme incendiaire.

Il arrive très souvent, en effet, que le feu se découvre seulement dix ou douze heures après qu'il a été *déposé :* cela tient à la méthode qu'il est d'usage d'employer pour le conserver. Les Annamites, qui n'ont pas inventé les allumettes chimiques, produisent le feu et la flamme à l'aide d'un petit morceau de bois sec, d'une ficelle et de quelques menues branches d'arbre ou de feuilles sèches : au-dessus de ces feuilles ou de ces petites branches arrangées en un tas par terre, ils *scient* rapidement le bois avec la ficelle par un mouvement de va-et-vient.... des étincelles se produisent, le feu se communique à toutes les feuilles ou aux branches ; pour avoir de la flamme on n'a qu'à souffler.

Cette opération n'offre aucune difficulté ; cependant on ne peut songer à la renouveler plusieurs fois par jour. Les Annamites ont donc imaginé de conserver le feu ; ils se servent pour cela de rouleaux de paille très serrée ou de fibres de bambou, en forme de long cigare. Un rouleau allumé brûle très lentement ; quand on désire du feu, il suffit de souffler ; les étincelles et même la flamme se montrent aussitôt.

C'est à l'aide de ces grands cigares de paille qu'on incendie les maisons : lancés sur un toit, ils se confondent avec la couverture et l'embrasent peu à peu. Puis, quand la combustion lente se fait depuis quelques heures, il suffit du moindre coup de vent pour que les flammes fassent irruption et se propagent dans tout le village, de maison en maison.... Il a fallu plusieurs heures pour que l'œuvre de destruction se montre dans toute son horreur; l'incendiaire est loin du théâtre de son exploit!

Quand un village est attaqué par un ennemi auquel il résiste, la préoccupation de tous les habitants est d'éviter l'incendie. Si la défense le permet, c'est-à-dire si on en a le temps et si tous les défenseurs ne sont pas obligés de se trouver à la haie de bambou pour repousser l'attaque, on *découvre les paillottes*, et les paillassons ne sont remis sur la charpente des toits qu'à la fin de la lutte.

Et maintenant, après avoir examiné la vie des Annamites, portons nos regards sur le christianisme en Annam.

L'histoire des origines de l'Eglise est écrite partout en lettres de sang; mais peu de contrées ont fourni à l'armée des martyrs autant de combattants, autant d'élus que la péninsule indo-chinoise. Les événements accomplis, il y a peu d'années, ont rendu pendant un temps les persécutions plus ardentes; ils ont donné aux persécuteurs comme un regain de haine et une activité pour le mal qu'ils semblaient avoir abandonnée.

C'est par milliers que les chrétiens ont été massacrés en tant que *chrétiens* et en tant qu'amis des Occidentaux. Puisse Dieu ne plus permettre que le sang des justes coule à nouveau!

CHAPITRE IV

LE CHRISTIANISME DANS L'INDO-CHINE

I. Les origines du christianisme dans l'Indo-Chine. — II. Etat actuel du christianisme au Tonkin, en Annam et en Cochinchine. — III. Mgr Puginier. — IV. Persécutions.

I.

ORIGINES DU CHRISTIANISME. — AVANT LE XVIe SIÈCLE. — LE P. DIEGO ADVERTE, 1596. — LE P. DE RHODES ET LE P. PIERRE MARQUÈS, 1627. ARRÊT DANS L'ÉVANGÉLISATION, 1663. — FONDATION DES MISSIONS ÉTRANGÈRES A PARIS. — Mgr DE LA MOTHE-LAMBERT ET Mgr PALLU, LE P. DEYDIER, 1666. — LES JÉSUITES. — Mgr DE BÉHAINE.

Les origines du christianisme dans la péninsule indo-chinoise sont, plus encore que celles du christianisme en Chine, couvertes d'ombres épaisses. Comme les contrées qui ont constitué l'ancien empire d'Annam, l'empire de Gia-long, sont plus voisines de l'Inde que ne l'est le sol chinois, on a parfois accordé créance à la tradition qui fait remonter à l'apôtre saint Thomas l'évangélisation de l'Indo-Chine. Mais on ne saurait, en l'état actuel de la question, affirmer que cette tradition est vraie.

Un autre problème est encore à résoudre : lorsque la

religion chrétienne, établie en Chine au vi^e siècle, se montra au grand jour et fut sous la protection des princes, a-t-elle pénétré jusque dans l'Annam? Aucune découverte concluante, aucun monument d'histoire ne permet de l'affirmer. Cependant on peut le supposer, parce que le pays que les Chinois nommaient *Ngan-nan*, Annam, se trouva à cette époque province de l'Empire.

En 111 avant Jésus-Christ, les armées de l'Empire renversèrent en effet la dynastie des Triêu, fondée par un général chinois qui, chargé de soumettre les Annamites, avait fait la conquête à son profit et avait été, en 203, reconnu roi du *Ngan-nan*. Ce pays resta, jusqu'en 968 de l'ère chrétienne, province chinoise; les évangélisateurs de la Chine ont donc pu pénétrer dans ce qu'on nommait l'Annam.

Quoi qu'il en soit, si la lumière de la foi a paru dans l'Indo-Chine avant le xvie siècle, si elle a brillé, elle a dû s'éteindre et ne point reparaître pendant des siècles, car lorsque les missionnaires pénétrèrent en Cochinchine, en Annam et au Tonkin, ils n'y découvrirent aucun chrétien indigène.

Le premier évangélisateur dont on connaisse le nom est le P. Diego Adverte, dominicain espagnol, qui aborda en Cochinchine en 1596. Les espérances qu'il apportait s'affermirent et s'accrurent rapidement par suite des résultats qu'il obtint tout d'abord. Il entrevoyait déjà la possibilité d'organiser dans un avenir très prochain une véritable mission en Cochinchine, lorsqu'un jour un navire amena des soldats espagnols. Le roi Nguyen-Hoang, redoutant les étrangers, envoya contre ces soldats des troupes qui les obligèrent à se rembarquer à la hâte, mais non sans avoir lutté.

Le P. Diego Adverte, atteint par deux flèches pendant qu'il soignait les blessés, partit avec ses compatriotes. Il était réservé aux jésuites de reprendre son œuvre à peine ébauchée, et aux Pères des Missions Etrangères de la continuer ensuite. La Providence allait se servir d'une persécution pour conduire de nouveaux apôtres dans l'Indo-Chine.

Le Japon venait, lui aussi, de chasser les étrangers, de proscrire les missionnaires, de condamner les chrétiens. Un souffle effrayant de rage et de haine régnait sur ces lointains rivages.

Un certain nombre de Japonais, ne voulant pas renoncer à la foi et jugeant qu'ils pouvaient s'expatrier, s'enfuirent et se réfugièrent dans l'Indo-Chine. Quelques missionnaires appartenant à la Compagnie de Jésus les accompagnèrent, tandis que, de Macao, d'autres allèrent les remplacer au Japon, où, leur visage n'étant pas connu, ils espéraient pouvoir faire un peu de bien.

Le 18 janvier 1615, le R. P. Busomi, accompagné du P. Diego Carvalho, débarquait à Tourane, où il bâtit peu après une chapelle à proximité du port. Bientôt d'autres missionnaires vinrent les rejoindre.

Accusés de *produire la sécheresse* et, par là, de rendre les terres stériles, les Pères furent trois fois proscrits. Malgré tout, ils n'abandonnèrent pas leur poste d'honneur.

En 1626, le P. Julien Baldinotti pénétra au Tonkin. Contre toute espérance, le roi, — ou plutôt le *chua*, c'est-à-dire le seigneur, sorte de maire du palais, — le reçut avec bienveillance. Mais ignorant la langue du pays, ne pouvant par conséquent se faire comprendre des Tonkinois, il ne put les instruire et dut se borner à baptiser quelques enfants moribonds. Toutefois il ne voulut pas abandonner la partie et se mit à étudier la langue, en même temps qu'il

prévenait ses confrères de Cochinchine et ceux de Macao
du résultat premier de son voyage. Il demandait que
d'autres missionnaires vinssent le rejoindre.

Son appel fut entendu; le R. P. de Rhodes et le
R. P. Pierre Marquès, désignés pour la mission naissante
du Tonkin, y arrivèrent le 19 mars 1627. Ils commencèrent
leur œuvre par le baptême de deux Tonkinois qui se trouvaient sur le navire et qui voulurent *débarquer chrétiens*.
C'était là un heureux présage. De ces premiers évangélisateurs, l'un, le P. de Rhodes, devait bientôt mériter le titre
d'*apôtre du Tonkin*, titre qui pourrait être aujourd'hui
donné aussi à Mgr Puginier.

Le roi — ou le *chua* — de Hanoï fit bâtir dans la capitale une maison pour la mission et une église. Là, dit le
R. P. de Rhodes lui-même, « je preschois tous les jours au
moins quatre fois et le plus souvent jusqu'à six. Le concours estoit incroyable et les jours trop courts pour recevoir les catéchumènes ou confesser les nouveaux chrétiens.
J'y passois les nuits entières. Je baptisai durant la première
année plus de douze cents personnes, et les années suivantes, le nombre fut encore plus grand.... La sœur du roy
et dix-sept de ses proches parents reçurent le baptême, et
le roy lui-même estoit ébranlé.... J'ai baptisé au moins
deux cents prêtres des idoles, et ce sont eux qui nous ont le
plus aidés dans nos travaux.... Je puis dire qu'en la première année j'annonçois Jésus-Christ à plus de cent mille
personnes qui n'en avoient jamais encore entendu parler [1]. »

Ce début semblait un gage certain d'un heureux avenir
pour la mission ; tout concourait à donner l'espérance que
l'œuvre d'évangélisation ne rencontrerait pas, de longtemps, de sérieux obstacles....

[1] *Sommaire des voyages et missions du P. de Rhodes*, p. 41 et suiv.

Tout à coup les sentiments de la cour de Hanoï changèrent, et de bienveillants devinrent tellement hostiles, qu'un édit de proscription fut résolu ; on ne put l'éviter. C'était en 1629.

Le R. P. de Rhodes arriva donc à Macao ; il dépeignit le désespoir des chrétiens, ardents dans leur foi nouvelle et tout à coup privés de pasteurs. Et comme les édits de proscription, si menaçants qu'ils soient, n'arrêtent jamais les apôtres du Christ, le 7 mars 1631, de nouveaux missionnaires entrèrent au Tonkin. Le vent de colère s'apaisa, et bientôt les progrès de la foi furent considérables. Dieu permit l'accomplissement de plusieurs miracles, et sans les événements malheureux que nous avons déjà indiqués, c'est-à-dire sans les propositions faites par la cour de Hanoï aux étrangers, propositions tendant à aider à la ruine des Nguyen, les résultats eussent dépassé toute espérance. Mais la bienveillance du prince ne reposait pas sur des sentiments assez nobles et assez désintéressés pour être de longue durée ; la base de cette *amitié* royale était trop fragile pour résister à une attaque sérieuse, et les missionnaires devaient souffrir des fautes commises par des Européens, il est vrai, mais auxquelles ils étaient étrangers.

Un jour, au conseil royal, un ennemi des chrétiens exposa ses griefs contre les *partisans de la religion des Portugais*. Les Chinois venaient d'arrêter le commerce entre Canton, Macao et le Tonkin ; le gouvernement de Hanoï voyait avec peine cette mesure qui le privait de *cadeaux*, car tous les étrangers, en arrivant dans le royaume, ne manquaient pas d'offrir des présents pour se rendre les grands favorables.

D'autre part, le crédit des missionnaires était réellement lié à celui des Portugais, alors protecteurs de l'Eglise dans l'extrême Orient, et qui, peu après, prétendirent même avoir le monopole de ce rôle, à l'exclusion de toute autre nation chrétienne. Déjà les missionnaires s'étaient trouvés atteints par la disgrâce des Portugais, en 1658. A ce moment, on avait consenti à en conserver *deux*; d'autres vinrent ensuite les rejoindre. Mais l'orage de 1663 allait les rejeter hors du royaume.

Le prince du Tonkin s'empressa, en effet, de donner satisfaction aux ennemis de la religion. Ordre fut donné aux jésuites de s'embarquer sur un navire hollandais, en partance pour Jacatara.

Les mesures étaient bien prises, et malgré toutes les tentatives faites pour se dérober à l'ordre de proscription, tous les Pères durent partir sans délai.

Peu après cependant, quelques phénomènes physiques, notamment la vue d'une comète et un tremblement de terre, ayant troublé la quiétude du roi, il demanda à une dame chrétienne *de lui faire venir un des missionnaires du Tonkin....* Il n'y en avait plus un seul.

Vers la même époque, et alors que le prince manifestait parfois le regret de n'être plus éclairé au besoin par les *Pères étrangers*, les Portugais obtinrent des mandarins de Macao le droit de reprendre leur commerce avec le Tonkin. Comme on peut le supposer, le premier navire qui partit emmena des missionnaires. Mais l'espérance qu'on avait conçue était vaine; l'édit de 1663 avait bien arrêté pour un temps les progrès si remarquables et si rapides de la religion chrétienne.

Nous avons dit que les prêtres des Missions-Etrangères allaient reprendre l'œuvre de l'évangélisation; ils devaient recevoir cette œuvre, déjà commencée, des mains mêmes du R. P. de Rhodes. Cependant les *Missions-Etrangères* n'étaient pas encore fondées.

Après son expulsion du Tonkin, le R. P. de Rhodes partit pour Rome; de Rome il vint à Paris. Tous ses désirs tendaient à pourvoir à la direction des missions de l'Annam et du Tonkin, et d'assurer le développement de ces missions dans le sens qui lui paraissait le plus favorable aux progrès non seulement rapides, mais encore *durables* de la foi.

La Providence guida le pieux missionnaire. Elle le conduisit, à Paris, chez *douze jeunes gens* qui, sans aucun règlement, vivaient ensemble, rue Copeaux, dans le faubourg Saint-Marcel. A tour de rôle, pendant un mois, ils veillaient à l'ordre intérieur de la maison et vivaient tous comme de véritables religieux, sous la direction spirituelle d'un jésuite, le P. Bagot, qui voulut présenter ces jeunes gens au R. P. de Rhodes, avec lequel il était en relations.

Le R. P. de Rhodes parla, devant ces auditeurs attentifs, des espérances que lui donnait l'Eglise d'Annam, des souffrances qu'elle supportait, des pasteurs dont elle avait besoin....

En quittant ces jeunes gens, le missionnaire dit au P. Bagot : « J'ai trouvé les pasteurs de l'Annam et du Tonkin, j'ai trouvé des évêques! — Quand donc? Où donc? interroge le P. Bagot surpris. — Aujourd'hui, et ici. — Eh quoi! pensez-vous que mes jeunes amis soient ces prêtres et ces vicaires apostoliques que vous cherchez? — J'en suis certain. »

En effet, la Société des Missions-Etrangères était fondée.

Bientôt l'un des *jeunes gens*, M. Pallu, et son ami, M. de la Mothe-Lambert, conseiller à la Cour des aides de Rouen, furent nommés vicaires apostoliques de l'Annam-Cochinchine et du Tonkin.

Quand il s'agit de rejoindre leur poste, les deux évêques furent aux prises avec les difficultés sans nombre que suscita le Portugal. Ils ne purent triompher de ces difficultés qu'après une lutte qui dura plusieurs années.

Se voyant ainsi retardés, ils déléguèrent chacun un provicaire. L'un d'eux, le P. Chevreuil, provicaire apostolique de la province de Cochinchine, arriva dans le vicariat le 31 juillet 1664; ce fut seulement en 1666 que le P. Deydier, — plus tard évêque d'Auren, — sous les habits d'un *matelot* et venant de Siam, put entrer dans le Tonkin.

Le souverain pontife souhaitait ardemment la formation d'un clergé indigène en Chine et en Annam. L'œuvre des jésuites était sur ce point restée incomplète en Annam, parce que le peu de stabilité de leurs institutions ne leur avait pas permis de former des prêtres. Mais dès son arrivée, le R. P. Deydier retrouva les catéchistes des anciens missionnaires.

Parmi ces catéchistes, il fit choix de suite de ceux qui pouvaient sous peu être consacrés au ministère; puis il pria les autres de lui recruter des élèves. Mais où recevoir, où instruire ces élèves? Le missionnaire établit son quartier général et son premier séminaire.... *dans une barque couverte.*

Tel fut le point de départ des travaux de la nouvelle mission.

Les jésuites revinrent en Annam, où, comme simples missionnaires et sous la direction des vicaires apostoliques, ils travaillèrent à l'évangélisation. Obligés cependant de se retirer en partie pendant la période de dissentiment relatif aux *rites* chinois, ils reparurent encore quand le souverain pontife le permit.

Mgr Pallu (François) fut évêque d'Héliopolis, administrateur du Yun-nan, du Kouy-tcheou, du Hou-kouang, du Su-tchuen, du Kouang-si; vicaire apostolique du Tonkin; vicaire apostolique du Fo-kien, et administrateur général de toutes les missions de Chine. Il mourut au Fo-kien, le 29 octobre 1684, précédant ainsi de neuf ans dans l'éternité Mgr Deydier, mort vicaire apostolique du Tonkin Oriental, le 1er juillet 1693.

Depuis deux siècles, l'Eglise de l'Indo-Chine a supporté de grandes persécutions ; elle a vu aussi l'un de ses membres, l'un de ses chefs, Mgr Lefèvre de Béhaine, ouvrir la péninsule à l'influence française, puis être honoré par le puissant empereur Gia-long de funérailles royales. L'histoire de Mgr de Béhaine, évêque d'Adran, appartient à l'histoire de l'intervention française dans l'extrême Orient, et c'est à la partie de notre étude réservée à cette intervention que nous devons renvoyer les détails de son entreprise, qui, si elle eût été secondée, aurait donné à la France des possessions dans l'Indo-Chine, il y a un siècle.

L'Eglise fondée s'est développée ; et nous allons voir la péninsule divisée maintenant en *huit* vicariats, dont cinq sont administrés par les prêtres des Missions Etrangères, et trois par les dominicains espagnols de la province de Manille.

II.

ÉTAT ACTUEL DU CHRISTIANISME AU TONKIN, EN ANNAM ET EN COCHIN-CHINE. — MISSIONS ESPAGNOLES. — MISSIONS FRANÇAISES.

Au point de vue des missions catholiques, le Tonkin, l'Annam et la Cochinchine se trouvent divisés en huit vicariats désignés de la manière suivante :

1. *Tonkin Septentrional*, population chrétienne, 20,000 âmes
2. *Tonkin Oriental*, — 36,000 —
3. *Tonkin Central*, — 160,000 —

Ces trois vicariats sont administrés par les dominicains espagnols de la province de Manille.

4. *Tonkin Occidental*, population chrétienne, 180,000 âmes
5. *Tonkin Méridional,* — 68,000 —
6. *Cochinchine Septentrionale,* — 28,000 —
7. *Cochinchine Orientale,* — 23,000 —
8. *Cochinchine Occidentale,* — 55,000 —

Ces cinq vicariats sont administrés par la congrégation française des Missions-Etrangères, dont le siège est à Paris, rue du Bac, 128. Le total des chrétiens, d'après une évaluation récente, est donc d'environ 570,000, répartis dans les huit vicariats ; pour les vicariats français seuls, le nombre des chrétiens est de 354,000.

A) *Missions espagnoles.*

1° *Tonkin Septentrional.* — La population païenne de ce vicariat est d'environ deux millions. Les chrétiens y sont au nombre de vingt mille.

Jusqu'en 1883, cette mission fut unie à celle du Tonkin Oriental. Elle relevait de la juridiction de Mgr Colomer. Après la division du vicariat, Mgr Colomer laissa la partie Orientale à Mgr Terrès et se chargea du nouveau vicariat qui confine : au nord, aux provinces chinoises du Yun-nan et du Quang-si ; au sud, en partie au Tonkin Occidental et en partie au Tonkin Central ; à l'est, au Tonkin Oriental ; à l'ouest, au Tonkin Occidental.

Il comprend les provinces de Lang-son et de Cao-bang ; partie seulement de celles de Tuyen-quang ; puis la province de Thai-nguyen et celle de Bac-ninh.

La résidence épiscopale est à *Ké-roï,* autrement dit Xuan-hoa, dans la province de Bac-ninh.

2° *Tonkin Oriental.* — L'établissement de cette mission date de 1678 ; mais depuis elle a été modifiée. Le vicariat ancien avait été formé par la division primitive du Tonkin en deux provinces religieuses (occidentale et orientale). Il comprenait alors ce qui constitue maintenant le Tonkin Oriental, Central et Septentrional. Le Tonkin Central en fut détaché en 1848, et le Tonkin Septentrional seulement en 1883.

Les limites du Tonkin Oriental actuel sont : au nord, le Tonkin Septentrional et une partie de la province chinoise le Quang-tong ; au sud, le golfe du Tonkin et le Tonkin Central ; à l'est, la mer et une autre partie du Quang-tong ; à l'ouest, le Tonkin Central.

La population catholique y est de trente-six mille âmes. Les infidèles sont au nombre d'environ trois millions.

Mgr Terrès, son vicaire apostolique, réside à Ké-né, province de Hai-Dzuong. Ce vicariat comprend les deux provinces de Hai-Dzuong et de Quang-yen. On y compte au plus cinq ou six missionnaires espagnols, environ trente prêtres indigènes et une centaine de catéchistes.

3° *Tonkin Central*, créé en 1848 par la division du Tonkin Occidental. Ce vicariat comprend les provinces de Hung-yen et au moins les trois quarts de la province de Nam-dinh. Il confine : au nord, au Tonkin Septentrional ; au sud, à la mer ; à l'est, au Tonkin Oriental et à la mer ; à l'ouest, au Song-câ, qui le sépare du Tonkin Occidental.

La population catholique y est beaucoup plus considérable que dans les vicariats précédents, puisqu'elle atteint le chiffre de *cent soixante mille* âmes. Les infidèles sont environ quatre millions. Il n'y a cependant que sept missionnaires espagnols et quatre-vingt-cinq prêtres indigènes. L'évêque, Mgr Onate, réside à *Buï-chu*, dans la province de Nam-dinh.

B) Missions françaises.

1° *Tonkin Occidental.* — Ce vicariat reçut son nom en 1678, quand le Tonkin fut divisé en deux régions catholiques.

En 1846, la partie sud de cette mission (Nghé-an, Ha-tinh et une partie du Quang-binh) fut séparée pour former le Tonkin Méridional actuel. Le Tonkin Occidental actuel confine : au nord, à la Chine ; au sud, au Tonkin Méridional et à la mer ; à l'est, au Tonkin Septentrional et Central, dont il est séparé par le *Grand Fleuve* ou *Song-cá,* dans toute sa longueur ; à l'ouest, aux montagnes habitées par les peuplades laotiennes, et ses limites, de ce côté, ne sont pas bien définies.

Il comprend les provinces de Thanh-hoa et de Ninh-binh ; partie de celle de Nam-dinh ; les provinces de Hanoï, Son-tay, Hung-hoa, et partie de celle de Tuyen-quang.

La population catholique y est de *cent quatre-vingt mille* âmes environ ; les infidèles sont à peu près huit millions.

Il y a *quarante-trois* missionnaires français, quatre-vingt-dix prêtres indigènes, *quatre cents* catéchistes ; un grand séminaire et deux petits ; une école française ; cinquante couvents de religieuses indigènes, cinquante et une paroisses comprenant plus de cinq cents chrétientés.

Jusqu'à ces dernières années, le vicaire apostolique de cette mission, M⁹ʳ Puginier, auquel nous consacrerons un chapitre spécial, résidait à *Ké-so,* province de Hanoï. Mais, depuis l'occupation française, il demeure le plus souvent à Hanoï même.

A Ké-so se trouvent le grand séminaire, l'imprimerie de la mission, une école de catéchistes, une ferme modèle, un couvent de religieuses indigènes, et enfin une belle église gothique, dont Mgr Puginier a été à la fois l'architecte, l'entrepreneur, le maître maçon, le maître charpentier, etc. Cette église, construite en briques, peut contenir environ deux mille personnes. Elle a, — chose rare dans les paroisses d'extrême Orient, — un orgue à tuyaux placé dans la tribune.

Mgr Puginier, voyant le fardeau de sa charge augmenter et ses forces diminuer, a demandé un coadjuteur avec succession future, coadjuteur qui lui a été accordé : on a choisi Mgr Gendrau, qui a été sacré le 16 octobre 1887, à Ké-so.

Les bâtiments consacrés à la mission à Hanoï se trouvent entre la citadelle et la concession française. Après la mort du commandant Rivière, la mission fut attaquée par les Pavillons noirs, le 16 mai 1883. On n'avait pu envoyer que cinq marins aux Pères de la mission, pour les aider à se défendre. Heureusement que le bâtiment est en briques ; grâce à cela on put résister à l'attaque ; s'il eût été en torchis, comme le sont bon nombre de constructions, on n'aurait sans doute pas pu repousser les assaillants et empêcher la destruction de l'habitation.

2° *Tonkin Méridional*. — Séparé du Tonkin Occidental, en 1846, à la demande de Mgr Retord, ce vicariat est limité : au nord, par le Tonkin Occidental ; au sud, par la Cochinchine Septentrionale ; à l'est, par la mer ; à l'ouest, par le Laos ; mais, sur ce point, ses frontières, comme celles du Tonkin Occidental, ne sont pas exactement déterminées.

Il comprend les provinces de Nghé-an, de Ha-tinh, et la partie nord de la province de Quang-binh, appelée *Bo-chinh*.

Avant les massacres qui l'ont ensanglanté, le Tonkin

Méridional avait soixante-quatorze mille catholiques. Il en a perdu plus de six mille pendant la dernière persécution et les troubles politiques ; depuis que le calme est revenu, cette mission répare ses pertes et regagne le chiffre passé. Quant aux païens, ils sont à peu près deux millions.

M⁹ʳ Pineau, évêque titulaire de Calame et vicaire apostolique du Tonkin Méridional, a été sacré le 24 octobre 1886, à Ké-so, par Mᵍʳ Puginier. Paul Bert assistait à ce sacre, trois jours avant d'être mortellement atteint par la dysenterie qui l'emporta le 11 novembre.

La résidence du vicaire apostolique est à Xa-doaï, dans la province de Nghé-an. La mission compte vingt missionnaires français, cinquante-huit prêtres indigènes, plus de trois cents catéchistes, un grand et un petit séminaire, plusieurs orphelinats, etc.

3° *Cochinchine Septentrionale*. — C'est en l'année 1659 que ce vicariat fut créé. Il comprenait, en outre de la Cochinchine Septentrionale actuelle, la Cochinchine Orientale, Occidentale, et le Cambodge.

Cette immense étendue de pays ne pouvait être utilement gouvernée par un seul vicaire apostolique, car les chrétiens y devinrent assez nombreux. Aussi, en 1844, ce vicariat fut-il divisé en deux : Cochinchine Orientale et Cochinchine Occidentale. Puis, en 1850, la Cochinchine Orientale fut elle-même subdivisée : une partie conserva son nom, l'autre fut appelée Cochinchine *Septentrionale* ; c'est celle qui nous occupe.

Elle a pour bornes : au nord, la mission du Tonkin Méridional; au sud, la Cochinchine Orientale; à l'est, la mer ; à l'ouest, le Laos.

Ce vicariat comprend les provinces de Quang-tri et de Thua-thien, dans laquelle se trouve Hᴜᴇ́, capitale de l'empire annamite. C'est aussi près de Hué qu'est située la résidence du vicaire apostolique, Mgr Caspar, évêque titulaire de Canathe.

Avant les massacres de 1885, cette mission comptait plus de vingt-huit mille chrétiens. La population païenne est d'environ deux millions. Il y a dix-sept missionnaires, trente-neuf prêtres indigènes, trente-cinq catéchistes, un grand et un petit séminaire comptant ensemble quatre-vingts élèves.

4° *Cochinchine Orientale.* — Ce vicariat a été formé, comme nous venons de le dire, en 1850, par la division de l'ancien vicariat du même nom.

Il est limité : au nord, par la Cochinchine Septentrionale ; au sud, par la mer et la Cochinchine Occidentale ; à l'est, par la mer ; à l'ouest, par le Laos et le Cambodge. Il comprend les provinces de Quang-nam, de Quang-ngai, de Binh-dinh, de Phu-yen, de Khanh-hoa et de Binh-thuan. Avant les massacres de 1885, il avait plus de quarante et un mille chrétiens ; il en a perdu plus de *vingt-trois mille* pendant la persécution ; parmi les victimes se sont trouvés *neuf missionnaires, sept prêtres indigènes, soixante catéchistes et deux cent soixante-dix religieuses annamites.*

Actuellement ce vicariat compte trente missionnaires, dix-huit prêtres indigènes, cinquante catéchistes, un grand et un petit séminaire, où sont élevés cent vingt-cinq jeunes gens.

Mgr Van Camelbeke, évêque titulaire d'Hiérocésarée et vicaire apostolique de la Cochinchine Orientale, a sa résidence à Lang-song, province de Binh-dinh.

5° *Cochinchine Occidentale.* — C'est la Cochinchine française, à l'exception des deux provinces de Chau-doc et de

Ha-tien, qui appartiennent à la mission du Cambodge, bien qu'elles fassent partie de la colonie française.

Ses limites sont : au nord, la Cochinchine Orientale et le Cambodge ; au sud, la mer et le Cambodge ; à l'est, la mer et le Binh-thuan ; à l'ouest, le Cambodge.

La population catholique y est de cinquante-cinq mille âmes ; les païens sont environ un million et demi.

Mgr Colombert, évêque titulaire de Samosate et vicaire apostolique de cette mission, réside à Saïgon. Il est aidé dans son œuvre par cinquante missionnaires et trente-sept prêtres indigènes. Le séminaire compte plus de cent soixante élèves. Il existe en outre à Saïgon une école pour les garçons, école nommée Institut Tabert, et créée principalement pour les métis. En outre, il y a un pensionnat de jeunes filles, des écoles, des orphelinats, etc.

Tel est le tableau de l'état des missions catholiques dans la péninsule indo-chinoise depuis les frontières de la Chine jusqu'à la Cochinchine française (incluse). Dans ce tableau, nous avons mentionné les pertes subies pendant les dernières persécutions. Nous aurons à rappeler quelques épisodes de ces terribles événements ; mais, auparavant, disons quelques mots de Mgr Puginier.

III.

MONSEIGNEUR PUGINIER.

En Annam comme en Chine, comme dans toutes les contrées où ils se trouvent, les missionnaires, quel que soit leur ordre, rivalisent de zèle. Nous ne nous associerons point aux sentiments de réprobation qui, à certaines heures, ont été exprimés contre les missionnaires espagnols du Tonkin. Quelques voix, en effet, se sont élevées pour demander leur remplacement par des prêtres français, parce que, dit-on, aux premiers temps de notre occupation, ils usaient de leur influence pour détacher de notre cause ceux de leurs administrés qui l'avaient déjà embrassée, et pour détourner les autres prêts à se ranger sous notre drapeau.

Les dominicains espagnols ont protesté contre cette accusation, et leur conduite a prouvé qu'elle n'était pas fondée.

Ce n'est point avec l'intention d'amoindrir le mérite de quelques-uns que nous distinguerons entre tous un seul des vicaires apostoliques du Tonkin.

Celui-là, Mgr Puginier, occupe vraiment une place à part. Comme les de Rhodes, les Pallu, les Pigneau de Béhaine, les Retord...., Mgr Puginier est un favori de la Providence : elle lui a départi de grandes vertus, comme à tant de missionnaires d'ailleurs. Mais, en outre, elle lui a donné une ardeur que rien n'arrête, un courage que rien n'abat, une prudence que rien n'a déjouée, puis encore des forces physiques qui lui ont permis de vivre déjà plus de trente ans dans un pays où la plupart de nos nationaux ne restent pas impunément plus de deux ou trois années. Ces forces physiques, mises au service d'une grande intelligence et d'un grand cœur, ont été dépensées pour le bien général et pour le triomphe de la Croix.

Nous saluons en lui un grand apôtre et un Français sans peur.

Mgr Puginier est né à Saix, canton de Castres, dans le Tarn, le 3 juillet 1835. Entré au séminaire des Missions Etrangères de Paris le 1er juillet 1854, ordonné prêtre le 29 mai 1858, il partit pour l'extrême Orient le 29 août de la même année. Il n'est jamais revenu en France.

De 1858 à 1860, — comme cela arrive au moment où les Européens sont en guerre avec l'Orient et même pendant que la France lutte en Europe avec d'autres nations, — l'Annam subit une persécution tellement rigoureuse que nul, parmi les plus audacieux pionniers de la civilisation, ne croyait possible de pénétrer dans ce pays : les persécuteurs guettaient leurs victimes sur tous les rivages, sur toutes les frontières, dans tous les hameaux, dans toutes les villes. Le Tonkin souffrait plus encore peut-être de la persécution que n'en souffrait l'Annam proprement dit.

C'est au Tonkin cependant que le R. P. Puginier devait pénétrer.

Il arriva tout d'abord à Hong-kong, où les Missions Etrangères ont une procure et une maison de repos. Le procureur lui proposa de changer sa destination. Mais le jeune missionnaire, voyant dans la désignation de son poste la volonté de Dieu, le préféra à tout autre.

Entrer directement au Tonkin en venant de Hong-kong était impossible. Le P. Puginier demanda donc à se rendre d'abord à Saïgon, qui venait de tomber au pouvoir des Français : c'était en 1859.

Sur cette terre nouvellement française débarque donc le jeune missionnaire. Il y trouve des usages et une langue qu'on lui dit être les mêmes que les usages et la langue du Tonkin. Il s'applique à étudier la langue annamite et se dépense au service des Cochinchinois, en attendant de pouvoir rejoindre son poste définitif. Il allait attendre *deux ans*, qu'il mit à profit en s'instruisant de mille choses.

Un jour enfin, le patron d'une barque chinoise consent à le prendre à son bord et à le conduire au Tonkin. Il part, mais le frêle esquif ne devait pas toucher au port sans avoir couru de grands dangers ! Naufrage et rencontre des pirates lui étaient réservés.

La barque touche sur un écueil. Le missionnaire sauve ses bagages ; on relève le petit bateau, on repart. Déjà on compte le nombre d'heures qui s'écouleront encore avant la fin du voyage ; tout à coup la jonque est entourée de pirates !

Les natures vraiment courageuses se révèlent surtout au moment où, en face d'un grand danger, tout semble perdu. En admettant que les pirates ne jettent pas leurs victimes à la mer, on doit s'attendre à ce qu'ils s'emparent du moins de tout ce qu'ils trouveront dans la jonque capturée. Le P. Puginier est porteur d'une somme importante confiée à ses soins par la Propagation de la foi ; puis il a ses bagages, qui sont aussi les bagages de la mission ! Le jeune missionnaire tient à ne pas perdre tout cela, et s'il ne peut échapper au désastre, ce ne sera pas sans avoir tenté de sauver son bien.

Muni de quelques piastres, il appelle le chef des pirates. Sans paraître inquiet, il lui dit : « Voici de l'argent que j'ai sur moi ; je te le donne ; quant à mes bagages, ils ne te serviraient à rien, tu ne tirerais aucun profit des ornements qui s'y trouvent et tu serais obligé de les jeter à la mer. Vois si tu peux t'entendre avec tes compagnons et, moyennant cet argent que je t'abandonne, ne pas toucher à mes bagages, qui te sont inutiles. » Le stratagème réussit : satisfait de ce qu'il reçoit autant que de la manière dont la somme lui est donnée, il arrête le pillage déjà commencé, déclarant à la bande que l'étranger n'ayant rien dont on pût tirer parti, mieux valait lui laisser ses bagages.

Presque tout se trouve ainsi sauvé. La jonque reprend la route interrompue, le missionnaire débarque enfin au Tonkin même.

Aussitôt arrivé, le P. Puginier commença à évangéliser ;

il dut le faire d'abord en se cachant, en attendant de pouvoir se montrer au grand jour. Ardent, mais plein de prudence et de sang-froid, il déjoua souvent les projets sinistres de ses ennemis, des persécuteurs des chrétiens.

Pendant sept ans il demeura comme simple missionnaire dans le vicariat de Mgr Theurel, vicaire apostolique du Tonkin occidental. Puis, ce prélat, sentant ses forces s'épuiser, demanda un coadjuteur avec future succession, et désigna celui de ses collaborateurs qu'il avait distingué entre tous comme le plus apte à porter cette lourde charge : le R. P. Puginier.

Ce digne prêtre fut sacré évêque de Mauricastre le 26 janvier 1868, au collège de Hoang-nguyen, par Mgr Theurel lui-même, qui mourut le 3 novembre de la même année. C'était désormais comme vicaire apostolique que le jeune évêque devait agir, et ses grandes qualités allaient se révéler aux yeux de tous.

Mgr Puginier a sous sa juridiction plus de quarante missionnaires français, quatre-vingt-dix prêtres indigènes, environ quatre cents catéchistes, cinquante couvents de religieuses indigènes (les dames de la Croix) et près de *cent quatre-vingt mille chrétiens.*

Tous ces administrés aiment et vénèrent leur évêque comme un père. Quant aux païens, ils ont pour la personne du vicaire apostolique un profond respect ; aussi, en dehors de son autorité épiscopale, Mgr Puginier a-t-il une influence incontestable sur les magistrats annamites et les fonctionnaires de tous ordres. Souvent, pendant les événements de 1874 à 1886, les mandarins l'ont prié d'être leur intermédiaire dans les affaires qu'ils devaient traiter avec les autorités françaises. Quant aux chefs français, tous, sauf M. Philastre, se sont aidés des conseils de l'évêque, tous ont eu recours à sa grande expérience des hommes et des choses de l'Annam. Ils ont témoigné de son patriotisme aussi éclairé qu'ardent.

La confiance que Mgr Puginier sait inspirer à tous ceux qui le connaissent se justifie par des qualités nombreuses et heureusement pondérées. Il a ce qu'on nomme le *sens pratique*, et qui n'est pas un don commun ! Dans tous les rapports qu'il a eus avec les autorités ou françaises ou annamites, il a fait preuve d'une droiture de caractère que rien ne trouble, d'une fermeté exempte de raideur, d'une franchise tempérée par un grand tact. La modestie de Mgr Puginier ne saurait être froissée par l'hommage que nous rendons ici à l'apôtre et au Français, car cet hommage, bien humble d'ailleurs, est dicté par les mêmes sentiments qui l'animent et l'aident à remplir sa tâche : la foi en Dieu, l'amour de la France.

« *Scio cui credidi :* je sais en qui j'ai mis ma confiance : » telle est la devise de l'évêque de Mauricastre; et sa foi ardente lui donne une invincible confiance dans la Providence. Prudence et dévouement sans bornes, voilà ce qu'il met quotidiennement au service de ses administrés et de la France.

Le général Millot, qu'on n'a cependant jamais *accusé de cléricalisme*, demanda pour Mgr Puginier la croix de la Légion d'honneur : le cœur du soldat et celui du prêtre battaient à l'unisson. Mais le général fit cette démarche à l'insu de Sa Grandeur ; il savait en effet que le vicaire apostolique avait décliné une proposition analogue qui lui avait été annoncée antérieurement. Le tact dont fit preuve le général Millot en cette circonstance l'honora, comme l'humilité de l'apôtre releva ses mérites aux yeux de tous.

En juillet 1887, Mgr Puginier a été, toujours à son insu, promu officier de la Légion d'honneur.

On suppose bien, après ce que nous venons de dire,

que les chrétiens du Tonkin occidental ont dû donner souvent à leur pasteur des marques d'attachement filial. Voici, entre autres preuves de dévouement à sa personne, un fait que nous croyons devoir citer, parce qu'il dépeint bien la nature des rapports existant entre les chrétiens et Mgr Puginier, entre le peuple et son pasteur.

Etant encore simple missionnaire, le futur vicaire apostolique habitait le village de *Ké-loï*, baptisé par les missionnaires du nom de *Sébastopol*. Avant leur conversion au catholicisme, les habitants de ce village s'adonnaient fréquemment à la piraterie. De leur ancien métier, ils ont conservé ce qu'on appelle une *écorce* rude, puis un caractère aventureux et un grand sang-froid dans le danger. Ces qualités viriles sont d'autant plus remarquables que, tempérées, coordonnées par la religion, elles produisent un dévouement à toute épreuve.

A l'époque dont nous parlons, la persécution *officielle* de la part du gouvernement était ralentie; mais les mandarins et les lettrés, qui ne désarment jamais, l'entretenaient encore chacun chez soi, dans son ressort, dans son village, comme une sorte de *distraction utile*, comme un moyen de profits illégaux justifiés par le *patriotisme* — car pour eux, tout chrétien est un ennemi.

Un jour le missionnaire, après avoir visité un malade éloigné de la mission, revenait à Ké-loï, lorsque parvenu à un village païen, il fut arrêté par le chef du canton. Cet homme ne songeait peut-être pas à mettre le missionnaire à mort ou à le livrer aux tribunaux; mais il supputait par avance la rançon que les chrétiens lui paieraient en échange de leur *maître de religion*.

La nouvelle de l'arrestation fut apportée à Ké-loï par le catéchiste qui accompagnait le P. Puginier. Aussitôt les notables du village se réunissent en conseil; à l'unanimité ils prennent une résolution conforme à ce qu'on pouvait attendre de leur attachement au missionnaire et de leur caractère énergique ; puis ils interdisent, sous peine de châtiment sévère, à tous ceux qui connaissent cette résolution d'en divulguer la moindre partie hors du village.

Deux notables, sous prétexte de visiter le missionnaire, se rendent au village païen et vont examiner la maison du chef du canton, où se trouve le prisonnier ; ils rentrent ensuite à Ké-loï.

La nuit venue, une véritable expédition est dirigée contre le village païen. On surprend les sentinelles qui en gardent les portes, on les enchaîne ; une partie des chrétiens est chargée de garder les abords, pour éviter que des renforts puissent pénétrer dans la place ; une autre doit arrêter les païens qui tenteraient de porter secours à la maison attaquée — car on va se rendre maître de cette maison.

Le groupe des chrétiens les plus résolus s'avance en silence vers la demeure du chef du canton. Ces braves gens pénètrent dans la cour et crient : *Où est le père? — Je suis ici*, répond Mgr Puginier, et comme sa voix part d'une pièce intérieure qu'on avait visitée dans l'après-midi, les assaillants savent où porter leurs efforts. Le missionnaire ajoute : « Ne faites de mal à personne ! »

La porte vole en éclats ; quatre des plus vigoureux sauveteurs chargent le père sur leurs épaules et partent lestement : le tour est joué !

Le chef du canton, auteur de l'arrestation du missionnaire, s'était enfui par une porte secrète dès l'arrivée des chrétiens, de sorte que ceux-ci n'avaient eu aucune violence à exercer contre lui.

Le P. Puginier fut rapporté à Ké-loï comme un trophée.

Au village, tous veillaient ; tous ceux qui n'avaient pas

pris part à l'expédition attendaient avec anxiété le retour de la petite troupe ; les vieillards, les femmes, les enfants même, s'étaient portés sur le point où elle devait se montrer. Bien peu, parmi ces pauvres gens, songeaient à l'impôt, à l'emprisonnement, aux dangers dont cette entreprise hardie pouvait être la cause pour eux : ils ne pensaient qu'*au Père !* Aussi, quand celui-ci fit dans le village son entrée triomphale, la joie fut grande et se manifesta par des acclamations enthousiastes. Quant au missionnaire, il était tout ému de se retrouver au milieu de ceux qu'il nommait ses enfants, tout troublé en songeant au danger couru par ces hommes hardis, tout heureux de constater chez eux tant de dévouement et aussi tant d'humanité : livrés à eux-mêmes et pleins d'animosité contre les païens, ils n'avaient cependant commis aucun acte de brutalité contre *les ennemis* ; au lieu de tuer les sentinelles, ils les avaient garrottées, ce qui n'était guère dans les usages du pays !

Mgr Puginier est de taille moyenne et bien proportionnée ; il a le regard franc, le sourire fin ; ses cheveux sont déjà blanchis par le travail, les fatigues, les soucis ; plus de trente années de séjour continu au Tonkin ont altéré sa santé. Fils d'un brave militaire, le vicaire apostolique a, lui aussi, dans ses allures, quelque chose de tout militaire. Il a maintenant, nous l'avons dit, un coadjuteur avec succession future, Mgr Gendreau, sacré évêque de Chrysopolis, le 16 octobre 1887, à Ké-so.

Mgr Puginier n'est jamais revenu en France. Cependant il a quitté son vicariat pendant quelques mois, en 1874.

Après la mort de Francis Garnier, l'attitude de M. Philastre causa d'horribles massacres. Le pasteur des malheureux chétiens réclama, pour les familles ruinées, des indemnités qu'on ne se décidait pas à accorder. Il résolut alors de se rendre à Saïgon pour solliciter du gouverneur

une intervention utile, afin d'obliger le gouvernement annamite à indemniser les chrétiens, frappés comme partisans
de la France autant qu'à cause de leur foi ; car depuis longtemps dans l'extrême Orient, et surtout dans le gouvernement de Hué, on ne sépare plus la cause française du
catholicisme : tout indigène chrétien est, par ce seul fait,
réputé partisan de la France.

Le vicaire apostolique du Tonkin occidental demeura à
Saïgon jusqu'aux premiers jours de 1875 ; il reprit alors
la route de son vicariat, mais plus triste qu'à sa venue....
N'ayant rien obtenu des autorités françaises, l'apôtre pleu-
rait non seulement sur les martyrs, si nombreux, non
seulement sur les familles chrétiennes ruinées, affamées,
mais encore sur la France, qui abandonnait les chrétiens
compromis par elle, et qui ne tentait pas de les sauver de la
misère, de la famine !

Il fallut attendre longtemps pour obtenir justice.

La grande et noble figure de Mgr Puginier domine tout
le tableau du Tonkin. D'une main, le vicaire apostolique
tient la croix ; de l'autre, il saurait au besoin tenir l'épée,
pour défendre son divin drapeau et la vie des chrétiens.
Pendant les malheureux événements qui se sont accomplis
de 1874 à 1886, il a fallu, nous le verrons, que plusieurs
missionnaires s'arment d'un fusil et se transforment tout
ensemble en généraux et en soldats pour repousser les
attaques de l'armée des *lettrés*, — non point celle du *gouvernement* annamite. Les chrétiens, en effet, Tertullien l'a dit,
« ne se révoltent pas contre la tyrannie des princes légitimes, » des gouvernements réguliers, mais ils peuvent se
défendre contre les brigands armés dont étaient compo-
sées les hordes qui les menaçaient.

Seulement il nous semble que dorénavant il conviendra
de donner à la maxime de Tertullien son sens *exact* au

Tonkin et en Annam : l'autorité légitime en ces contrées n'est plus autre que celle de la France. Les persécutions isolées ou générales ne pouvant être couvertes par le drapeau français, il semble juste que si elles se produisaient, les attaques contre la vie ou contre les biens des chrétiens, même *en tant que chrétiens*, c'est-à-dire les entreprises hostiles ayant le caractère de *persécutions religieuses*, puissent être repoussées par la force, parce que la défense devient *légitime* quand l'attaque cesse de l'être.

Après avoir rendu hommage aux grandes vertus de Mgr Puginier, qui sont d'ailleurs comme la plus noble expression des vertus de tous les missionnaires, il nous reste à porter nos regards sur le terrible tableau de la persécution.

IV.

PERSÉCUTEURS ET MARTYRS.

Dans un livre intitulé *Paul Bert au Tonkin*, M. J. Chailley a dit : « Les chrétiens ne sont pas plus de quatre cent mille, pauvres hères sans influence ; on peut même se demander si la conversion n'a pas été pour eux un *moyen* ; je me refuse à croire que, sauf exception, *leurs sentiments religieux soient bien sincères.* »

La conversion au christianisme serait donc un *moyen*. Mais, demanderons-nous, un moyen de *quoi* faire, de *quoi* obtenir ?

Si M. Chailley a entendu dire que c'est un moyen de *gagner le ciel* très rapidement, de conquérir dans la patrie céleste une place de choix telle que bon nombre de chrétiens en Europe en envient une sans doute, mais sont moins que les Annamites en état d'obtenir...., il a eu raison : la conversion est bien ce moyen.

Mais si, comme on est en droit de le supposer, M. Chailley a voulu exprimer la pensée que la conversion est pour les Annamites un moyen d'arriver à la fortune ou du moins de conquérir le bien-être, il n'eût pas été inutile que l'auteur de *Paul Bert au Tonkin* donnât quelques exemples, quelques preuves de son affirmation.

M. Chailley ajoute : « Je me refuse à croire que, sauf exception, leurs sentiments religieux soient bien sincères. » Il doit donc arriver, si cette opinion est conforme à la vérité, qu'en temps de persécution, l'apostasie est la *règle*, la fermeté dans les tourments et jusqu'à la mort l'*exception;* le nombre des martyrs doit être infime, celui des apostats très grand.

Mais les chiffres, qui ont leur éloquence, prouvent au contraire que *l'apostasie est l'exception*, tandis que la règle est que les chrétiens supportent courageusement la torture, la prison, la cangue, la mort : mort par le glaive, mort par le poison, mort par la faim, mort par la suspension à des crochets de fer pénétrant dans les chairs, mort par la corde, mort par les éléphants, mort par le feu…. La ruine de la famille s'ajoute à ces supplices divers, de sorte que si l'on échappe à la mort violente, on risque d'être atteint par la mort lente, fait de la misère !

Ainsi donc, en réalité, la conversion au christianisme est bien pour les Annamites un *moyen* de ruine, de mort, mais aussi de gloire éternelle.

Parmi les premiers prêtres *indigènes* du Tonkin, deux, le P. Houé et le P. Nienne, meurent empoisonnés : l'un succombe six jours après le repas qui leur avait été offert; l'autre, ayant pris un contrepoison, souffrit *dix-sept mois* avant de quitter la terre.

Le P. Tri, condamné comme chrétien à la prison perpétuelle, meurt dans les fers, après avoir porté la cangue pendant *neuf ans.* Et cependant le P. Tri, reconnu par ses juges comme capable de remplir les plus hautes fonctions, n'aurait eu qu'à renoncer à son titre de chrétien pour passer de la prison dans un palais, échanger la cangue contre le titre de ministre !

En Cochinchine, le catéchiste André, premier martyr de la nouvelle Eglise, meurt en juillet 1644. Il reçoit d'abord trois coups de lance sans tomber et même « sans remuer. » Qui donc l'empêchait, si la conversion n'était pour lui qu'un *moyen humain,* qui donc l'empêchait, à ce moment de cruelle souffrance, de renier Dieu pour conserver la vie ?

Voilà donc qu'il meurt ; et sa bouche, qui pendant le supplice ne s'était pas ouverte pour laisser échapper une seule plainte, sa *bouche morte,* comme dit la relation de son martyre, la tête ayant été tranchée, prononce un mot : « Jésus. »

Le même fait se produisit après la mort du catéchiste Ignace, tué avec son confrère Vincent, en 1645. La multitude qui avait assisté au supplice affirma que la tête d'Ignace étant à vingt pas de son corps, sa bouche prononça par trois fois le nom de *Jésus.*

En même temps que l'exécution de ces deux martyrs, eut lieu la mutilation de sept chrétiens : on leur coupa les doigts.

Deux ans plus tard, un édit du roi prononce la peine capitale « contre quiconque sera arrêté comme faisant profession d'appartenir à la religion des Portugais. » Six chrétiens sont saisis ; deux vont mourir ; les quatre autres, jugés sans doute moins ardents, subiront la torture et seront mutilés. Les Portugais sont en défaveur à la cour, les chrétiens n'ont rien à attendre d'eux : la conversion comme *moyen* humain semble donc hors d'à-propos ; les chrétiens vont-ils fouler la croix aux pieds, comme on le leur propose ?

Déjà le cortège s'avance vers le lieu d'exécution : il n'y a pas eu d'apostasie. On arrive sur la place ; les victimes occupent le centre du carré ; les spectateurs forment deux haies parallèles, l'une composée de chrétiens qui se sont groupés pour venir assister de leurs prières leurs frères qui vont souffrir et mourir au nom de Dieu; les païens sont de l'autre côté, curieux de voir si les victimes souffriraient la mort plutôt que de fouler la croix. Les bourreaux placent les patients là où ils doivent être exécutés ou mutilés.

Tout à coup, une femme sort des rangs des chrétiens ; elle porte des nattes, s'avance vers les prisonniers et place les nattes « de manière à ce que le sang des martyrs ne coule point à terre. » Cet acte serait un signe de démence si la conversion n'était pour ces « pauvres hères » qu'un moyen de fortune ! Les victimes supportèrent les tortures sans faiblir, sans se plaindre, heureux même de souffrir au nom de Jésus.

Quand survint la grande persécution de 1663, les chrétiens des Eglises d'Annam et du Tonkin n'avaient plus de pasteurs pour les encourager au martyre. La haine de la religion excitée au suprême degré s'exerçait avec une rage encore sans exemple. Trois grands mandarins avaient pour mission spéciale de rechercher partout les chrétiens et de faire périr ceux qui ne renieraient pas le *Dieu des étrangers*. La cruauté eut des raffinements, la terreur fut répandue dans le pays tout entier, car on voulait *exterminer la race des chrétiens*. Malgré cela, à combien se monta le chiffre des apostasies ? A *trois*, pas plus ! Encore, les trois apostats furent-ils trois soldats qui, interrogés *par le roi lui-même*, demandèrent la vie !

Quant aux autres chrétiens, que disent-ils?

C'est Pierre Dang, compagnon des trois soldats apostats, qui, dans la crainte d'être confondu avec les lâches, de laisser croire qu'il est solidaire des renégats, fait hautement sa profession de foi ; puis, supposant qu'elle n'a pas été entendue du prince, il la renouvelle et a la tête tranchée ; —, c'est Pierre Ki, c'est Michel, c'est Ignace.... Tous meurent pour la foi.

Pierre Ki remplissait de hautes fonctions à la cour. Sa conversion lui avait valu la dégradation, l'enrôlement comme simple soldat dans l'armée ; elle lui valut enfin le martyre, et quand il arriva au lieu du supplice, il offrit au mandarin une somme considérable en remerciement du bonheur qu'il allait lui procurer! Quant à Michel et à Ignace, depuis le palais du roi jusqu'au lieu du supplice, les satellites s'occupèrent à *découper sur eux des morceaux de chair* avec lesquels ils marquèrent le parcours du cortège ! Pourquoi ces malheureuses victimes n'ont-elles pas crié : *Grâce !* Parce qu'elles préféraient les biens du ciel à ceux de la terre.

Deux ans plus tard, il est vrai, dans la province de Quang-non, le groupe de Japonais qui avaient fui la persécution proclamée dans leur pays se laissa intimider, et plusieurs familles renièrent Dieu ; mais ensuite ces apostats passèrent leur vie dans la pénitence, et tentèrent par tous les moyens de racheter leur faute. Et comme si leurs frères eussent voulu que leur défection ne diminuât pas le nombre des martyrs, plusieurs vinrent *spontanément* devant le magistrat : ils n'étaient pas recherchés, ils auraient vécu en sécurité sans doute, grâce à l'ignorance où étaient les mandarins de leur conversion, et cependant ils se présentèrent d'eux-mêmes, comme chrétiens. Il vint des hommes, des femmes, et même des *enfants*, de toutes jeunes filles, des garçonnets de onze ans ! « Nous sommes chrétiens, dirent-ils, nous demandons la mort ! » Et tous périrent, les uns par le glaive, les autres sous le pied d'un éléphant.

La liste des martyrs de l'empire du Tonkin a commencé en 1630, avec *François* ; celle des martyrs de Cochinchine en 1644, avec *André*.... Dieu fasse que cette liste ait été réellement et à jamais close en 1886 !

Bien loin de douter de la sincérité de la conversion des indigènes en Annam et au Tonkin, il faut, au contraire, admirer la foi de ces pauvres gens, qui, malgré tant d'épreuves répétées pendant deux siècles et demi, ne désertent pas la bannière du Christ.

Longtemps les cours de Hué et de Hanoï hésitèrent à mettre à mort les missionnaires européens. Nous croyons que parmi eux le premier martyr fut le R. P. Jean de Sequiera, jésuite et Portugais ; il mourut en 1696, des suites des mauvais traitements qui lui avaient été infligés. A partir de la fin du xviie siècle, les hésitations des princes cessent, et les sentences de mort sont portées contre les étrangers aussi facilement que contre les indigènes.

En l'année 1700, deux missionnaires, le R. P. Belmonté, de la Compagnie de Jésus, et le R. P. Langlois, des Missions Etrangères, meurent en prison. Il en est de même du R. P. Candone, jésuite italien, en 1701, et du R. P. Messari, jésuite illyrien, en 1723. Le confrère de ce dernier, le R. P. Bucharelli, est décapité en compagnie de neuf chrétiens, le 11 octobre 1723.

Un arrêt se produit alors dans la persécution ; mais elle reprend plus ardente encore en 1736 et, le 4 janvier 1737, on décapite au Tonkin *quatre* missionnaires appartenant à la Compagnie de Jésus. En 1745, deux dominicains sont tués; en 1750, le R. P. Michel de Salamanque, franciscain, meurt en prison....

Le commencement du XIXe siècle fut une ère de calme relatif. Les prémices du gouvernement du prince qui devait être empereur sous le nom de Gia-Long, firent même naître l'espoir que le temps des persécutions était passé pour toujours, et que l'évêque d'Adran, Mgr de Béhaine, avait enfin ouvert l'Indo-Chine au culte libre de la religion chrétienne. Cet espoir devait être bientôt déçu !

La mort du fils de Gia-long, élève de l'évêque d'Adran, puis la mort de Gia-long lui-même et l'arrivée au pouvoir de Minh-Mang, mirent fin à la période de sécurité relative.

A aucune époque, la persécution n'avait été aussi terrible qu'elle le fut de 1833 à 1886.

Dans la seule année 1838, trois vicaires apostoliques, un provicaire, un missionnaire européen et neuf prêtres indigènes furent mis à mort. Ces chiffres permettent de concevoir le nombre des fidèles qui souffrirent le martyre et l'étendue des malheurs qui atteignirent les catholiques survivants.

Nous ne pouvons suivre pas à pas les ennemis de Dieu dans leurs entreprises innombrables. Franchissons quelques années, examinons l'état de la religion dans l'Indo-Chine au moment où survint l'intervention franco-espagnole, et voyons ce qui est advenu aux chrétiens à cette époque de troubles publics, de guerre, période de conquêtes pour la France, de défaites pour les indigènes, de sacrifices divers et multiples pour tous.

Dès ce moment, c'est en raison de leur prétendu attachement pour la France, plus encore que par leur titre de chrétiens, que les indigènes auront à souffrir. Le gouvernement de Hué n'admet pas en effet que ses sujets devenus chrétiens puissent n'être point animés d'intentions bienveillantes envers les Européens ; de sorte que ces pauvres gens sont traqués comme étant nos amis.

Ils mourront pour la foi, ils seront bien martyrs, puisqu'on leur offrira la vie en échange de l'abjuration ; mais c'est à cause de leur sympathie supposée pour les Français que beaucoup seront contraints de confesser leur foi.

Au nord de Saïgon, dans la province de My-tho, aujourd'hui française, se trouve un petit hameau nommé *Ba-giong*.

Là s'accomplit un des plus terribles drames que les annales de l'Eglise aient enregistrés.

La chrétienté de Ba-giong comptait parmi les plus anciennes, parmi les plus paisibles ; elle était aussi une de celles où la lumière de la foi brillait du plus vif éclat.

Au moment où l'armée française prit Saïgon, les mandarins de la basse Cochinchine se vengèrent partout de leur défaite sur les chrétiens de la contrée ; les petits enfants eux-mêmes ne furent pas épargnés !

Le R. P. Hamon s'est fait l'historien de ces douleurs et de ces gloires. Voici ce qu'il rapporte : « Pour finir plus vite, en certains lieux, on liait étroitement tous les membres d'une même famille et on les jetait dans le fleuve. Ailleurs, on ouvrait de grandes fosses dans lesquelles bon nombre de victimes étaient enterrées *vivantes*. En plusieurs localités, on entassait les chrétiens dans les églises ou bien on les réunissait sur les marchés ; on assemblait autour d'eux les débris de leurs maisons auxquels on mettait le feu : les satellites perçaient de leur lance les chrétiens qui, pour échapper aux flammes, cherchaient à fuir (1). »

La constance des chrétiens fut inébranlable.

Parmi les milliers d'hommes, de femmes et d'enfants qui furent soumis aux traitements les plus odieux, un très petit nombre seulement sauvèrent leur existence par l'apostasie.

Plus éloignée que d'autres du théâtre de la lutte, la province de My-tho n'avait encore souffert qu'exceptionnellement ; elle se trouvait en effet moins en butte à la colère des mandarins, des lettrés, de tous ceux dont l'honneur militaire, l'influence politique et sociale se trouvaient atteints par les victoires de nos soldats ; mais à mesure que le bruit de nos canons se rapprochait d'un point, les persécutions s'y produisaient ardentes et terribles. Ce fut ce qui arriva à Ba-giong.

Le 18 mars 1861, l'administrateur de cette chrétienté, prêtre indigène nommé Lau, fut décapité : surpris par des païens alors qu'il lisait une lettre écrite en caractères européens et au moment où il quittait les chrétiens déjà emprisonnés, il fut pressé de questions sur la provenance de cet écrit. Comme il ne pouvait donner d'explications, dans la crainte de compromettre ses administrés, les païens lui dirent :

« Tu es chrétien ! Tu es prêtre, peut-être ?

— Oui, je suis chrétien et je suis prêtre, » répondit le pasteur.

Cette réponse suffit. En la faisant, le P. Lau savait qu'il prononçait lui-même son arrêt de mort, mais il n'avait pas à hésiter. Il se prépara de suite à supporter, au nom du

____

(1) V. *Missions catholiques* du 7 avril 1882 et suiv.

Christ, des souffrances qui allaient lui donner une vie éternelle en échange d'une vie mortelle, et par surcroît la gloire spéciale que Dieu réserve aux martyrs.

Il fut décapité à un kilomètre à peine de la ville de My-tho, où quelques jours plus tard l'armée française devait remporter une nouvelle victoire.

De nombreux chrétiens étaient déjà retenus captifs dans la citadelle de My-tho. Parmi eux on comptait environ cent habitants de Ba-giong.

L'armée française hâtait sa marche; repoussant l'ennemi, elle marchait sur la capitale de la province qu'il fallait conquérir. Elle arriva enfin devant la citadelle.

La lutte fut engagée; bientôt son issue ne fit plus de doute pour les Annamites, qui résolurent de fuir. Mais, avant d'abandonner le poste qu'on leur avait confié, avant de déserter le combat, ils résolurent d'anéantir la citadelle même, afin que les Français ne se trouvassent maîtres que de ruines.

Tout à coup des cris de terreur, des appels désespérés, parvinrent jusqu'à nos soldats; en même temps des flammes montaient vers le ciel.

Les Annamites avaient mis le feu aux bâtiments où se trouvaient les chrétiens prisonniers!

Quelques instants encore, et tous ces malheureux allaient succomber au milieu de souffrances horribles.... Mais les troupes françaises, redoublant d'activité pour empêcher l'accomplissement de ce crime, entrèrent dans le repaire en flammes et brisèrent les liens qui retenaient les captifs.

C'était la vie qu'elles rendaient à ces pauvres gens, et avec la vie, la liberté.

Rentrés dans leur village, les chrétiens proclamèrent la générosité des vainqueurs. La joie de ces hommes qui, après avoir couru un si terrible danger, se retrouvaient au milieu des leurs, la joie des familles qui avaient cru ne jamais revoir, celle-ci un père, celle-là un fils ou un époux.... la joie enfin de tous les chrétiens, assurés de pouvoir désormais pratiquer librement et sans crainte les devoirs de leur religion, s'exprima en actions de grâces, en prières ferventes....

Pour beaucoup, hélas ! ces jours d'allégresse marquaient la dernière étape de la vie !

Une des erreurs des conquérants français a été, croyons-nous, de ne pas armer de suite les chrétiens, dont les missionnaires se portaient garants, et de ne point placer au milieu des chrétientés quelques soldats qui, en peu de jours, eussent appris le maniement des armes aux plus adroits, en même temps qu'ils eussent soutenu le courage et l'ardeur de tous au moment d'une attaque, — attaque improbable d'ailleurs en de telles conditions. On aurait ainsi hâté la conquête et, mieux encore, évité le massacre des chrétiens, que les mandarins considèrent *comme Français.*

Il est vrai que nos premières expéditions en Cochinchine et au Tonkin se sont faites avec un nombre tellement restreint de combattants que les victoires ont tenu du prodige, et qu'il eût été parfois difficile de distraire quelques hommes de l'action centrale.

Quoi qu'il en soit de ces erreurs et de ces regrets, les chrétiens de Ba-giong allaient apprendre que le drapeau de la France, salué avec tant de joie, ne les couvrait pas encore !

Ces pauvres gens étaient tout au bonheur de vivre et d'être libres, lorsqu'un sergent annamite, païen mais homme de cœur, et d'ailleurs compromis lui-même, ainsi que sa famille, comme favorable aux chrétiens, vint au village apporter en secret une terrible nouvelle : « Cette nuit, dit-il, on doit cerner la chrétienté; au point du jour *on allumera l'incendie*, et on tuera tous les chrétiens qui tenteront de fuir! Hâtez-vous de partir : cette nuit il serait trop tard! »

On peut aisément concevoir quel trouble une telle nouvelle apporta dans la paisible chrétienté, de quelle angoisse elle étreignit le cœur de ses chefs, qui, tout en craignant pour leurs familles et pour eux-mêmes, avaient à prendre soin de tous! Où aller d'ailleurs? Autour de Ba-giong tous les villages sont païens et refuseront asile aux fugitifs. La *plaine des joncs* est libre.... mais elle est inondée. C'est pourtant la seule route qui soit ouverte. En effet, quelques habitants voulurent fuir par une autre voie, mais, comme on le pensait, elle était gardée, et la plupart furent massacrés.

Voilà donc qu'à huit heures du soir, au moment où les ténèbres, déjà venues, ne sont pas encore éclairées par la lune, les chrétiens de Ba-giong partent après s'être une dernière fois agenouillés au pied de l'autel et sur la tombe des morts. Ils partent, chargés de leurs petits enfants et de leurs plus précieuses ressources. Mais la marche est lente, la nuit surtout, dans cette plaine vaseuse couverte cependant d'assez d'eau pour porter des barques; — aussi les païens avaient-ils par avance soustrait les barques! — On fuit le plus rapidement possible et dans le silence de la terreur.

Tout à coup la lune apparaît brillante, dégagée de tout nuage! Elle jette sur la nappe d'eau des reflets argentins, et les sentinelles païennes aperçoivent dans le lointain la masse sombre des fugitifs, tandis que d'autres constatent que le village est désert.

Le *tam-tam* appelle les païens des hameaux voisins, des barques sont amenées, elles se chargent d'hommes armés.... Alors commence une chasse à l'homme dont on ne peut dire l'ardeur, peindre toute l'horreur!

Les fugitifs ont entendu le tam-tam et les cris; ils voient les barques rapides lancées à leur poursuite. Le désespoir les affole; ils courent, tombent, se relèvent pour retomber encore.... Les plus agiles échappent au danger, sauf vingt-cinq et un enfant de seize ans, qui n'ont pas voulu abandonner les femmes, les vieillards, les faibles et les *petits*.

Et tous ceux qui n'ont pu avancer rapidement sont aux mains des païens.... Ils sont *six cents !* six cents que les soldats conduisent au marché de Cu-chi ; c'est là qu'ils doivent être *jugés* et tués.

La nuit s'achève pour tous dans l'angoisse, dans l'attente de la mort, dans les regrets du passé. Mais voici que paraît le jour, le jour du martyre. Le mandarin va venir, et le supplice commencera.

Alors un changement soudain se fait dans cette foule de vieillards, de femmes, d'enfants, où se trouvent seulement vingt-cinq hommes pleins de force : il n'est plus question du passé, on ne songe plus *à la terre* ; on ne pense qu'à Dieu, à Dieu qu'il faut renier pour vivre quelques jours, ou qu'il faut reconnaître pour mourir et revivre éternellement.

Oh! si la conversion a été un *moyen* humain pour ces pauvres gens, nous allons voir les six cents prisonniers renier Jésus ; si leur foi n'est pas sincère, nous allons voir ces six cents chrétiens fouler aux pieds la croix qui est là, couchée à terre, à côté d'une statue de la Vierge et près des instruments de supplice !

Le mandarin a pris place sur une estrade ; les bourreaux attendent, le sabre nu, l'ordre de commencer le massacre ; des soldats entourent la foule des chrétiens, pendant que d'autres entourent le mandarin.

Les plus forts, parmi les prisonniers, succomberont les premiers : la vue de leur sang décidera peut-être les vieillards et les femmes à l'apostasie.

« *La vie ou la mort?* leur crie le mandarin.

— *La mort!* » répondent les vingt-cinq hommes interrogés.

Et aussitôt ils tombent. Un monceau de cadavres, des têtes éparses çà et là, une large mare de sang.... voilà ce qui reste des martyrs !

Alors, se tournant vers la foule des victimes, le mandarin dit :

« Vous foulerez la croix aux pieds, ou vous subirez le même sort.

— *Nous mourrons tous !* » répondent comme d'une seule voix les survivants.

Le mandarin est surpris; il insiste. Et voilà que *quatre* femmes s'avancent; elles marchent dans le sang, elles hésitent.... Le mandarin se fait doux, il n'a que des paroles de paix, car il pense tenir ce qu'il cherche et, par l'apostasie de quelques-uns, obtenir l'apostasie de tous.

« Voyez, dit-il, je ne vous demande que peu de chose ! Passez *sur ce morceau de bois*, et vous aurez la vie, vos biens, la paix ! »

Les quatre femmes franchissent la croix ! Le mandarin est rayonnant. Mais tandis qu'il croit la victoire assurée, une vieille chrétienne a quitté sa place : c'est une mère, c'est la mère d'une jeune fille de dix-huit ans qui vient d'apostasier. Elle s'avance, et d'une voix qu'étouffent les sanglots elle crie à son enfant : *Ma fille, qu'as-tu fait!*

Oh ! vous qui niez la foi, dites si ce cri d'une mère n'est pas la plus précieuse, la plus pure, la plus haute, la plus sincère, la plus noble de ses preuves ! Cette mère, qui voit sa fille *sauvée de la mort*, vient l'arrêter au seuil de la vie

gagnée au prix de la honte, elle vient la jeter à la mort !
Ma fille, qu'as-tu fait !

A ces mots, la jeune fille s'arrête.... elle se baisse, prend la croix qu'elle vient non pas de *fouler*, mais de *franchir* ; elle embrasse cette croix, puis la trempe dans le sang des martyrs, la présente à la foule et dit aux trois femmes qui avec elle ont apostasié : *Vous m'avez entraînée dans le crime, suivez-moi dans le repentir !* Et ces trois femmes à leur tour éclatent en sanglots, puis elles crient : *La mort !*

La vieille mère s'est jointe à elles ; ces cinq femmes sont là, à genoux, dans le sang, et les autres chrétiens crient : *La mort pour nous tous !*

A ce cri, à la vue de ce tableau, la foule des païens est émue ; elle se presse, écarte les soldats ; et ces hommes, qui tout à l'heure étaient disposés à aider les bourreaux, sont prêts à défendre les chrétiens ! Ils crient : *Honneur aux femmes chrétiennes ! Malheur à qui les touchera !*

Cette intervention sauve les victimes. Soit que le mandarin lui-même se sente ému, soit qu'il redoute que la continuation des massacres n'excite contre sa personne la colère du peuple, il ordonne de respecter les chrétiens et de les mettre en liberté.

Ces malheureux, qui venaient d'échapper d'une manière providentielle à la mort, sont chassés du marché ; ils se réfugient à My-tho, car on leur refuse la restitution de leurs biens, des ruines du village.

C'est à My-tho qu'ils attendront pendant dix-huit mois, à l'abri du drapeau français, de pouvoir rentrer à Ba-giong.

Le 18 juin 1872 seulement, c'est-à-dire onze ans après ce drame, le R. P. Hamon put faire exhumer les restes des vingt-cinq martyrs. Les corps étaient en parfait état de conservation; on les transporta à l'église, puis au cimetière de Ba-giong.

Les événements qui se sont accomplis de 1874 à 1886 ont ramené l'Eglise de l'Indo-Chine aux plus mauvais jours de persécutions.

Partout les mandarins ont excité ou *laissé faire* les lettrés et le peuple; de hauts fonctionnaires n'ont même pas craint de donner à leurs subordonnés des ordres écrits pour l'*extermination* générale des chrétiens. Tout d'abord la colère des mandarins ne s'exerça que sur les Européens, sur les Français; mais aussitôt que les bandes d'assassins et de pillards furent assez nombreuses, on les lança contre toutes les chrétientés, en associant les Pavillons noirs à tous ces crimes.

Au moment où le R. P. Pinabel fut arrêté dans sa Mission avec les chrétiens qui s'y trouvaient, le salut, pour ces victimes, vint de M. Tricou, qui arrivait à Hué afin de connaître les intentions du gouvernement succédant à celui du roi Hiep-hoa, qui avait été assassiné. Sans ce voyage, qui fit craindre à la cour de Hué d'être compromise par des massacres, les malheurs eussent été dès ce moment incalculables. Le 28 décembre, les ministres expédièrent dans toutes les directions des courriers extraordinaires aux gouverneurs des provinces, avec ordre de ne point molester les chrétiens. Les gouverneurs, à leur tour, s'empressèrent de faire savoir à tous leurs subordonnés, qu'*apprenant à l'instant* les massacres de chrétiens et les crimes divers commis contre eux, ils réprouvaient ces excès et tenaient à ce qu'ils ne se reproduisissent pas. Mais le mal accompli était grand! Il devait l'être plus encore en 1885. Quelques .chiffres en feront comprendre l'étendue.

Pendant l'année 1885, voici quelles ont été les pertes subies par les chrétiens :

Dans la Mission de la *Cochinchine orientale*, le nombre des chrétiens était de 41,828 ; il y en eut *plus de* 24,000 de massacrés ; parmi eux étaient *neuf* missionnaires, *sept* prêtres indigènes, soixante catéchistes et *deux cent soixante-dix religieuses* !

Ces pertes se décomposent ainsi :

Dans la province de Binh-dinh, 8,940 chrétiens et 4 missionnaires.

Dans la province de Quang-ngai, 5,600 — 3 —

Dans la province de Phu-yen, 5,890 — 2 —

Dans la province de Khanh-hoa, 2,048 —

Dans la province de Binh-thuan, 1,491 —

Dans la province de Quang-nam, 428 —

Dans la *Cochinchine septentrionale*, une seule province, celle de Quang-tri, eut beaucoup à souffrir : 8,585 chrétiens furent massacrés. Les autres provinces de la Mission se trouvèrent protégées par la présence des Français.

Au *Tonkin méridional*, où les chrétiens dirigés par les missionnaires ont résisté aux bandits, il y eut seulement 1,600 chrétiens tués, 100 villages brûlés ; 1 missionnaire, 1 prêtre indigène et 17 catéchistes furent martyrisés.

Ailleurs, les massacres ne se renouvelèrent pas avec la même généralité qu'en 1883 et 1884, parce que l'armée française, plus nombreuse, protégeait les chrétiens. En outre, partout où les attaques furent le fait des brigands, des Pavillons noirs, des lettrés, c'est-à-dire quand elles n'étaient pas ordonnées par le *gouvernement*, et dans les régions placées sous le protectorat français, quels qu'en fussent les auteurs, la résistance des chrétiens s'organisa sous la direction des missionnaires. L'amiral Courbet comprit l'importance de ces résistances légitimes ; il donna quelques fusils aux chrétientés les plus menacées. C'est ainsi que de véritables sièges purent être soutenus et que plusieurs villages, avec la protection divine, sortirent de la lutte vainqueurs bien qu'à demi ruinés. D'autres, hélas! succombèrent sous l'attaque d'innombrables ennemis.

Dans la province de Ha-tinh, les lettrés s'emparèrent de la citadelle, puis ils proclamèrent qu'ils faisaient la guerre aux mandarins, au sous-préfet et au prêtre européen! Il était assez curieux de voir confondus dans une même haine et les fonctionnaires païens et les chrétiens. Les lettrés se révoltaient en effet contre le gouvernement de Hué et contre les Français; par intermittence, quand il l'osait, le gouvernement de Hué faisait à son tour une guerre ouverte aux chrétiens en même temps qu'aux lettrés et aux Français!

Les deux fonctionnaires annamites de la province de Ha-tinh furent saisis et tués par les lettrés. Restaient le missionnaire et les chrétiens : ils résolurent de se défendre contre les bandits. Le centre de résistance fut établi à Trung-nghia. Le missionnaire, transformé en général, avait une *armée* de deux cent cinquante hommes. Cette armée possédait quelques fusils à mèche, des lances de bois, des bambous appointis et durcis au feu.

Pendant quinze jours, toutes les attaques de l'ennemi furent repoussées. Après ce temps, on sut que l'ordre de massacrer tous les chrétiens en Annam était donné par le roi; mais comme la France avait conquis le droit de protection, la persécution pouvait être repoussée par la force.

Par suite de l'ordre royal, le nombre des assaillants augmenta, et ce fut environ six mille ennemis que la petite troupe eut en face d'elle! Qu'allait-il advenir de ces pauvres gens?

Le missionnaire qui les dirigeait, le R. P. Aguesse, a fait le récit de la lutte suprême; écoutons-le :

«.... Alors je divise mes forces : cinquante hommes du côté du sud-ouest sur la rive du fleuve ; cent sur le bord de la mer ; cent au nord-ouest. A dix heures et demie, j'apprends que les ennemis se portent directement vers ce dernier point : c'est là qu'ils ont leur artillerie et les meilleurs soldats. — Nous sommes perdus ! disent mes gens ; il faut que vous alliez vous-même de ce côté.

» Au même instant arrive un courrier qui annonce que nos *soldats* hésitent, qu'ils vont être tournés par l'ennemi ! Aussitôt je saisis un fusil et une quarantaine de cartouches, et.... en route ! Arrivé sur le champ de bataille, j'aperçois devant moi au moins quinze cents lettrés accourant de tous les points sur la montagne. A droite, il y en avait au moins cinq cents qui attendaient que nous avancions quelque peu pour nous attaquer par derrière. Je fais agenouiller mes soldats et leur donne une absolution générale au son du canon ; puis je me place en avant de mes hommes et fais manœuvrer mon fusil. J'avais beau tirer, le canon ennemi tonnait toujours et personne ne reculait. Après avoir tiré une trentaine de coups, j'aperçois sur la gauche une compagnie de lettrés qui paraissaient plus audacieux que les autres et brandissaient plusieurs drapeaux. Je laisse une compagnie sur la droite et me porte de leur côté avec cinquante hommes. Je tire encore six ou sept coups de fusil.... il ne me restait plus que *deux* cartouches ! Il n'y avait plus à balancer. Je crie : *En avant !* et, au pas de course, je me lance du côté des drapeaux. Mes soldats me suivent ; nous franchissons l'espace avec entrain ; mais les ennemis ne cèdent pas. Ce n'est que quand ils nous voient à cinquante mètres qu'ils ont le frisson, ils hésitent, ils tremblent, et enfin.... nous tournent le dos ! Tout ceci fut l'affaire d'une seconde. En un clin d'œil la déroute est complète, et mes cent hommes se précipitent sur les traces des lettrés. Les pauvres malheureux qui avaient grimpé sur la montagne pour nous tourner roulent, se culbutent, passent les uns par-dessus les autres, et tous luttent de vitesse avec un entrain intéressant pour le vainqueur. »

Le R. P. Aguesse n'a pas hésité à déclarer devoir cette victoire à la protection de la Vierge. Ceci n'est pas seulement l'expression de la foi et de la reconnaissance ; c'est probablement encore la constatation d'un fait dont les païens eux-mêmes ont été témoins, et qui a dû se reproduire plusieurs fois pendant cette période terrible de ruine et de mort, fait qui ne permet pas aux plus incrédules de ne point voir l'effet d'une protection surnaturelle dans le triomphe des chrétiens.

Voici ce arriva à Tra-kieu, dans la province de Quang-nam.

La chrétienté dirigée par le R. P. Bruyère fut attaquée le 1ᵉʳ septembre par *dix mille* rebelles. Le missionnaire arma comme il put, avec des lances et des bambous, tous ses chrétiens, hommes et femmes, et laissant le village à la garde des vieillards, marcha à l'ennemi, qu'il délogea de ses positions. C'était un beau succès ; mais le lendemain tout fut à recommencer, le jour suivant aussi.... et de même jusqu'au 23, date de l'occupation de la citadelle du Quang-nam par les Français. « Pendant la canonnade, raconte le P. Bruyère, les païens, dans l'exaspération de la fureur, se disaient : Merveille ! Merveille ! Quelle est donc la dame qui se tient sur le faîte du toit de l'église ? Nous tirons toujours, mais de travers ; c'est agaçant ! »

Les païens disaient encore : « Dans cette guerre nous ne pouvons lutter, car dès qu'on engage l'action, une troupe d'enfants vêtus de blanc court au-devant de nous et nous met en fuite. »

« Ces paroles, dit le R. P. Bruyère, laissent entendre

que les païens ont été témoins d'un miracle. Pour moi, je l'avoue, sans avoir vu le miracle, je suis persuadé que c'est par un miracle seulement que l'église et ma résidence ont pu échapper à la ruine. Le canon, en effet, était braqué à quelques dizaines de mètres à peine. »

Pourquoi, dirons-nous à notre tour, douterait-on que la Mère du Sauveur ait assisté les chrétiens au moment où le génie du mal agissait avec une sauvage énergie, au moment où l'on eût dit qu'il livrait un suprême combat!

Dans certaines régions, en effet, tous les païens, dans d'autres les mandarins seulement, étaient entrés dans la ligue qui devait envelopper tous les chrétiens ; les lettrés étaient les ouvriers actifs de l'œuvre de ruine et de mort ! Cependant ce n'était pas assez pour eux que d'exciter à la haine par des proclamations : il fallait cimenter l'alliance pour le mal, l'alliance pour le meurtre, pour l'extermination complète des soldats du Christ : on prêta le *serment du sang*.

A un jour fixé d'avance, les habitants de chaque village se réunissent à la maison commune. « On égorge *un bœuf et un cochon*, dont on boit le sang encore chaud, on festoie à la païenne. Ainsi, en un jour, tous les païens d'une région de vingt lieues de long sur quatre environ de large se trouvèrent obligés, par serment, à combattre la religion, à persécuter les chrétiens. »

C'est le R. P. Poirier qui, quinze jours avant son martyre, signala l'existence de cette terrible alliance. Le pieux missionnaire devait être une des premières victimes. Il mourut avec près de *quatre cents* chrétiens. Ce drame hideux autant que cruel est le dernier sur lequel nous porterons nos regards.

Un chef de canton, sans aucun motif, sans aucun

prétexte même, en exécution de son serment et pour servir sa haine, avait fait arrêter plusieurs néophytes, et après les avoir maltraités, leur imposa la cangue. Le P. Poirier, à la nouvelle de cet acte arbitraire, se rendit chez le sous-préfet pour demander justice. Ce fut sans succès. Alors il résolut de se rendre à Van-bàn, pour entrer en négociations pacifiques avec les autorités. Aussitôt arrivé, il propose une entrevue aux mandarins : ils refusent. Alors le missionnaire se rend à la maison commune ; trois chrétiens le suivent. Les païens refusent de l'écouter ; il insiste.... on le saisit, on le frappe à la tête, au bras gauche, aux jambes. Il tombe couvert de sang, au seuil de cette maison où il était entré comme un messager de paix ; et dans cette maison, il demeure sans secours deux jours et deux nuits. Un de ses confrères, prévenu par les chrétiens, parvient, pendant la seconde nuit, à pénétrer jusqu'à lui et à lui donner le pain des forts. Ses plaies sont saignantes, ses jambes trouées par des coups de lance, ses bras noirs de coups.... Le lendemain, voyant qu'il n'est pas mort, le mandarin le met en liberté.

Quelques jours plus tard, le 14 juillet, un chrétien entre en toute hâte dans la Mission la plus voisine, celle de Gia-huc ; il apporte pour l'évêque un billet où sont tracés ces mots : « Monseigneur, obtenez qu'un navire de guerre arrive au Quang-ngai, vite, vite ! avec deux cents soldats. Peut-être trop tard. Adieu. Votre missionnaire, Poirier. »

Que s'était-il passé ?

Après sa mise en liberté, le missionnaire était revenu à Bau-gâc. Là, il apprit que le massacre général des chrétiens était imminent. C'est alors qu'il adressa à son évêque ce suprême appel, éloquent dans son laconisme. Mais si pressant que parùt le danger, on ne le croyait pas si proche !

Dans la nuit même du 14 au 15, les quatre cents chrétiens de Bau-gâc sont cernés. Le P. Poirier, pouvant à peine se soutenir, se met cependant à recevoir les confessions ; il continue toute la journée du 15, puis encore une partie de la nuit du 15 au 16. A deux heures du matin, il célèbre la messe, donne la communion à tous, car tous s'attendent à mourir. La résistance ne peut s'organiser, on n'a point d'armes, l'heure de la mort va sonner !

La cérémonie terminée, le missionnaire rentre dans sa maison, qui touche l'église. L'aube se montre. Alors les chrétiens qui sont dans la cour crient : *Père ! les voilà, les voilà !*

Le P. Poirier sort, donne à tous la dernière absolution, puis, ne pouvant se soutenir, revient dans sa chambre et se met à genoux sur son lit de camp, il prie...., sa prière s'achève au ciel ! Deux balles l'ont frappé, il tombe sur son lit.

Alors s'accomplit un fait odieux.

A cet homme, qui peut-être n'a pas encore rendu le dernier soupir, on arrache la barbe, on ouvre la poitrine, on tranche enfin la tête !

Pendant le temps que s'accomplit ce forfait, le massacre des chrétiens réfugiés dans l'église commence.

Sur quatre cents, *douze* seulement échappent à la mort !

En 1886, après que le Tonkin fut jugé pacifié au point de réclamer un gouverneur *civil*, voici le drame qui s'accomplit au Tonkin méridional ; nous empruntons au P. Belleville le récit qu'il en a fait pour les *Annales des Missions Etrangères*.

Le *P. Gras*, arrivé en Annam au mois de février 1881, à l'âge de vingt-quatre ans et demi, avait été, après quelques mois de séjour consacrés à l'étude de la langue, chargé du district du Ngan-ca. Sa résidence était à Vanloc, village déjà brûlé par les rebelles en 1874. Au mois d'octobre 1885, le P. Paul Gras se trouva aux prises avec les insurgés, plus acharnés que jamais après les chrétiens en général, les missionnaires français en particulier. N'ayant pas les ressources nécessaires pour résister, il se décida, le 21, à se replier sur la résidence centrale du vicariat, Xa-doaï.

A plusieurs reprises, il se mit à la disposition des colonnes françaises, partagea leurs fatigues et leurs dangers, leur servit de guide et d'interprète, et recueillit ainsi bon nombre de chrétiens.

Entre temps, il fut envoyé à la ferme de *Kieu-moi*. Cette ferme est à quatre heures et à l'ouest de Xa-doaï, dont elle se trouve comme l'avant-poste ; de sorte que l'ennemi établi sur ce point aurait menacé le siège du vicariat.

Le missionnaire avait pour tâche de défendre la ferme et en même temps de protéger les chrétientés voisines ; c'est vers Kieu-moi que devaient se diriger tous les chrétiens qui fuyaient devant les bandes d'incendiaires et de meurtriers.

Mais les forces dont disposait le P. Gras, l'armement insuffisant des chrétiens, ne lui permirent pas de résister à l'ennemi : cerné de toutes parts, il ne dut son salut qu'à la rapacité des rebelles, qui s'occupèrent à piller. La ferme fut incendiée. Comme les vainqueurs voulaient s'établir sur ce point et, de là, menacer Xa-doaï, on dut prendre des mesures pour les déloger, ce qui fut accompli par le P. Klingler. En février 1886, le P. Gras s'y trouvait à nouveau.

Le 8 mars, vers sept heures du matin, un chrétien arrive à Xa-doaï porteur du billet suivant :

« Les rebelles arrivent, on les aperçoit déjà ; vite, le P. Klingler avec des soldats, au secours ! — P. Gras. »

Le 7 au soir, en effet, l'ennemi s'était montré aux environs de Kieu-moi. La nuit se passa à faire des préparatifs de défense, et si le P. Gras ne demanda pas de secours dès cet instant, c'est probablement parce que peu de jours avant les rebelles s'étaient approchés de la ferme, mais s'étaient retirés aussitôt. Malheureusement ils ne devaient pas agir de même le 8 mars !

Du vicariat on part au secours du P. Gras. Mais l'ennemi, dont l'éducation militaire s'est faite à notre école, se montre sur plusieurs points, simule une attaque d'un côté, tandis qu'il dirige la meilleure partie de ses forces sur un autre. Trompés par cette manœuvre, les renforts s'attardent à repousser la fausse attaque. Le P. Gras s'en aperçoit, et craignant que les fragiles remparts de la petite place — un remblai de terre et une palissade — ne puissent retenir les assiégeants si on les laisse arriver jusque-là, il sort avec cent cinquante chrétiens, s'avance jusqu'à un kilomètre et, au pied d'une colline, engage le combat.

Les chrétiens se battent courageusement, et la victoire va leur rester, quand soudain le missionnaire s'aperçoit qu'une nouvelle bande le tourne. En voyant l'ennemi à la fois en face d'elle et sur ses flancs, la petite troupe songe à la retraite. Le P. Gras cependant veut lutter encore ; il espère — ce qui arriva, en effet, mais trop tard, — que de la ferme on verra sa position critique, qu'un peu d'aide lui arrivera, et il pense triompher.

Tout à côté de lui, quatre chrétiens tombent pour ne plus se relever ; un élève qui ne l'avait pas quitté voit un lettré brandir un grand sabre sur la tête du missionnaire et par deux fois l'abaisser ; il veut le secourir et tombe frappé d'un coup de lance....

Les chrétiens fuient vers la ferme ; les rebelles les poursuivent jusqu'à cent cinquante mètres de la porte sud ;

mais là, ils sont reçus par une nouvelle troupe de chrétiens sous la direction du minoré Minh; à son tour, l'ennemi est battu, poursuivi; il disparaît.

Quand on arrive auprès du P. Gras, il vient d'être dépouillé et mutilé; son nez et sa main gauche sont coupés; il porte à la tête, dans le dos et au côté gauche trois blessures mortelles, son corps est tout couvert de coups de lance plus ou moins profonds.... il est mort.

Le lendemain on rend, à Xa-doaï, les derniers devoirs à cette nouvelle victime de la foi et du devoir.

C'est bien une croix sanglante qui domine l'Indo-Chine!

A côté de cette croix, rouge du sang des martyrs morts pour la foi et souvent en haine de la France, s'élève notre drapeau maculé, lui aussi, de taches glorieuses faites par le sang de nos soldats. La croix est implantée à jamais sur cette terre d'Indo-Chine, et c'est elle qui doit y retenir nos étendards.

La France, quoi qu'elle dise, quoi qu'elle fasse, a une mission à part : elle sera toujours la fille aînée de l'Eglise.

Les entreprises qui se font au nom du commerce demeurent encore stériles pour les intérêts pécuniaires; d'autres peuples profitent plus largement que nous-mêmes de nos sacrifices. Mais quels que soient ces résultats purement humains, n'oublions pas que les martyrs de l'Indo-Chine prient tout ensemble, et pour la nouvelle Eglise et pour la France!

La Société des Missions-Etrangères, fondée pour l'évangélisation de l'Indo-Chine, a trop souffert des persécutions pour qu'après avoir rappelé les douleurs qui lui ont été infligées, nous n'accomplissions point un pèlerinage à la *Salle des martyrs* qui se trouve au séminaire de Paris.

La Salle des Martyrs.

Un diacre vient d'ouvrir la porte de la Salle. Le soleil traverse de ses rayons les rideaux rouges, qui tombent devant deux larges fenêtres, et frappe le tapis, rouge aussi, dont est recouvert le parquet : les reliques apparaissent au milieu d'un flot de lumière sanglante. Puis, les rideaux étant ouverts, chaque chose, chaque précieux souvenir se détache nettement dans les vitrines qui les renferment tous. Au-dessus des vitrines, des tableaux, presque tous dus à des artistes chinois ou annamites, — ce qui se devine en constatant le manque de perspective, — retracent les épisodes de quelques martyres.

Que sont les objets réunis dans la salle ? Peu de chose, si l'on ne considère que leur volume, et en comparaison du temps d'épreuve dont ils gardent le souvenir ; des trésors inestimables, si l'on songe que presque tous sont teints du sang des martyrs et que les autres ont servi pendant leur existence à ces élus de Dieu. Quelques-uns même sont des reliques proprement dites, parcelles de cadavre ou chevelure dérobées aux païens.

En face de la porte d'entrée, ce qui attire tout d'abord les regards est une *cangue*, celle que porta sept à huit mois Mgr Borie, vicaire apostolique du Tonkin occidental, martyrisé en 1838. La cangue annamite diffère de la cangue chinoise : celle-ci est un plateau en bois plein, généralement carré, ayant 80 centimètres à 1 mètre de côté ; celle-là, au contraire, est formée par deux bambous (ou deux branches d'arbre) reliés par deux traverses de même nature, entre lesquelles est passée la tête du patient. La longueur est d'environ 1 mètre 50 ; la largeur, de 30 à 40 centimètres.

Les martyrs condamnés par les tribunaux portent la cangue et la chaîne qu'on scie et qu'on brise au moment du supplice. La chaîne se compose de trois cercles en fer rivés l'un autour du cou, les deux autres aux chevilles, et reliés par de larges maillons partant de chacun des cercles des pieds, pour se réunir en un même point à celui du cou. La longueur de cette chaîne double est calculée de telle manière que le patient ne peut marcher qu'à petits pas.

En voici une qu'a portée le capitaine Ly, mort pour la foi, en Cochinchine occidentale (1860) ; puis une autre portée pendant quatre ans, en prison, par le vénérable Michel Quon. Plus loin, sont des fragments de celle qui, *pendant trente-cinq ans*, demeura rivée à Philippe Nghi, fragments qui furent trouvés dans sa tombe, soixante-huit ans après sa mort, en 1844 ; une plaque en fer de 10 à 12 centimètres attachée à la chaîne portait l'énoncé de la condamnation.

Dans la vitrine de droite est aussi la chaîne du vénérable Jaccard, étranglé en Cochinchine.

A la cangue et à la chaîne, dont le port est le prélude du supplice, il faut ajouter le *bâillon* : c'est un morceau de bois de 8 à 10 centimètres placé dans la bouche à la manière d'un mors, et solidement attaché avec des cordes autour de la tête. Celui qu'on voit à la salle des martyrs a servi au P. Lieou.

Par ces objets, nous sommes appelés à l'idée des souffrances de plusieurs mois ou de plusieurs années, imposées à mille et mille chrétiens. Mais voici que le drame de la mort glorieuse se dessine.

Tout d'abord, c'est la *planche*.

Le cortège s'est formé ; devant la victime, on porte une planche longue de 80 centimètres à 1 mètre, large de 15 centimètres environ, sur laquelle est inscrite la sentence criminelle qui l'envoie à la mort. L'inscription de la planche du vénérable Augustin Schœffler est ainsi conçue :

« Malgré la sévère défense portée contre la religion de Jésus, Augustin, prêtre européen, a osé venir clandestinement ici pour la prêcher et séduire le peuple. Arrêté, il a tout avoué. Son crime est patent. Qu'Augustin ait la tête tranchée et jetée dans le fleuve. »

De temps à autre le cortège s'arrête, afin que la foule suivant le condamné puisse entendre lecture du jugement. On arrive enfin au lieu du supplice, et devant le condamné posté comme il convient au genre de mort qu'il doit souffrir, on plante l'inscription.

Oh ! comme le cœur du chrétien se serre en face de ces peintures si naïves par leur exécution, si poignantes par le drame qu'elles représentent !

Ici, c'est le vénérable Schœffler ; il est à genoux, les mains liées derrière le dos ; il est tout sanglant et vit encore.... le bourreau s'y reprend à plusieurs fois avant de réussir à trancher sa tête !

Et pendant qu'il subit cette torture, des cris retentissent dans la foule des *païens* qui se pressent derrière la haie de soldats : ils voient au ciel un ange tenant une palme et une couronne (1er mai 1851, à Son-tay).

Non loin de ce tableau, un autre représente le martyre de trois catéchistes du Tonkin : ils sont étendus sur des nattes, attachés à des pieux, étranglés par deux bourreaux qui tirent, l'un à droite, l'autre à gauche, la corde passée au cou de chaque condamné. Ces cordes sont là, dans la vitrine, à côté de celle qui servit à étrangler le vénérable Jaccard.

Un tapis rouge porte cette inscription : *Tapis sur lequel le vénérable Charles Cornay a été découpé.*

Découpé ! Un tableau représente en effet cet horrible

martyre : sur une table, le tronc et les cuisses ; à terre, la tête, les bras, les jambes....

Seigneur! quels châtiments réservez-vous aux meurtriers de vos ministres et de vos soldats! Pour eux, écouterez-vous votre miséricorde plutôt que votre justice?

Ils tombent, ces prêtres de Jésus-Christ ; ils tombent aussi, ceux pour lesquels, d'après le gendre de Paul Bert, la conversion *n'est qu'un moyen!* Leur sang coule; chose étrange, les chrétiens ne sont pas seuls à se le disputer : les païens, et jusqu'aux bourreaux, apportent des linges qu'ils trempent dans le flot rouge s'échappant de leurs victimes décapitées, ou bien cherchent à posséder quelque partie des vêtements portés par celles qu'on vient d'étrangler !

Quant aux chrétiens, ils recueillent tout ce qu'ils peuvent de ces restes précieux, et c'est ainsi qu'à côté de crucifix et de divers objets ou vêtements ayant appartenu aux martyrs, on voit dans la Salle du coton tout imbibé de leur sang.

Pour éviter que les chrétiens ne s'emparent des cadavres, les magistrats les font presque toujours jeter dans un cours d'eau. Mais ces cadavres sont trop précieux pour que les chrétiens ne tentent point de les posséder, l'ardent désir qu'ils en ont les rend ingénieux. Voici, en effet, parmi les objets pieusement conservés dans la Salle des martyrs, un *hameçon*.

Le vénérable Th. Vénard venait d'être étranglé (Tonkin occidental). Le mandarin ordonna de précipiter sa tête dans le fleuve. Un chrétien apporta un hameçon auquel était fixée une longue corde, et au bout de la corde un gros bouchon de liège ; il donna quelque argent aux satellites chargés de « noyer » cette tête, pour qu'ils fixassent l'hameçon à une oreille du martyr.... Tout le jour on suivit de la rive le bouchon qui flottait ; la nuit venue on put, grâce à cet indicateur, s'emparer des restes du vénérable Vénard.

C'est par milliers, nous l'avons dit, que les chrétiens ont été massacrés en Indo-Chine depuis 1872. Et cependant les Missions ne possèdent encore qu'un seul souvenir de ces drames multiples : le grand couteau qui servit à décapiter le R. P. Châtelet, le 26 août 1886 (Cochinchine orientale). Le missionnaire était dans la chapelle avec les chrétiens, quand les païens s'y précipitèrent. Le P. Châtelet, saisi l'un des premiers, eut la tête tranchée ; dans une de ses mains crispées on retrouva la clochette dont il se servait un instant avant sa mort, et qui figure maintenant parmi les souvenirs des martyrs.

Le meurtre de leur pasteur rendit aux chrétiens une suprême énergie ; ils repoussèrent les païens et tuèrent celui qui avait assassiné le P. Châtelet. C'est ainsi qu'ils purent s'emparer du couteau long et large, sorte de poignard sur lequel le sang du martyr a imprimé de larges taches.

La clochette du P. Châtelet, comme la burette à baptiser qui a appartenu au vénérable Néel, comme aussi les burettes de Doan-trinh-hoan, la crosse de Mgr Retord, celle de Mgr Diaz.... tout cela émeut, car par ces divers objets se révèle la pauvreté des missionnaires !

Au-dessus des crosses est une médaille de l'Immaculée Conception (grand module) : cette médaille date de l'époque où saint François-Xavier évangélisa le Japon. Sa découverte pouvait causer la mort de toute la famille qui la possédait. Malgré le danger qu'elle faisait courir, elle fut transmise et pieusement gardée pendant plus de deux siècles de persécutions.

Souvenirs et reliques des serviteurs de Dieu, morts pour

Jésus-Christ, sont là comme des témoins de Foi ardente, d'Espérance invincible, de Charité sans limites.

La veille de leur départ, les jeunes missionnaires se servent du calice de Mgr Cuénot, mort en prison quelques heures avant le jour fixé pour son supplice. En portant leurs lèvres à ce calice, ils font à Dieu serment de sacrifier leur propre vie pour la propagation de la foi.

Et nous, simples chrétiens, que Dieu n'appelle pas à ce qu'on appelle la *folie de la croix*, ayons au moins l'amour de la croix. A la vue de tout ce qui rappelle la vie et la mort des martyrs, en lisant les lettres écrites par eux et souvent avec leur sang, qu'une prière élève notre âme jusqu'à son créateur et nous obtienne d'être toujours dignes des héros de la Foi, dignes de la croix tracée sur notre front !

SECONDE PARTIE

INTERVENTION DE LA FRANCE

DANS

L'EXTRÊME ORIENT

1788 - 1888

I.

LES FRANÇAIS DANS L'INDO-CHINE

1788 – 1858 [1]

Bien que l'intervention officielle de la France dans
l'empire annamite ne remonte pas à une date aussi recu-
lée, c'est cependant à l'année 1788, et même à l'année
1785, qu'il faut se reporter pour connaître l'origine, le
point de départ, la cause de tous les événements qui se
sont succédé dans la première moitié du XIXe siècle, et
qui ont eu leur dénouement de 1874 à 1886.

---

[1] Sur l'histoire de l'Annam on peut consulter avec profit l'ouvrage du R. P.
LAUNAY : *Histoire ancienne et moderne de l'Annam*. Paris, 1884.

Le golfe de Siam est parsemé d'îlots. En 1785, sur l'un d'eux se trouvaient, nous l'avons dit, un évêque et un roi, tous deux proscrits, tous deux fugitifs ; le roi était *Nguyen-anh*, prince héritier de Cochinchine. Nous avons vu comment, écarté du trône par un mandarin, il avait reconquis le pouvoir sur les Tay-son, puis l'avait perdu [1] ; — le prélat était Mgr Pigneaux de Béhaine, évêque d'Adran.

Alors qu'ils étaient puissants, les Nguyen avaient persécuté les chrétiens et personnellement Mgr de Béhaine.

L'évêque était sur l'îlot, quand un jour le roi fugitif se présenta à lui.

« Je suis fugitif, lui dit-il, ma tête est mise à prix ; je n'ai rien. Vous pouvez me perdre ; voudrez-vous et pourrez-vous m'aider à vivre ?

— Je partagerai avec vous tout ce que j'ai, tout ce que j'aurai, » répondit l'évêque.

Il tint parole. Il fit même beaucoup plus !

Le roi, qui jugeait la charité de Mgr de Béhaine par le désintéressement dont il faisait preuve en partageant avec lui ses modestes ressources, ne tarda pas à comprendre combien ses conseils lui seraient utiles s'il recouvrait le pouvoir. Mais comment triompher des ennemis qui plusieurs fois déjà l'avaient vaincu ? Nguyen-anh était sur le point de demander des secours aux Portugais ; il fit part de son intention à Mgr de Béhaine, qui, entrevoyant la possibilité de faire flotter le drapeau français sur cette terre lointaine, détourna le prince de son projet et lui proposa

---

(1) Le docteur Lanessan, député, dans une récente étude sur l'Indo-Chine, commet une étrange erreur : il confond les Nguyen, princes légitimes de Cochinchine détrônés par un ministre, avec *les deux frères* qui commandèrent les insurgés dits *Tay-son*, et qui se nommaient aussi *Nguyen*. De sorte que d'après le docteur Lanessan, Nguyen-anh, plus tard Gia-long, n'aurait été qu'un des chefs des insurgés, tandis qu'il était héritier légitime du trône ! On peut d'ailleurs relever de nombreuses erreurs dans l'ouvrage du député de la Seine.

de demander pour lui au roi de France des secours utiles, des navires et des soldats. Nguyen-anh accepta. Et comme l'évêque avait conquis son estime et son affection, comme d'autre part le prince envisageait l'avenir avec crainte, le jeune prince héritier, — il avait sept ans, — fut confié à Mgr de Béhaine.

L'évêque partit avec l'enfant, qui devint pour lui un élève de prédilection. L'enfant royal fut présenté à Louis XVI ; l'évêque exposa au monarque les avantages que la France recueillerait d'une intervention en Cochinchine, et le roi signa, le 28 novembre 1787, un traité en vertu duquel des forces militaires, empruntées à la station des Indes, devaient être mises à la disposition du roi Nguyen-anh ; en retour de l'aide que lui accordait le gouvernement français, le roi cédait à la France Tourane et l'île de Poulo-Condor ; il lui accordait en outre, à l'exclusion de toute autre puissance, le droit de faire le commerce avec la Cochinchine.

Quand Mgr de Béhaine revint, les affaires de Nguyen-anh s'étaient modifiées en bien. Le prince, qui s'était réfugié à la cour de Siam, comme il l'avait fait déjà quelques années plus tôt, ayant vu la bienveillance du souverain siamois diminuer et craignant quelque trahison, s'était enfui dans les parages de Cà-mau. Là il réunit un certain nombre de ses partisans, et profitant des fautes de ses ennemis, livra un combat, fut victorieux ; puis le triomphe ayant amené à lui de nouvelles troupes, il continua sa marche et entra à Saïgon (1789).

C'était un premier pas, un acheminement vers la conquête que rêvait Nguyen-anh, la conquête de l'Indo-Chine entière. Mais la tâche était loin de son achèvement ! Les forces françaises étaient donc attendues par le prince avec une vive impatience.

Malheureusement pour la France, la Révolution vint mettre un arrêt dans l'accomplissement des projets de l'évêque et l'exécution du traité : le comte de Conway, gouverneur de Pondichéry, ne voulut pas se résoudre à diminuer les forces dont il disposait; il ne refusa pas, il est vrai, d'exécuter les ordres qui lui venaient de France, mais il souleva des difficultés si grandes qu'on dut renoncer à en triompher.

Ce furent des particuliers qui, comprenant les avantages pouvant résulter de cette intervention, résolurent de faire ce que les événements empêchaient la France d'entreprendre.

Les négociants de Pondichéry donnèrent à Mgr de Béhaine deux navires chargés d'armes et de munitions; quelques officiers français et des soldats volontaires organisèrent l'expédition. Tous partirent avec Mgr de Béhaine. En fait, ce n'était qu'une poignée d'hommes et deux navires qui arrivaient au secours de Nguyen-anh ; mais l'effet moral produit par leur venue fut immense; en outre, ces Français, tous volontaires, pleins d'ardeur, sachant combattre à l'européenne, valaient une armée. Enfin, pour les ennemis du prince, le principe même de l'intervention des étrangers contre eux avait une importance capitale, car à ces deux navires, à cette petite troupe, pouvaient d'un jour à l'autre venir se joindre d'autres vaisseaux, d'autres forces militaires. Nguyen-anh fut heureux du résultat des démarches de l'évêque d'Adran, et lui en témoigna une profonde reconnaissance.

C'est en 1790 que les navires arrivèrent en Cochinchine.

Parmi les officiers français qui venaient soutenir les droits du prince Nguyen-anh se trouvaient MM. Chaigneau et Vannier, de la marine; Ollivier, du génie. Ce dernier devait fortifier à l'européenne les places de guerre du souverain annamite ; les deux premiers survécurent à leurs compagnons et, après avoir eu de grandes espérances, virent tomber toutes leurs généreuses illusions.

De 1790 à 1792, Nguyen-anh, aidé par les officiers français, s'occupa de sa flotte, qu'on construisit, de son armée, qui fut organisée, instruite, armée le mieux possible par les soins des officiers, avec le concours des soldats. Dès qu'il eut des bâtiments, le prince les utilisa pour le commerce, en attendant d'avoir à les employer comme navires de guerre. Au reste, sa flotte augmentait chaque jour et lui permettait de mener à bien les entreprises pacifiques en même temps que les opérations de la guerre.

Instruit par ses revers passés, Nguyen-anh ne voulait pas livrer aux hasards d'un grand combat ce qu'il avait conquis avec tant de persévérance : il préféra gagner peu à peu du terrain, organisant à mesure qu'il devenait maître, profitant des fautes de l'ennemi ou des événements imprévus qui survenaient, comme, par exemple, la mort d'un chef, pour augmenter son territoire. C'est ainsi qu'il procéda jusqu'en 1799. A ce moment, il réussit à s'emparer de Qui-nhon, ville fortifiée très importante de la moyenne Cochinchine. Cette place fut ensuite assiégée par les ennemis. Nguyen-anh, pensant détourner l'armée assiégeante, marcha sur *Hué* et y entra. Ce succès ne put distraire les ennemis du but qu'ils poursuivaient, la prise de Qui-nhon. Elle tomba enfin en leur pouvoir, mais elle était en ruine : ne pouvant plus résister, *Vo-tanh*, le courageux défenseur de la ville, fit sauter tout ce qu'il put, et lui-même ordonna de mettre le feu au restant de poudre placé sous une sorte de bûcher.... Vo-tanh était sur ce bûcher ! Enfin, Nguyen-anh, ayant reçu des troupes du roi de Siam, reprit Qui-nhon : il avait conquis le royaume de ses pères (1801).

Mgr de Béhaine ne vit pas ces victoires : il était mort le 9 octobre 1799, à Binh-dinh.

Ses funérailles furent célébrées à Saïgon, où ses restes avaient été transportés. Le 16 décembre, on vit se renouveler en Cochinchine le triomphe de la croix qui s'était produit à Pé-kin, lors de la mort du R. P. Matthieu Ricci, en 1610. Les obsèques de l'évêque d'Adran furent royales. Nguyen-anh, oubliant un instant ses graves préoccupations, abandonnant à ses généraux le soin des expéditions, vint à Saïgon, pour rendre un suprême hommage aux vertus de celui qu'il nommait le *maître*, et qui avait été son ami dévoué, son conseil, son bon génie. Les princesses elles-mêmes, contre tout usage, accompagnèrent le corps jusqu'à sa dernière demeure, et le roi prononça l'éloge funèbre du pieux et courageux évêque d'Adran. Une garde d'honneur fut donnée au tombeau, qui, par la suite, n'a jamais cessé d'être l'objet du respect et de la vénération des païens eux-mêmes.

Nguyen-anh était donc, en 1801, maître du royaume d'Annam proprement dit, tel qu'il était au milieu du XVIIe siècle, comprenant la Cochinchine et l'Annam. Mais ce n'était pas assez pour lui : il voulait être souverain de l'Indo-Chine tout entière et entreprit la conquête du royaume du Tonkin. Cette conquête fut rapide.

En 1802, le rêve de Nguyen-anh était accompli, et ce prince prit le titre d'*empereur d'Annam* en même temps que le nom de *Gia-long*.

A la souveraineté de la Cochinchine, de l'Annam et du Tonkin, Gia-long joignit encore le protectorat du Cambodge.

Les rois annamites devaient recevoir l'investiture de la cour de Chine. Gia-long ne voulut pas se soustraire à cette obligation, bien qu'il fût en état de lutter contre une armée chinoise ; mais ce prince n'aimait pas les guerres inutiles ; le pays était épuisé par plusieurs années de combats incessants : le nouvel empereur ne voulut rien compromettre et attendit patiemment que le souverain chinois voulût bien le reconnaître, ce qui eut lieu en 1804.

Les travaux de la paix occupaient Gia-long. Il fit dresser des cartes de ses Etats, et pour faciliter le commerce, fit faire une route qui, partant des frontières de Chine et allant jusqu'aux frontières du Cambodge, reliait entre elles les villes capitales de toutes les provinces. Cette route avait près de quatre cents lieues de long. Il publia un code, encore en vigueur en Annam, analogue au code chinois de la dynastie des Tartares-Mandchoux.

Gia-long était un homme remarquable. Plein de fermeté et d'énergie, il sut, par son intelligence et son courage, atteindre au but qu'il s'était proposé ; exempt du vain orgueil qui perd tant de rois en leur faisant préférer les flatteurs aux hommes sincères, ayant d'ailleurs appris pendant ses infortunes à connaître la valeur du dévouement, il se montra, en général, sévère, mais juste. Cependant les espérances que Mgr de Béhaine avait pu concevoir ne se réalisèrent qu'en partie au début du règne de Gialong, et furent anéanties ensuite. L'empereur, dont l'évêque d'Adran appréciait l'intelligence et les mérites, était malheureusement sceptique d'une part, et d'autre part trop convaincu de la supériorité des Européens pour consentir à leur accorder une autorité réelle dans ses Etats. Il ne se fit pas *persécuteur* de la religion, parce que le souvenir de Mgr de Béhaine fut longtemps présent à son esprit, et aussi parce qu'il reconnaissait volontiers que le christianisme avait une heureuse influence sur les mœurs.

Mais il se borna d'abord au rôle d'indifférent, *laissa*

s'exercer la religion, ne la *protégea* pas. Il n'est pas douteux que si l'évêque d'Adran eût vécu quelques années de plus, la situation se serait modifiée. Dieu en décida autrement : il fallait encore des martyrs, et Gia-lóng lui-même prépara les persécutions de Minh-mang en déclarant par un édit, vers la fin de son règne, que la religion chrétienne était *perverse*. Il défendit de construire de nouvelles églises et de réparer celles qui existaient.

Gia-long, très heureux du concours que lui avaient prêté les Français en 1790, se servit d'eux par la suite comme à leur venue même. Mais le gouvernement français n'ayant pas exécuté le traité signé par l'infortuné Louis XVI, l'empereur d'Annam prétendit n'être lié que par la reconnaissance : cette reconnaissance, il l'avait vouée à l'évêque d'Adran et la témoigna souvent aux officiers qui avaient travaillé à sa restauration ; — ce fut tout.

En 1818, le comte de Kergariou vint, au nom du roi Louis XVIII, lui demander de livrer à la France Poulo-Condor et Tourane ; il refusa nettement, disant que le traité de 1787 n'ayant pas été exécuté par le *gouvernement* français, le gouvernement annamite ne pouvait être engagé.

Gia-long mourut le 25 janvier 1820.

Si la France ne gagna rien dans l'Indo-Chine pendant son règne, l'Angleterre fit plus que de ne rien gagner : elle perdit, en 1808, sept vaisseaux qui avaient pu remonter le fleuve Rouge jusqu'à Hanoï et qui furent incendiés pendant la nuit.

L'empereur avait par deux fois désigné son successeur : c'était le prince *Dàm*, qui, en montant sur le trône, prit le nom de MINH-MANG. Ce prince n'était pas l'héritier légitime de la couronne.

L'enfant reçu par Mgr de Béhaine sur la petite île du golfe de Siam en 1785 avait grandi. Elève du prélat, les qualités de *Cảnh* s'étaient développées, et si à certaines heures il s'était montré oublieux des préceptes du christianisme, il n'en était pas moins demeuré chrétien de cœur, favorable à la civilisation européenne. C'est sur ce jeune homme que reposaient les plus chères espérances de l'évêque d'Adran : le prince *Cảnh* mourut avant son père et après avoir reçu le baptême.

Il laissait un fils. Elevé par lui dans le respect de la religion catholique et de la France, cet enfant, très heureusement doué, était par sa naissance destiné au trône : son grand-père l'en écarta.

Gia-long craignit sans doute que parvenu au pouvoir il n'accordât trop d'influence aux Français. Le successeur désigné était fils d'une femme de second rang. Cruel et fourbe, détesté des principaux chefs annamites, qui avaient supplié en vain Gia-long de laisser la couronne à l'aîné des fils de Cảnh, le nouveau souverain se débarrassa par le meurtre et de ce jeune prince, et de son frère, et de l'un des généraux qui lui étaient les plus hostiles, et de tous ceux enfin qui s'opposèrent à ses projets. Le second de ses adversaires les plus dangereux, le maréchal Lê-vàn-duyêt, échappa à sa haine et mourut en 1831, gouverneur de Saïgon ; il s'était toujours montré bienveillant pour les Français, et les chrétiens le considéraient comme un protecteur.

L'empereur *Minh-mang*, qui n'avait osé frapper cet homme de bien dans son gouvernement de Cochinchine, parce qu'une révolution eût sans doute suivi sa mort, crut pouvoir sans danger assouvir sa haine en profanant la sépulture de Lê-vàn-duyêt : cette profanation causa une terrible révolte.

Ces quelques détails dévoilent le caractère du prince avec

lequel la France crut tout d'abord pouvoir continuer les relations amicales établies entre elle et Gia-long.

En 1819, M. Chaigneau était parti pour la France. Il revint en Annam en 1821, avec des pouvoirs étendus qui faisaient de lui un ministre de France près la cour de Hué. Le mauvais vouloir du souverain et des grands mandarins ne permit pas à M. Chaigneau de remplir toute sa mission, et les lettres écrites soit par l'empereur, soit par le *mandarin des étrangers*, aux autorités françaises, ne laissèrent aucun doute sur la volonté formelle du gouvernement annamite de cesser tout rapport avec les *étrangers*.

Quelques mois après la tentative infructueuse de M. Chaigneau, la frégate *la Cléopâtre*, portant le commandant Courson de la Ville Hélio, arriva à Tourane. Le commandant était porteur de lettres pour Minh-mang : celui-ci refusa de le recevoir. Pareil refus fut essuyé par le capitaine de Bougainville en 1825. Cette même année, désespérant de l'avenir et craignant pour leur vie, MM. Chaigneau et Vannier, les deux derniers membres de l'expédition des volontaires français de 1790, partirent pour la France.

En 1831, une nouvelle tentative fut faite dans le but de ressaisir l'influence perdue en Annam : le neveu de M. Chaigneau, homme intelligent et courageux portant le nom de son oncle, arriva à Tourane avec le titre de consul de France à Hué. Le vaisseau qui amenait M. Chaigneau était commandé par M. de la Place. Les démarches faites par l'un et l'autre furent infructueuses, et les lettres du roi de France furent refusées par Minh-mang.

Peu après, des troubles éclatèrent en Cochinchine d'abord, au Cambodge ensuite, au Tonkin aussi; puis survint la famine, qui dura *six ans*, et à la suite de la famine, le choléra. Minh-mang comprit que c'était un châ-

timent de ses fautes. Il fit publiquement l'aveu de ses erreurs.... et continua la série de ses forfaits.

Jusqu'en 1833, il avait hésité à mettre à mort des Européens.

A partir de 1833, la persécution contre les chrétiens,
Annamites et Européens, s'exerça dans tout l'empire ; sept
missionnaires furent martyrisés. Craignant peut-être que
ces crimes répétés ne décidassent la France à lui déclarer la
guerre, Minh-mang envoya, en 1839, une ambassade au
roi Louis-Philippe, qui, à son tour, refusa de recevoir et les
ambassadeurs et leurs lettres.

Minh-mang mourut subitement le 21 janvier 1841 : il
était tombé de cheval et peu après avait rendu le dernier
soupir. Son fils lui succéda sous le nom de *Thieu-tri*.

THIEU-TRI, le nouvel empereur, avait hérité des passions
de son père, de sa cruauté, de sa haine du christianisme,
sans hériter en même temps de son intelligence ni de sa
fermeté. Il en résulta que la persécution religieuse eut un
caractère moins régulier : les mandarins, ne sentant pas
peser sur eux une autorité forte, un pouvoir vraiment souverain, se laissèrent guider par leurs propres sentiments.
La persécution fut donc plus terrible dans certaines
contrées que dans d'autres. Le foyer le plus ardent fut la
province de Hué.

La France commençait à sortir de sa torpeur. Le massacre des missionnaires, les cruautés exercées sur les Annamites chrétiens, les insultes faites à notre drapeau, tout
cela demandait un châtiment, et le gouvernement français songeait à ce châtiment sans avoir l'énergie de se
résoudre à l'infliger rapidement, terrible, sanglant, tel
qu'il devait être. Il fit des tentatives, mais isolées, et si
quelques missionnaires purent ainsi être arrachés à la

mort, le résultat général ne fut pas ce que les chrétiens pouvaient espérer ! Dès que le navire de guerre dont la présence avait inquiété le roi se fut éloigné, la persécution reprit plus ardente, en raison même de la colère qu'éprouvait le prince d'avoir dû céder aux exigences des *barbares* étrangers.

En 1843, le capitaine Levêque, commandant de l'*Héroïne*, délivre à Hué cinq missionnaires qui étaient en prison. En 1845, le contre-amiral Cécille sauve la vie à Mgr Lefebvre. En 1847, la *Gloire* et la *Victorieuse* se présentent devant Tourane. Cette fois, Thieu-tri trouve que les visites gênantes des navires de guerre se renouvellent trop fréquemment, et prétend s'en délivrer pour longtemps. Les commandants des deux vaisseaux, MM. Lapierre et Rigault de Genouilly, sont invités avec leurs officiers à un banquet ; ils se disposent à s'y rendre, croyant déjà que les relations vont se renouer, quand ils apprennent que leur mort est résolue : tous doivent être égorgés pendant la fête, et cela sur l'ordre du prince. Pendant qu'on les tuera, leurs navires seront brûlés.

Prenant aussitôt l'offensive, les commandants français brûlent tout ce qu'ils peuvent de la flotte annamite, puis.... ils partent ! Mieux eût valu qu'ils se fussent abstenus d'une vengeance légitime, il est vrai, mais stérile en bien et qui fut féconde en malheurs : n'ayant plus rien à craindre, puisque les navires s'étaient éloignés, Thieu-tri ordonna de poursuivre avec acharnement tous les chrétiens, de les saisir, de les tuer, de n'en pas laisser un seul vivant....

Dieu arrêta ces projets : Thieu-tri mourut le 4 novembre 1847.

Dans l'extrême Orient, on a remarqué qu'au début d'un règne, alors même que le nouveau souverain doit être dans l'avenir un cruel persécuteur et qu'il succède à un ennemi du christianisme, il y a généralement un arrêt ou du moins un ralentissement dans la persécution. Les mandarins hésitent, ne sachant au juste quelle sera la politique du prince ; et ceux que leurs sentiments personnels portent à quelque pitié profitent de cette incertitude pour ne pas sévir. C'est là ce qui se produisit à la mort de Thieu-tri.

Le successeur de Thieu-tri n'était pas son fils aîné, mais son second fils : l'empereur l'avait désigné, et les mandarins préféraient ce prince à l'héritier légitime. Le nouveau souverain était Tu-DUC ; il devait régner *trente-six ans.*

Dès qu'il fut monté sur le trône, il eut à sévir contre son frère, qui n'accepta pas la déchéance prononcée contre lui. Ce prince tenta de reconquérir son héritage et demanda leur concours *aux chrétiens,* leur promettant que s'il montait sur le trône, il serait leur protecteur.

La réponse du vicaire apostolique de la Cochinchine, Mgr Pellerin, à qui ces propositions avaient été faites, fut ce qu'elle devait être : un refus d'aider à renverser le souverain légitime.

Le prince persévéra dans ses projets de révolte, les mit à exécution, mais tomba au pouvoir de son frère, fut emprisonné et se pendit.

La révolte du fils aîné de Thieu-tri avait occupé Tu-duc ; il eut ensuite à recevoir les ambassadeurs chinois, qui, pour la première fois, vinrent à Hué [1] lui porter la lettre et les présents du Fils du Ciel, qui le reconnaissait pour souverain de l'Annam. Ce fut à Hué que Tu-duc reçut le sceau royal que l'empereur de Chine envoie à tous ses tributaires.

Ces différents événements avaient détourné l'attention du nouvel empereur d'Annam de la persécution religieuse.

---

(1) Jusqu'à la reconnaissance de Tu-duc, les ambassadeurs chinois s'arrêtaient à la frontière du Tonkin ou bien allaient à Hanoï.

Mais en 1851, il trouva que le temps était venu de reprendre *l'œuvre de son père;* et sans tenir compte du refus des chrétiens de pactiser avec le prince révolté contre lui, il publia un édit de persécution. Les meurtres devinrent quotidiens ; les quatre cent mille catholiques disséminés dans l'empire furent menacés dans leurs biens et dans leur existence.

Deux nations catholiques étaient particulièrement atteintes par ces crimes odieux : la France et l'Espagne. En 1856, l'empereur Napoléon III écrivit à Tu-duc une lettre de remontrances qui fut portée à Hué par le commandant de Ville-sur-Arce : cet officier ne fut pas plus heureux que ses prédécesseurs, l'entrée du palais lui fut refusée. Seulement, comme au refus de le recevoir on avait ajouté la menace de tirer sur son navire, et comme le commandant jugeait que le temps des insultes devait finir, il débarqua avec une compagnie de marins, s'empara des forts de Tourane, noya les munitions, encloua soixante pièces de canon.

Le commandant de Ville-sur-Arce espérait que ce prompt châtiment inspirerait des réflexions salutaires à Tu-duc, et que notre envoyé diplomatique, M. de Montigny, dont le mauvais temps seul retardait la venue, trouverait ainsi les voies préparées. Il se trompait. M. de Montigny échoua comme lui-même ; quand l'un et l'autre furent partis, les Annamites affichèrent des placards injurieux pour la France : « Les Français aboient comme des chiens et fuient comme des chèvres, » disaient ces actes officiels.

Napoléon résolut alors de ne plus tenter aucune démarche pacifique, de ne plus envoyer des forces militaires isolées et insuffisantes, mais aussi de ne plus souffrir que le drapeau de la France fût plus longtemps insulté. Une alliance fut conclue entre la France et l'Espagne, et au mois d'août 1858 la flotte des alliés se trouva dans les mers d'Indo-Chine.

II.

INTERVENTION ARMÉE EN INDO-CHINE ET EN CHINE

1858—1862 [1]

———

La guerre fut déclarée par la France à l'empereur d'Annam en 1858. Elle ne devait pas tarder à être déclarée aussi à l'empereur de Chine. Bien que les expéditions dirigées contre les deux empires aient été distinctes, elles ont eu trop de rapports entre elles pour être disjointes dans notre étude.

Nous avons exposé les événements qui ont amené la guerre de 1858 en Annam et en Cochinchine ; nous devons indiquer ceux qui ont motivé l'intervention française en Chine ; après quoi nous ferons le récit des deux expéditions.

Les Anglais cherchaient depuis longtemps à obtenir en Chine des possessions et des avantages commerciaux. L'introduction de l'opium, produit par l'Inde anglaise, était refusée par les autorités chinoises. L'Angleterre vit dans ce refus un motif suffisant d'entreprendre contre l'empire du Milieu une expédition qui fut glorieuse. Le 26 août 1842

———

[1] Pour tout ce qui est relatif à la guerre de Chine, nous avons consulté les documents officiels, les relations rédigées par ordre du ministre de la guerre et de la marine, en 1862.

la flotte anglaise, après avoir remonté le fleuve Bleu, — le *Yang-tse-kiang*, — arrivait à Nankin, et sa présence décidait le gouvernement à consentir un traité en vertu duquel la propriété de l'île de Hong-kong était acquise aux Anglais, et *cinq* ports étaient ouverts au commerce de la Grande-Bretagne. Ces ports étaient : Canton, Chang-hai, Foutcheou, Amoy, Ning-po.

La France et l'Amérique ne pouvaient consentir à être exclues de ces avantages commerciaux; elles les réclamèrent et les obtinrent à la fin de l'année 1844.

Le bon vouloir des autorités chinoises ne semblait pas devoir être mis en doute; les traités reçurent leur exécution. Cependant, un puissant fonctionnaire, le vice-roi de Canton, opposa une résistance qu'on espéra vaincre diplomatiquement : l'espoir était vain. La résistance dura dix ans, opiniâtre et en apparence pacifique. Les trois puissances privilégiées se décidèrent alors à demander la revision des traités. Les choses en étaient là, lorsque douze matelots anglais qui étaient dans les eaux de Canton, *sous leur pavillon*, furent arrêtés *comme pirates*, contrebandiers d'opium, et jetés en prison.

Le consul anglais intervint aussitôt, réclama la mise en liberté des matelots et l'obtint ; exigea des excuses, que le vice-roi *refusa*.

L'amiral Seymour attaqua les forts placés entre Wampoa et Canton, les bombarda pendant quarante-huit heures, puis entra dans Canton même : malgré cela le vice-roi ne voulut pas traiter.

Les Anglais, qui n'étaient pas en force, se retirèrent. Aussitôt le vice-roi fit paraître des proclamations excitant à l'extermination des Européens, à l'incendie de leurs établissements.

L'Angleterre, qui se trouvait jusque-là seule offensée

dans l'honneur même de son drapeau, se préparait à agir, lorsque le 13 décembre 1856, — malgré l'assurance donnée par le vice-roi *Yeh* aux consuls de France et d'Amérique, que les menaces n'étaient dirigées que contre les Anglais, — toutes les factoreries européennes existant à Canton furent incendiées.

L'honneur de la France était dès lors engagé comme celui de l'Angleterre, et les deux puissances, qui avaient combattu ensemble en Crimée, allaient à nouveau unir leurs drapeaux pour obtenir la réparation des outrages dont leurs nationaux avaient été victimes.

En 1857, le commodore Elliot prit plus de cent jonques de guerre ; puis les contre-amiraux Seymour et Rigault de Genouilly furent nommés chefs de l'expédition. Ensemble ils bombardèrent Canton le 29 décembre, et l'orgueilleux vice-roi Yeh fut fait prisonnier. Il semblait que la capture du chef suprême des Deux-Kouangs (provinces du Kouang-tong et du Kouang-si) dût terminer les hostilités et décider la cour de Pé-kin à exécuter loyalement ses promesses. Le baron Gros, lord Elgin, plénipotentiaires de France et d'Angleterre, ainsi que les représentants de la Russie et de l'Amérique, demandèrent au gouvernement chinois d'envoyer des plénipotentiaires à Chang-hai avant le 1er avril 1858.

La cour de Pé-kin répondit par un refus.

Décidées à poursuivre leur entreprise, la France et l'Angleterre décidèrent que leurs escadres se rendraient dans le golfe du Tché-ly.

Le 20 avril 1858, les navires arrivent à l'embouchure du Pei-ho. Les Chinois cherchaient à gagner du temps et entrèrent en pourparlers. Cela dura jusqu'au 20 mai.

Le 20, las de tous ces retards, les chefs de l'expédition exigèrent la remise des forts du Pei-ho : les Chinois refusèrent. Il n'y avait plus qu'à les prendre de vive force, et c'est ce que firent les alliés. Au moment où les soldats français prenaient possession de l'un de ces forts, une poudrière fit explosion et causa de grandes pertes.

Le baron Gros et lord Elgin, qui suivaient les corps expéditionnaires et attendaient le moment opportun pour reprendre les pourparlers, se rendirent alors à Tien-tsin. La cour de Pé-kin fut surprise autant qu'effrayée des succès des *barbares*, que les étendards couverts de dragons et autres animaux fantastiques « d'un aspect terrible » n'avaient pas fait reculer ! Aussi, redoutant que leur audace ne les portât à marcher sur Pé-kin, le gouvernement se hâta d'envoyer à Tien-tsin deux dignitaires ayant pleins pouvoirs pour établir les bases d'un traité dont la ratification devait avoir lieu, postérieurement, à la capitale même. L'œuvre diplomatique fut donc reprise et aboutit au traité de paix du 27 juin 1858.

Ce traité, qui confirmait les droits précédemment acquis par les alliés, demeura lettre morte.

Le 20 juin 1859, deux plénipotentiaires, M. de Bourboulon pour la France, et M. Bruce pour l'Angleterre, arrivent à l'embouchure du Pei-ho. L'amiral Hope, qui les a précédés avec une escadre franco-anglaise, avait déjà lieu de penser que les Chinois seraient hostiles au débarquement.

Le 22, l'amiral fait sommation d'ouvrir un passage aux navires et ne reçoit aucune réponse. On comprend qu'il va falloir à nouveau laisser la parole au canon, et chacun se prépare à combattre. La compagnie française de débarquement, commandée par le commandant Tricault, se place sous les ordres de l'amiral Hope. Le 23, un navire, le *Norzagaray*, franchit la barre; dans la nuit du 24 au 25, des embarcations passent dans les intervalles du pre-

mier barrage et font sauter une partie du second. Les Chinois, un peu inquiets et fidèles à leur tactique ordinaire,
cherchent à faire perdre aux alliés la journée du 25, en se
disant prêts à laisser passer les diplomates. Mais l'amiral
anglais ne se laisse pas prendre à ce piège : il met son
pavillon sur le *Plover*, s'avance et arrache un des chevaux
de frise de la première estacade.

Rien jusqu'à ce moment n'avait dénoncé la présence de
forces chinoises. Tout à coup des nattes tombent : elles
cachaient des canons placés dans les forts; le feu s'ouvre
terrible et imprévu; le soir, il dure encore. L'amiral cependant juge que le débarquement est possible.

A peine les troupes sont-elles à terre que d'autres batteries sont démasquées : un feu terrible accueille les
Français et les Anglais. Ils s'avancent cependant dans
l'eau, dans la vase, franchissent les fossés.... Ceux qui ne
sont pas tués arrivent au pied des ouvrages, mais alors on
s'aperçoit que les échelles d'escalade sont brisées !

Si les Chinois n'avaient eu un moment d'hésitation, et
si la nuit n'avait protégé le mouvement de retraite, pas
un peut-être des braves alliés n'aurait pu regagner les
navires.

Ce guet-apens coûtait aux Français et aux Anglais
quatre cent quarante-six morts ou blessés et trois canonnières coulées. L'amiral Hope et le commandant Tricault
étaient blessés.

L'escadre partit au plus vite pour Chang-hai. Les gouvernements de Paris et de Londres furent prévenus du
guet-apens, de l'échec et aussi de ce fait grave, que l'empereur de Chine avait *approuvé la conduite* du commandant des forts de Ta-kou.

Ce n'était plus une escadre avec quelques compagnies
de débarquement que les alliés devaient envoyer au

Tché-ly, c'était une flotte portant une armée. L'honneur des deux nations, une fois encore atteint, voulait qu'on infligeât une sanglante leçon à l'empereur de Chine.

Le 26 février 1860, le général de Montauban, commandant en chef du corps expéditionnaire français, arriva à Hong-kong, où il trouva le contre-amiral Page, commandant la division navale française des mers de Chine, et l'amiral Hope, commandant des forces navales anglaises [1]. La guerre allait commencer.

Tels sont les événements qui l'avaient amenée.

En Cochinchine et en Annam, les opérations militaires de la France et de l'Espagne étaient engagées depuis le mois d'août 1858. Le 31 août, le vice-amiral Rigault de Genouilly et le colonel Lanzarote avaient pris Tourane, qui d'ailleurs n'opposa qu'une faible résistance. Puis, au lieu de marcher sur Hué et de chercher à s'emparer de Tu-duc, ils se cantonnèrent à Tourane, ce qui eut pour résultat de faire perdre au corps expéditionnaire un grand nombre de combattants, qui moururent de maladie. Au mois de janvier 1859, l'amiral Rigault de Genouilly se décida à quitter Tourane avec la majeure partie de ses troupes : il portait la guerre en Cochinchine.

Le 17 février, Saïgon tombait en son pouvoir. Peu après, laissant Saïgon à la garde du capitaine de vaisseau Jauréguiberry, l'amiral rejoignit les troupes de Tourane, et les Annamites commencèrent à endormir sa vigilance par de beaux discours, des promesses oubliées aussitôt que faites, et que d'ailleurs la cour de Hué n'avait pas l'intention d'exécuter.

---

(1) Le commandant en chef de l'armée anglaise était sir *Hope Grant*, lieutenant général, qu'il ne faut pas confondre avec l'amiral *Hope*.

L'amiral Rigault de Genouilly fut remplacé par l'amiral Page ; le 23 mars 1860, ce dernier abandonna Tourane et se retira à Saïgon : les Annamites dirent que les Français avaient fui et se glorifièrent de ce départ.

Comme à ce moment la guerre qui allait s'ouvrir en Chine appelait à Hong-kong, puis à Chang-hai, l'amiral Page, il confia les forces françaises de Cochinchine au capitaine de vaisseau d'Ariès ; le colonel Palanca commandait les troupes espagnoles.

Les alliés n'étaient guère qu'un millier. Ils eurent à soutenir d'abord de petits combats ; puis ils furent entourés par l'armée ennemie retranchée sur une longueur de quinze kilomètres. La situation devint terrible et l'on redoutait une catastrophe, quand l'amiral Charner, revenant de Chine, où il commandait les forces navales, débarqua avec trois mille hommes et débloqua Saïgon. Nos succès continuèrent, et Mi-tho fut conquis (avril 1861).

Le contre-amiral Bonard remplaça, au mois de novembre 1861, le vice-amiral Charner, qui rentrait en France. Dès le mois suivant, il s'empara de *Bien-hoa* et de *Ba-ria* ; peu après il mit les ennemis en déroute à *Vinh-long*.

C'était assez pour prouver à Tu-duc que nous aurions raison de lui. Il envoya à Saïgon des plénipotentiaires, et un traité fut signé le 15 juin 1862.

Ce traité reconnaissait nos conquêtes ; il nous donnait les trois provinces de Saïgon, Bien-hoa, Mi-tho, et l'île de Poulo-condor ; en outre, une indemnité de guerre de vingt millions devait être payée aux Franco-Espagnols dans un délai de dix ans ; les ports de Quang-an, Ba-lat et Tourane étaient ouverts au commerce, mais nous rendions la province de Vinh-long. Enfin l'empereur Tu-duc s'engageait à permettre le libre exercice du culte catholique dans ses Etats.

Le traité était à peine signé, que Tu-duc le violait autant que cela était en son pouvoir. Il justifiait ainsi de nouvelles rigueurs, de nouvelles conquêtes.

Arrêtons-nous à la date du 15 juin 1862 : avant d'examiner les événements qui suivirent le traité non exécuté, nous avons à résumer la guerre de Chine, qui, elle aussi, était terminée à ce moment.

Nous avons dit que le général de Montauban était arrivé à Hong-kong le 26 février 1860. Il était venu par la voie de Suez et précédait les troupes, dont une partie cependant avait quitté Toulon le 5 décembre 1859, et Brest le 14 décembre. Mais les navires qui les portaient, devant doubler le cap de Bonne-Espérance, ne pouvaient arriver dans les mers de Chine qu'à la fin du mois d'avril ; les deux premiers vaisseaux entrèrent, en effet, en rade de Wou-song le 1ᵉʳ mai ; les derniers s'y trouvèrent le 28.

Le général de Montauban mit à profit l'avance qu'il avait sur les troupes pour réunir les approvisionnements tout spéciaux que devaient exiger des opérations dans la région du Pei-ho, dont le terrain est vaseux. Bambous, nattes, bois de fascinage, échelles.... tout cela fut réuni à Chang-hai. Il fallait, en outre, se pourvoir de chevaux. A Chang-hai on dut renoncer à s'en procurer, car, dit le rapport, « ceux qu'on présentait étaient le plus souvent comme des ânes. » Encore n'avait-on pu en découvrir que cinquante. On en fit donc venir du Japon, de l'île Kiou-siou et de Manille, qu'on expédia, la plupart du moins, directement à la presqu'île de Tché-fou, point sur lequel on devait se porter. Détail curieux, ces chevaux coûtèrent en moyenne chacun 210 fr. d'achat et.... 240 fr. de transport !

Enfin, on recruta environ mille *coolies* venus de Canton, pour porter le matériel, comme cela se fait en Chine.

Les renseignements manquaient sur l'organisation de la défense dans le nord de la Chine. Les missionnaires de Chang-hai réussirent à faire parvenir à Mgr Mouly, évêque du Tché-ly, une demande d'informations que lui portèrent deux chrétiens. Ces chrétiens revinrent rapportant la réponse du prélat : il donnait quelques renseignements, les seuls qu'il eût pu recueillir ; mais il exhortait les chefs de l'armée, comme les diplomates, à se méfier des promesses des Chinois, de leurs protestations, de leur bonne volonté apparente. Tout cela, disait-il, ne doit être considéré que comme des ruses, cachant souvent des pièges. On connaissait encore mal en Europe la mauvaise foi chinoise ; par la suite, on eut malheureusement l'occasion de vérifier l'exactitude des appréciations de Mgr Mouly !

Cependant, comme les diplomates ne voulaient rien avoir à se reprocher, avant de laisser aux généraux le soin de venger les injures subies par les drapeaux de la France et de l'Angleterre, ils voulurent tenter une dernière démarche. Le 8 mars, MM. de Bourboulon et Bruce envoyèrent un *ultimatum* à Pé-kin. Se plaignant de l'acte perfide accompli à l'embouchure du Pei-ho en juin 1859, ils ajoutaient que si dans le délai d'un mois (8 mars au 8 avril), les réparations demandées n'étaient pas accordées, les hostilités commenceraient.

La réponse arriva le 8 avril : c'était un refus péremptoire.

Les troupes françaises n'étaient pas encore arrivées ; les forces anglaises, au contraire, presque toutes tirées des Indes, étaient déjà assez nombreuses pour commencer les opérations. Comme cependant tout devait être fait de concert, on ne pouvait engager la lutte. Au reste, des dispositions préparatoires devaient être prises. Il fallait songer à s'établir sur un point voisin des opérations, et l'occupation de l'île Chusan fut décidée par les deux commandants en chef. Le général de Montauban fit venir de Canton deux compagnies d'infanterie de marine qui représentèrent l'armée française ; nous avions quatre navires. Le 21 avril au matin, on partit pour Chusan, et comme les forts qui défendent la rade de la capitale de l'île (Ting-hai) étaient abandonnés, on n'eut pas à combattre. Aussitôt les navires français et anglais entrés dans la rade, les deux mandarins, l'un civil, l'autre militaire, vinrent faire leur soumission.

L'île fut partagée également entre les Anglais et les Français, sans tenir compte de la différence des contingents respectifs, et le soir même les troupes étaient cantonnées. Le lieutenant-colonel français des Pallières et le brigadier anglais Reaves eurent le commandement des troupes ; des commissaires furent chargés de l'administration de l'île, et tout fut réglé au contentement général.

Le vice-amiral Charner, nommé commandant en chef des forces navales, vint alors remplacer le contre-amiral Page, qui partit pour l'Annam et la Cochinchine. Enfin, les gouvernements alliés désignèrent comme chefs des opérations diplomatiques, pour le moment suspendues, le baron Gros et lord Elgin, auteurs du traité, non exécuté, de 1858.

Le 1er mai, les troupes françaises commencèrent à arriver. Le général de Montauban décida d'occuper la presqu'île de Tché-fou, qui lui semblait plus favorable au cantonnement et en même temps plus voisine de la base des opérations que l'île Chusan.

Le général anglais ayant consenti à ne pas occuper en même temps la presqu'île, car il y aurait eu un encombrement, les troupes françaises débarquèrent seules le 8 mai, au nord-ouest de Yen-taï, et ne rencontrèrent point de résistance.

Le 18 juin, les deux généraux en chef et les deux amiraux eurent une conférence à Chang-hai ; il fut décidé que toutes les forces alliées seraient dans les eaux du Tché-ly au 15 juillet. Chacun se prépara donc à rejoindre les troupes, mais avant de quitter Chang-hai, les chefs alliés durent pourvoir à la sécurité des Européens établis sur les concessions à Chang-hai, les insurgés Taï-ping menaçant de ruiner à la fois et la ville européenne et la ville chinoise. Nous avons exposé ailleurs les événements qui se produisirent à Chang-hai [1] pendant cette période, et comme ils sont étrangers à la guerre de Chine proprement dite, nous n'en parlerons pas ici. Le commandant Favre et le colonel Marsh furent laissés, avec quelques troupes qu'on dut augmenter ensuite ; ils surent par leur énergie, leur tact et leur prudence, préserver les concessions et même la ville chinoise d'une ruine certaine. On eut alors ce curieux spectacle d'une foule de cent à cent cinquante mille Chinois accourant de divers points de la province et des provinces voisines, se mettre à l'abri sous la garde des Français et des Anglais, tandis que les alliés portaient la guerre jusqu'à Pé-kin même, et que beaucoup d'entre eux tombaient victimes de la fourberie, de l'astuce, de la cruauté des grands mandarins.

Le 6 juillet, le général de Montauban était arrivé à Tché-fou ; le général Grant, qui avait groupé ses forces à Ta-lien-kouan, vint le visiter. Un grand conseil de guerre fut réuni, et la date des opérations fixée au 29. Le 28, en effet, les deux flottes se trouvèrent au sud-ouest de l'île Cha-lui-tien, à douze milles environ de la passe du *Pé-tang-ho.* Nos forces s'élevaient à 8,000 hommes, celles des Anglais à peu près à 10,000.

(1) V. *La vie réelle en Chine : Chang-hai.*

Le 1ᵉʳ août 1860, environ deux mille hommes de chaque armée se placent dans des chaloupes, jonques et canots remorqués par des vapeurs ayant moins de neuf pieds de tirant d'eau, et à neuf heures du matin, les deux flottilles se dirigent vers la rivière. A trois heures du soir, elles se trouvent à trois kilomètres environ des forts de Pé-tang. On n'avait pas rencontré d'obstacles sérieux sur la rivière, qui avait pu être remontée sans accident.

Sur les murs des forts, des Chinois agitent des drapeaux ornés de dragons et autres animaux fantastiques. Ils espèrent que la vue de ces drapeaux effraiera les *barbares* et les décidera à regagner la mer. Contre cette attente, les barbares profitent de la marée descendante — la marée se fait sentir fort loin dans les fleuves de Chine — et les généraux en chef, suivis des troupes, débarquent. Le terrain est vaseux, glissant, à certains endroits couvert de 50 centimètres d'eau ; malgré les difficultés d'une marche sur ce sol, à quatre heures, les troupes alliées sont rangées en bataille en avant des forts, qui demeurent silencieux.

Le village de *Pé-tang* est à deux kilomètres plus loin ; on s'y porte en même temps qu'on tourne les forts : tout est abandonné par l'armée chinoise. On s'aperçoit alors que la défense est organisée sur la seconde ligne, en amont, dans d'autres forts, où se trouvent des canons et des soldats, tandis que la première ligne n'a été pourvue que de canons en *bois* cerclés de fer. Les Chinois ont évidemment calculé qu'il était préférable pour eux de commencer la lutte contre des troupes fatiguées par une longue et pénible marche, que de les attaquer à peine débarquées. Pour éviter toute surprise, il faut occuper les premiers forts ; les troupes qu'on y laissera seront relevées par celles qui débarqueront, et viendront rejoindre le gros de l'armée. On voit combien les mesures des chefs alliés étaient prudentes : quinze à dix-huit mille hommes débarquant à la fois dans ces parages inconnus, manœuvrant sur ce terrain marécageux, n'auraient pu que se gêner mutuellement.

Avant d'occuper les forts de la première ligne, les alliés songèrent à examiner s'ils n'étaient point minés : ils l'étaient en effet, et le système de défense était si ingénieux, qu'un seul homme marchant sur une trappe, recouverte de terre et faisant bascule, devait tout faire sauter. Chaque trappe correspondait, à l'aide de batteries, à des boîtes contenant des bombes explosibles. Il fallut donc attendre, pour installer les troupes, que tout danger eût disparu.

Le 2 août, à cinq heures du matin, les deux généraux sont dans les forts, la flottille est à l'ancre ; dans le village, chose étrange, les habitants ne sont pas hostiles aux alliés ; ils les préviennent même de la présence de troupes tartares dans les environs !

Le 3, dès quatre heures du matin, on fait une reconnaissance ; la *chaussée*, qui seule est praticable, ne permet qu'à six hommes de marcher de front ; le terrain est glissant ; à droite et à gauche, il y a des fossés pleins d'eau. La plaine est couverte d'eau et de tombeaux, derrière lesquels on aperçoit des Tartares. A mesure que les alliés avancent, ces petits détachements ennemis se replient vers un corps de troupes, cavalerie et infanterie, qu'on évalue à trois à quatre mille hommes, et qui se trouve en avant de nous à cinq ou six cents mètres, derrière des retranchements.

C'est vers ces retranchements qu'on se dirige. Arrivés à peu près à un kilomètre et demi, les soldats trouvent enfin la terre ferme. Jusqu'alors ils n'ont pas eu à se défendre ; mais vers cinq heures, les cavaliers tartares, qui se sont déployés, tirent sur le flanc gauche de la colonne. Quelques hommes sont atteints par des balles grosses comme des noix, lancées par des *gingoles*, sortes de fusils à mèche juchés sur des trépieds. Le général Collineau lance quelques hommes vers le point d'où partent les coups, puis on continue la marche en avant, et comme le déploiement des cavaliers ennemis ne s'est pas arrêté, le général Collineau et le brigadier Sutton prennent les mesures nécessaires pour les empêcher de nous déborder.

La colonne des alliés se porte encore en avant jusqu'à un point où les chefs peuvent enfin constater les obstacles à vaincre et les ouvrages fortifiés qui devront être emportés. Ces ouvrages ont une forme irrégulière, ils s'étendent de chaque côté de la route et couvrent un camp retranché, qui lui-même protège un gros village, le *Sin-ko*. A gauche, on aperçoit les forts du Pei-ho.

Tout étant bien examiné, la colonne reprend le chemin des forts de Pé-tang. L'arrière-garde des alliés continue le feu contre l'ennemi, qui ne semble pas disposé à cesser le sien ; vers neuf heures cependant, retenus d'un côté par les marais, de l'autre par les alliés, les Tartares se retirent dans leurs retranchements, et la colonne peut, sans être inquiétée, opérer son mouvement de retraite.

La pluie, ne cessant de tomber, retardait le départ de l'armée. Le reste des troupes avait débarqué. Le 9, les Anglais font une reconnaissance sur la route de Tien-tsin, que les eaux avaient cachée jusque-là, et cette route étant reconnue bonne, on décide un mouvement tournant sur le village de Sin-ko.

Ce mouvement s'exécute le 12 : c'est le début des hostilités réelles. La colonne anglaise se porte par la route de Tien-tsin vers la gauche des Chinois, la colonne française vers leur droite par la chaussée. Une brigade reste à

Pé-tang, prête à rejoindre les combattants au premier signal.

L'action s'engage à environ un kilomètre et demi des ouvrages crénelés.... Après une heure de canonnade, les Chinois évacuent ces ouvrages et se retirent sur les forts du Pei-ho. Les troupes françaises les remplacent et entrent dans le village. Quant aux Anglais, ils se sont un moment trouvés en présence d'un camp retranché à l'ouest du Sin-ko ; ce camp renfermait l'élite de la cavalerie mongole, qui alla résolument attaquer la colonne anglaise, mais fut mise de suite en pleine déroute.

Ainsi, à deux heures de l'après-midi, après un succès de bon augure, les alliés sont réunis dans la plaine qui s'étend à l'ouest de Sin-ko.

La journée est trop avancée pour qu'on puisse songer à attaquer encore ; mais le général de Montauban fait une reconnaissance vers les forts de la rive gauche et constate la présence d'un grand camp retranché près du village de Tang-ko.

Le 13, le général Collineau rejoint la colonne d'expédition.

Le 14, la marche en avant recommence. Il s'agit de s'emparer du camp et du village de Tang-ko. Dès huit heures du matin on est à quinze cents mètres de Tang-ko : le feu est ouvert, mais celui des Chinois ne fait aucun mal, parce qu'il est mal dirigé, tandis que celui des alliés cause de grands ravages chez l'ennemi. Après une heure seulement de canonnade, les pièces chinoises se taisent presque toutes ; alors, malgré le feu de la mousqueterie, les alliés s'élancent à l'assaut du camp : le drapeau français est planté le premier sur les remparts par le lieutenant-colonel Schmitz, au moment où les Anglais pénètrent, eux aussi, dans le camp ; mais de Chinois il n'y a plus traces ! ils ont fui sans prendre le temps de détruire quoi que ce soit et d'enclouer leurs pièces.

Cette victoire coûte aux Français un homme tué, douze blessés ; aux Anglais, trois hommes gravement atteints.

L'ennemi a fui vers un autre camp, celui de *Yu-kia-pou*.

On suppose bien que les événements accomplis depuis le 1er août, le débarquement des alliés, leur installation dans les forts de Pé-tang, malgré l'agitation frénétique des étendards ornés de dragons, leur marche en avant, en un mot, les signes non équivoques de leur volonté bien arrêtée de s'emparer du pays, — on suppose que ces événements n'avaient pas laissé les hauts mandarins indifférents. Le 14, au moment où les alliés venaient de prendre le camp retranché, deux parlementaires apportent à lord Elgin une lettre du vice-roi de la province, par laquelle il le prie de faire cesser « les horreurs de la guerre. » Fort heureusement on ne s'arrêta pas aux doléances chinoises, car elles n'avaient d'autre but que de suspendre la marche des alliés et de permettre à l'armée tartare de préparer quelque surprise. Tout en répondant au vice-roi que les *horreurs* de la guerre avaient été voulues par le gouvernement de Pé-kin et méritées par la perfidie des mandarins, on se prépara au passage du Pei-ho.

Le 18 août, on passe le fleuve, en face d'un village entouré de vergers nombreux et touffus. A peine les alliés sont-ils à 300 mètres de la rive, que de ces vergers sortent des Tartares nombreux, bien armés. Le colonel Livet, craignant d'être débordé, demande du renfort, le 2e bataillon de chasseurs à pied accourt ; l'ennemi recule ; une batterie de six *gingoles* et de quatre canons est enlevée par les chasseurs. Le corps tartare-chinois charge la colonne ; il est repoussé : le feu d'une batterie de montagne dirigée par le colonel Foullon-Grandchamp achève de le mettre en fuite.

Le village était à nous ; les deux rives du fleuve étant occupées par les alliés, un pont pouvait être établi, de manière à permettre le passage de la cavalerie et de l'artillerie.

Du 18 au soir au 21 au matin, on se prépare à l'attaque des forts du Pei-ho.

Le 21 au matin, une colonne anglo-française marche contre le fort en amont de la rive gauche. A 1,000 mètres du fort on ouvre le feu et l'on s'approche. La possession de cette position aurait sans doute coûté bien des hommes à la petite armée alliée, sans un événement qui se produisit à sept heures du matin dans le fort même : les pièces à longue portée des canonnières embossées à l'embouchure de la rivière déterminèrent l'explosion de deux poudrières. Ces explosions, bouleversant le fort, troublent les défenseurs, qui d'ailleurs ont éprouvé de grandes pertes. On monte à l'assaut. Sur les remparts, dans le fort même, s'engage une lutte terrible corps à corps ; le tambour Fachard, arrivé le premier, a planté sur les murs le drapeau français. A neuf heures du matin le fort est à nous. La colonne française a 200 hommes et 6 officiers hors de combat ; la colonne anglaise, 200 hommes et 17 officiers.

A peine les alliés sont-ils dans ce fort, qu'un parlementaire se présente, venant du second fort. Les alliés accordent une trêve de quatre heures pour l'enlèvement des blessés chinois ; quant à s'arrêter, ils n'y songent pas et demandent la remise des forts.

A deux heures, la soumission n'étant point parvenue, le corps expéditionnaire se remet en marche : le fort demeure silencieux ; on escalade les remparts et l'on trouve.... *trois mille soldats* environ, qui, terrifiés par les succès des *barbares*, ont déjà mis bas les armes !

Aussitôt sommation est faite au vice-roi du Tché-ly de livrer tous les ouvrages du Pei-ho. La réponse arrive : c'est un refus. Mais peu après un second mandarin se présente au nom du vice-roi ; il offre la remise des forts *du nord* et l'ouverture de la rivière aux escadres ; il refuse de livrer les forts et les camps de la rive droite. Ces propositions sont rejetées. Les opérations vont continuer. Cependant les délégués, munis de pouvoirs par les deux diplomates européens, se rendent auprès du vice-roi, qui est à Si-kou.

Le 21 au soir, les alliés s'emparent des ouvrages de la rive droite, ne sachant si le vice-roi consentirait à les livrer : il était prudent, en effet, de profiter de la panique des ennemis pour s'en emparer. Tous les Chinois fuient vers Tien-tsin, les 3,000 prisonniers s'y rendent aussi, car ne pouvant les nourrir et ne voulant pas les tuer, on a dû les laisser libres.

Le 22 au matin, les envoyés diplomatiques reviennent : ils ont réussi, après une discussion de quatre heures, à obtenir.... la remise des forts que les alliés *venaient de prendre !* Il est probable que la nouvelle de ce nouveau succès parvint au vice-roi pendant la discussion, et que c'est grâce à cette circonstance qu'il a consenti à ce qu'on voulait. Mais cette bonne volonté apparente est devenue inutile par suite de la prise des ouvrages.

La journée du 21 août avait donc donné aux alliés *cinq forts, deux camps retranchés,* 518 *pièces de canon,* une grande quantité d'armes et de munitions de guerre ; l'embouchure du Pei-ho était libre, et la flotte y vint dès le 22.

C'était un succès complet, inespéré, et qui devait faire beaucoup réfléchir les Chinois. On allait avoir dès le lendemain de la prise des forts, c'est-à-dire le 22, la preuve que la panique était grande dans l'empire du Milieu.

Les deux armées avaient agi de concert, et la meilleure entente régnait entre leurs chefs. Aussi, le 22 au matin, l'amiral Charner fut-il fort étonné en s'apercevant que le vaisseau amiral anglais était parti ! Le général de Montauban, consulté, ne fut pas moins surpris, et le général Grant déclara ignorer l'intention de l'amiral Hope.

L'amiral Charner partit immédiatement à la recherche de son collègue, qui avait emmené avec lui trois canonnières.

L'amiral Hope avait simplement eu l'idée d'aller faire une reconnaissance à Tien-tsin ; et craignant peut-être de rencontrer de l'opposition chez les autres chefs de l'armée alliée, il était parti sans prévenir. Quelle qu'eût été d'ailleurs la pensée secrète de cet officier général, sa tentative eut d'heureuses conséquences : en arrivant à Tien-tsin, il trouva la ville *abandonnée*. L'amiral Charner, qui survint, fut avec lui d'avis de prévenir sans retard les généraux en chef, qui, après avoir reconnu la place, décidèrent de l'occuper immédiatement : le 26, deux mille hommes en prirent possession ; ils furent rejoints par les deux corps expéditionnaires au complet, sauf les compagnies qui gardaient les positions déjà en notre pouvoir.

Dans très peu de jours devait commencer la série de fourberies qui coûtèrent la vie à plusieurs officiers ou soldats.

Le 31 août, dès le matin, les généraux en chef sont avertis qu'un haut fonctionnaire, *Koui-liang* (ou *Kwe-liang*, suivant l'orthographe anglaise), est arrivé et qu'il a mission d'établir les bases d'un traité de paix. En 1858, c'était le même Koui-liang qui avait négocié l'arrangement dont on n'avait pu obtenir l'exécution ; aussi ce personnage était-il quelque peu suspect aux généraux et aux diplomates.

Il se montre aimable ; les alliés, de leur côté, n'élèvent point de prétentions exagérées, surtout au point de. vue de l'indemnité de guerre, et le traité s'ébauche. Il est décidé que les chefs de l'armée et les diplomates iront à Pé-kin avec une escorte de mille hommes et de l'artillerie. On se prépare donc au départ, et déjà quelques officiers supposent la guerre finie. Ces négociations ont forcément arrêté toute opération, toute marche en avant. On arrive ainsi au 7 septembre.

Le 7 au matin, Koui-liang prévient *que la cour de Pé-kin ne reconnaîtra pas* la base du traité.... il part.

On juge de la stupeur générale. Sans perdre de temps, et comprenant que ces pourparlers n'avaient eu d'autre but que de retarder l'armée, afin de permettre au général en chef *San-ko-li-tsin* d'organiser la défense en avant de Pé-kin, les alliés se préparent à partir : on ne s'arrêtera qu'à Tong-chao, ville située à dix-huit kilomètres environ de Pé-kin : les diplomates déclarent que là seulement ils écouteront de nouvelles propositions.

On laisse à Tien-tsin une garnison ; le 9 et le 11 septembre, les Anglais partent; la colonne française quitte Tien-tsin le 10. Ce jour même, à la première étape, on est surpris par un orage terrible qui dure douze heures, et pendant lequel les coolies de la colonne française *fuient en emmenant les chevaux et les mulets.* Cette fuite et cette perte mettent le général de Montauban dans un cruel embarras, car les moyens de transport font défaut. Très heureusement il aperçoit des jonques et constate que, par suite d'une erreur, on a pris un canal pour le Pei-ho, de sorte qu'on n'a pas supposé le fleuve navigable. Il fait saisir les jonques ; on les charge, on part.

Le 13, on reçoit une lettre du prince du sang *Tsaï* et du ministre de la guerre *Kou :* ils annoncent qu'ils ont pleins pouvoirs et qu'ils viennent au-devant des ambassadeurs.

On continue cependant à marcher jusqu'à Kho-seyou. Le prince et le ministre ont rejoint les diplomates, et les *amusent* jusqu'au 16. Ni les avertissements de Mgr Mouly, ni l'expérience acquise en 1858, ni la ruse récente de Koui-liang…. rien ne fait pressentir aux diplomates français et anglais qu'ils vont être joués ! Les généraux sont moins confiants ; le général de Montauban surtout ne cache pas ses appréhensions. Mais devant les déclarations des deux diplomates, qui annoncent l'aplanissement de toutes les difficultés, les généraux ne peuvent que s'incliner. Il est décidé qu'on s'avancera à deux lieues de Tong-chao ; l'armée s'y arrêtera et les négociateurs alliés se rendront dans la ville avec une simple escorte d'honneur. En outre, il est décidé qu'on va faire partir en avant une commission chargée de préparer tout ce qui sera nécessaire à l'armée pendant son séjour près de Tong-chao. Voici les noms des personnes composant cette commission…. il faut les graver dans notre souvenir.

Pour les Français : le colonel d'artillerie Foullon-Grand-champ ; le sous-intendant Dubut ; les officiers d'adminis-tration Ader et Gagey ; le capitaine Chanoine ; l'abbé Duluc, des Missions Etrangères, interprète du général de Montauban ; le caïd Osman, officier de spahis ; MM. de Bastard et de Méritens, attachés d'ambassade ; Escayrac de Lauture, président d'une commission scientifique.

Pour les Anglais : MM. Parkes et Locke, avec vingt cavaliers commandés par le major Anderson ; le lieutenant-colonel Walker ; MM. Bowlhy, correspondant du *Times,* et de Norman, de la légation de Chang-hai.

Le 17 septembre, l'armée alliée part ; le général Collineau doit rejoindre; le soir, on bivouaque près du village de Matao, qui est abandonné par la population, ainsi que tous les centres qu'on a trouvés sur la route depuis Tien-tsin.

Le 18 au matin, une colonne anglaise part la première; on doit arriver le soir au bivouac définitif. Une colonne française suit. A peine le général Grant, qui se trouvait à l'avant-garde, a-t-il fait huit kilomètres, qu'il aperçoit devant lui une masse compacte : c'est toute une armée chinoise! Le général de Montauban, aussitôt averti, accourt et hâte l'arrivée de toutes les troupes. Il est huit heures. A mesure qu'on avance dans une plaine bordée de villages, toute couverte de vergers et de bouquets de bois, on constate que les forces chinoises sont déployées sur un front de plus de *cinq kilomètres*, en forme d'arc de cercle *au centre* duquel nous nous trouvons. Les Chinois-Tartares ont de la cavalerie, et nous distinguons huit batteries d'artillerie.

Les alliés vont avoir à soutenir une lutte contre un ennemi plus de dix fois supérieur en nombre.

Le corps expéditionnaire français se place à droite, le corps anglais à gauche. On se poste et on observe. Un mandarin, Han-ki, se présente « pour parler aux ambassadeurs. » On lui répond qu'ils sont en arrière, à Kho-se-you, et que si l'armée tartare-chinoise ne cède pas de suite le « camp du canal, » on ira à Tong-chao même, au lieu de s'arrêter en avant du village, comme cela était convenu.

A ce moment survient le capitaine Chanoine; MM. Gagey, de Méritens, Bastard, le caïd Osman, le suivent : ils ont pu à grand'peine traverser les lignes tartares; craignant qu'on ne soit pas en garde, ils ont tenu à venir avertir de ce qu'ils ont vu — ils étaient partis en toute hâte.

On est inquiet, ému, car le reste de la délégation n'a

pas rejoint ; que sont devenus les commissaires des deux armées ? On ne se communique pas les sentiments pénibles qui agitent l'âme de tous, mais on redoute quelque drame....

Dix heures. Des coups de feu partent d'un point de la chaussée, sur laquelle on aperçoit des cavaliers anglais fuyant à toute vitesse l'armée chinoise.... C'est le colonel Walker et quatre dragons. Ils arrivent épuisés au milieu des leurs. *Et les autres?* Cette question est faite par tous ceux qui les entourent et qui sont pleins d'angoisse. *Les autres!* Le colonel Walker ne peut dire ce que tous sont devenus ; mais il annonce que se trouvant avec M. Ader, son ordonnance Ouzouf, chasseur au 2e bataillon, et quatre dragons, il a été entouré, ainsi que ses compagnons, par un grand nombre de soldats tartares : lançant alors leurs chevaux au milieu de la masse, ils ont fui ; mais M. Ader, blessé à la tête, est tombé de cheval ; Ouzouf l'a défendu, il est tombé à son tour. On a vu cela tout en s'éloignant, car tenter de sauver M. Ader eût été folie.

Ainsi, les tristes pressentiments commencent à se réaliser. Voici déjà deux victimes : l'une est morte ; l'autre, M. Ader, s'il n'a pas succombé, est au pouvoir de bandes sauvages.... Il faut agir au plus vite, d'autant que les nouvelles apportées par le colonel Walker sont graves : les batteries chinoises sont disposées de manière à croiser leurs feux sur le débouché de la plaine ; si l'armée ne veut pas être prise entre deux feux, il faut tourner les masses chinoises. On sait que la moindre hésitation, le plus léger mouvement de recul peut causer la perte de tous. Par suite de la fuite des coolies, le corps français a perdu ses chevaux : sir Grant met à la disposition du général de Montauban un escadron de *siks*. La tâche est partagée entre les alliés : chaque corps doit vaincre sur un côté.

Alors se livre le combat dit de *Tchang-kia-ouâng*.

Commencé à onze heures, sous un soleil brûlant, ce combat est terminé à trois heures : l'armée tartare-chinoise est en déroute.

Le corps expéditionnaire français prend position au bivouac de Khouat-tsun, à dix kilomètres de Tong-chao ; le corps anglais pénètre dans la ville de Tchang-kia-ouang, qui est en ruine.

Les alliés ont subi des pertes sensibles. Ils restent au repos le 19 et le 20. Pendant ces deux jours, les diplomates font savoir au gouverneur de Tong-chao que si les prisonniers ne sont pas rendus, les alliés marcheront sur Pé-kin sans se laisser arrêter par aucune promesse.

Les délégués chargés de porter cet ultimatum s'acquittent difficilement de leur mission ; ils reviennent cependant et annoncent qu'ils ont vu des camps nombreux à l'ouest et au nord de la ville. L'attaque du 18 était dirigée par San-ko-li-tsin lui-même.

Maintenant l'armée n'a plus seulement à châtier la mauvaise foi des Chinois ; elle a à venger les membres de la commission, car on ne doute plus qu'ils soient au pouvoir de l'ennemi, et chacun, la rage au cœur, se demande quelle torture est réservée à ces malheureux !

Le 20, on fait une reconnaissance.

La ville de Tong-chao compte environ 400,000 âmes ; elle est reliée à Pé-kin par une voie en granit qui a douze kilomètres de long et qui, après avoir suivi un canal faisant communiquer la capitale avec le Pei-ho, traverse ce canal par un pont de pierre, le *Pa-li-kiao*. Il y a plusieurs ponts échelonnés sur le canal ; les ponts chinois sont pourvus aux deux extrémités de kiosques, de portes, en un mot d'une construction ; de sorte qu'avec leurs annexes ils peuvent être des monuments remarquables, grandioses, comme l'est en effet le Pa-li-kiao. En même temps, les constructions des deux extrémités rendent la défense du passage beaucoup plus facile.

En avant et en arrière du Pa-li-kiao (pont des huit *li*) [1] se trouve un camp, celui de San-ko-li-tsin. C'est sur ce pont qu'aura lieu la lutte.

Le 21, à cinq heures du matin, les alliés se mettent en marche. Les généraux de Montauban, Jamin et Collineau dirigent la colonne française, forte d'environ 2,800 hommes. L'ennemi est en ligne, toujours déployé en demi-cercle. La lutte s'engage.

Tout va bien d'abord ; tout à coup la cavalerie tartare, montrant une audace qu'elle n'a pas eue dans les précédentes rencontres, s'avance malgré le feu meurtrier de notre artillerie, elle vient jusqu'à *soixante mètres des pièces*. Les troupes du général Collineau et celles du général Jamin se trouvent dans une position des plus critiques, position d'autant plus grave que la cavalerie, débordant leurs ailes, ne permet plus le ralliement.... L'instant est solennel ; chacun le comprend et devient un héros ; de sorte qu'en présence des prodiges accomplis par les soldats français, les Tartares hésitent un moment. Le corps anglais arrive enfin et se porte à la gauche de nos troupes. Tous les efforts tendent alors à rejeter l'ennemi sur Pa-li-kiao. Des Tartares se tiennent sur le pont, agitant des étendards, tandis que d'autres tirent sur nous....

A midi, les généraux Collineau et de Montauban franchissent au pas de course le pont conquis sur l'ennemi et continuent à s'avancer sur la route de Pé-kin. La défaite des Tartares-Chinois est complète. Ils laissent 3,000 *morts*.

Le soir, nous nous établissons dans le camp des enne-

____

[1] La *li* est la lieue chinoise.

mis, qui ont fui sans même emporter leurs tentes. Nous sommes à dix-huit kilomètres de Pé-kin. Mais comme il faut échelonner des forces pour que la route ne soit pas coupée, il est nécessaire que toutes les troupes disponibles rejoignent l'armée alliée avant sa marche en avant. On attend donc dans les cantonnements que les troupes laissées à Tien-tsin soient arrivées.

Le prince Kong, frère de l'empereur, se présente : il est, dit-il, en mesure de traiter avec les alliés. On lui répond : Rendez d'abord les prisonniers, nous traiterons ensuite. Mais il refuse, et la marche sur Pé-kin devient inévitable.

Le 5 octobre, les alliés partent ; le soir, ils campent à cinq kilomètres de Pé-kin ; ils n'ont rencontré aucun parti ennemi. Mais au nord de la capitale se trouve, on le sait, un camp retranché, quartier général de San-ko-li-tsin.

Le 6 au matin, les deux corps expéditionnaires, marchant sur deux lignes parallèles, se mettent en marche ; à neuf heures, on est à deux kilomètres de l'angle nord-est de la ville. Le colonel Dupin va reconnaître la route ; bientôt il revient en toute hâte : il s'est trouvé en face d'un corps considérable de cavalerie tartare.

On marche contre le camp fortifié. Les Français tiennent la gauche, les Anglais la droite ; on tourne le camp.... il est évacué ; on apprend que l'armée ennemie est réfugiée au *Yuen-min-yuen*, Palais d'été. La région est couverte d'arbres. A une heure, on se remet en mouvement. A quatre heures, un incident curieux se produit : la colonne française rencontre la cavalerie anglaise, qui est à la recherche de son armée, armée que nous avons nous-mêmes perdue de vue. La cavalerie anglaise se joint à nos troupes. A sept heures, nous sommes en face du Palais d'été, immense parc dans lequel se trouvent de nombreuses et magnifiques constructions. Nous enfonçons une porte ; après une tentative de défense, l'ennemi se replie dans le parc ; mais l'heure est trop avancée pour que nous puissions sans imprudence aller plus loin. On campe, n'ayant toujours point de nouvelles de sir Grant.

Le 7, à cinq heures du matin, on entend le canon (vingt et un coups) devant Pé-kin. C'est sir Grant qui prévient ainsi son collègue de la place où il se trouve. Le général de Montauban, d'accord avec le brigadier Pattle, l'envoie prévenir de sa position et l'engage à venir. On apprend alors comment les deux armées ont été séparées : elles ont marché la veille à deux cents mètres l'une de l'autre, ayant entre elles des touffes de bois si fournies, que ces deux colonnes se sont perdues de vue !

Le général de Montauban, avec quelques officiers français et anglais (de la cavalerie restée avec nous), visite le Palais d'été.

Les richesses accumulées dans ces magnifiques constructions sont immenses. Le général de Montauban *fait placer des sentinelles* pour empêcher les vols ; les capitaines de Brives et Schœlcher sont chargés de la garde. A onze heures et demie, sir Grant et lord Elgin étant arrivés, on relève ces deux officiers de leur poste. Des commissions sont nommées pour recueillir les curiosités, et le partage en est fait le soir même, dans la salle du Trône. Le pillage partiel eut lieu ensuite et sans le consentement des chefs des deux armées.

On a beaucoup parlé de ce pillage ; on l'a critiqué et condamné. En principe, en effet, il est répréhensible ; mais en fait il est très excusable. La conduite des Chinois ne méritait aucun égard pour leurs biens. Au reste, le 8 octobre, il n'était pas encore question *d'incendie.*

Le 8, on trouve dans une construction *les effets des prisonniers.* Mais que sont devenus les prisonniers eux-mêmes ?

Le 9, la colonne française rejoint la colonne anglaise. Les généraux, en arrivant, apprennent qu'un certain nombre de prisonniers ont été rendus le 7 et sont rentrés au camp.

Sont rentrés : MM. Parkes et Locke, Anglais ; M. d'Escayrac de Lauture ; les soldats Roset, Bachelet, Ginestet et Petit, Français.

Tous ont souffert d'horribles traitements ; ils ne sont pas morts, mais ils sont mourants. Quant aux autres victimes, ils ignorent ce qu'elles sont devenues....

Les Chinois font savoir qu'ils rendront les autres prisonniers. Ils les rendent, en effet, mais dans leur cercueil, et la plupart mutilés !

Pour nous retenir inactifs, les Chinois font lentement cette funèbre restitution. Les alliés reçoivent et comptent les victimes : les Français en ont sept : le colonel Foullon-Grandchamp, le sous-intendant Dubut, l'officier d'administration Ader, l'abbé Duluc, les soldats Godichot, Ouzouf, Blanquet ; — les Anglais en ont treize. — Le corps de l'abbé Duluc, jeté dans le canal, n'est pas rendu. Ainsi, vingt personnes avaient été martyrisées par les Chinois !

Représentons-nous ces morts mutilés arrivant au camp ; figurons-nous la colère, la rage de leurs camarades, la douleur qu'ils ressentent en écoutant le récit des souffrances imposées aux malheureux, récit que font les survivants, entre autres M. d'Escayrac de Lauture.... et alors nous comprendrons tout ce qui a suivi ! Les victimes ont été jetées dans des cachots, sans aliments ; puis on leur a fait avaler de force des excréments humains ; puis encore on les a mises dans des cages couvertes de pointes aiguës, de sorte que leur corps n'était qu'une plaie !.... C'est ainsi que sont morts ces officiers, ces soldats et aussi ce représentant de la presse anglaise ! Est-ce que de tels crimes ne méritaient pas un châtiment à part !

L'entrée de l'armée à Pé-kin est exigée, et les mandarins se décident à l'accorder. Puis les diplomates entrent en pourparlers avec les ambassadeurs chinois. Mais les généraux, craignant d'être encore trompés et ne voulant pas se laisser prendre par le froid à Pé-kin, déclarent que si tout n'est pas terminé le 23, ils brûleront le palais impérial. Le général de Montauban et le baron Gros sont d'avis d'attendre sans rien entreprendre jusqu'au 23. Sir Grant et lord Elgin pensent autrement : voyant que les négociations n'avancent pas, le 18 octobre, *malgré l'opposition* du général de Montauban et du baron Gros, sir Grant donne l'ordre à une division anglaise d'*incendier le Palais d'été*.

La France est donc restée étrangère à cet acte qu'on a critiqué et qui, dit-on, a été exécuté pour satisfaire la presse anglaise atteinte dans son représentant, M. Bowlby.

Quoi qu'il en soit, il faut reconnaître que l'incendie du Palais d'été eut sur les Chinois plus d'influence que toutes les batailles, toutes les victoires passées. Le palais flambait encore, que le prince Kong acceptait toutes les conditions exigées par les alliés. Le traité fut signé le 24 et le 25 octobre.

Le 28 au matin furent faites les funérailles solennelles des victimes françaises, à l'antique cathédrale catholique bâtie par le R. P. Matthieu Ricci, et que le gouvernement chinois venait de livrer à Mgr Mouly. Les victimes reposent encore au cimetière catholique, où se trouvaient déjà les tombes des jésuites, vers la face ouest de la ville, en dehors de l'enceinte.

Le 29 eut lieu l'office des Morts, et le *Te Deum* fut chanté ensuite.

Le 14 novembre, tous les alliés étaient réunis à Tien-tsin ; depuis huit jours le Pei-ho était gelé : si l'avis du général de Montauban n'eût pas prévalu, l'armée eût été retenue par les glaces.

Nous laissâmes des troupes à Tien-tsin et aux forts de Ta-kou, jusqu'au paiement complet de l'indemnité de guerre, fixée pour la France à huit millions.

Ainsi se termina l'expédition de 1860.

Les résultats furent : la reconnaissance et l'exécution des conventions du traité du 27 juin 1858 ; l'ouverture du port de Tien-tsin au commerce étranger (il ne figurait pas sur la liste précédente) ; la restitution de tous les établissements religieux et de bienfaisance aux chrétiens ; la proclamation de la liberté du culte catholique dans l'empire.

Les Anglais, avec leur esprit *pratique* et une habileté dont ils ont donné des preuves nombreuses, surent se faire livrer, par une convention particulière, *trente lieues* de côtes en terre ferme, en face de l'île de Hong-kong.

Il semble vraiment qu'ayant partagé le péril et la gloire, nous aurions dû partager aussi les avantages. Les Anglais pensèrent autrement.

Le général Collineau mourut de ses blessures à Tien-tsin, le 15 janvier 1861.

Le général de Montauban fut créé *comte :* comte de Palikao *(Pa-li-kiao,* nom du pont où il avait exécuté un beau fait d'armes).

Parmi les officiers qui prirent part à cette périlleuse expédition, plusieurs ont aujourd'hui disparu de la scène militaire ; d'autres y jouent encore à divers titres un rôle digne de leur conduite passée. Parmi ceux-là, il en est dont, par sympathie personnelle, nous aurions aimé à rappeler les noms, car ils ont toujours eu le souci de leurs devoirs et surent les remplir avec un talent qui leur a valu de hautes distinctions.

Mais ceux-là, tout comme les missionnaires, préfèrent « rester dans l'ombre. » La modestie, surtout chez des hommes d'un tel caractère, porte en soi quelque chose de si noble et de si grand, que nous ne pouvons que nous incliner devant le désir qu'elle leur a fait exprimer, désir qui la révèle d'ailleurs tout entière.

Sans en nommer un seul, c'est donc à tous que nous offrons l'hommage de notre admiration pour la manière dont fut accomplie l'expédition de 1860 ; c'est envers eux tous que la France a contracté une dette de reconnaissance. Le général de Montauban s'y révéla tacticien habile ; il eut aussi le rare talent de savoir choisir ses principaux auxiliaires.

L'effet moral de cette expédition fut immense, non seulement sur les Chinois, mais encore dans tout l'Orient.

Les Chinois, qui nous avaient vus de près, demeurèrent longtemps aussi surpris que terrifiés ; mieux que les autres peuples, ils savaient quelles difficultés l'armée avait eu à vaincre. Et longtemps après le départ des derniers soldats, ils en étaient encore à considérer comme touchant au « merveilleux » ce fait que l'armée ait pu, déjouant tous leurs projets, échappant aux embûches, arriver jusqu'à la capitale, puis sortir de Chine. Ils avaient cru, en effet, que si leurs *dragons* ne portaient pas l'épouvante dans les rangs alliés, que si leurs longs fusils et leurs canons ne les dispersaient pas, que si enfin leurs nombreuses légions, puis les embûches, la trahison, l'empoisonnement.... ne pouvaient avoir raison de cette poignée d'hommes, du moins les difficultés géographiques, les obstacles nombreux et divers que la nature leur prêtait comme de redoutables auxiliaires, puis enfin la pénurie d'aliments qu'ils s'efforçaient de produire, leur donneraient la victoire.

Ils s'étaient trompés. Moyens de transport et vivres ne

firent pas plus défaut aux soldats combattant si loin de la patrie, que la poudre, les cartouches, les canons, les boulets…. Dans la guerre de 1860, il y eut unité de direction, puis aussi sagesse, prudence et savoir chez les officiers et les fonctionnaires ayant une mission spéciale à remplir, en même temps qu'ardeur, courage et fermeté chez tous les combattants — quel que fût leur grade.

Chacun avait conscience de ses devoirs, tous avaient une foi entière dans leur chef. Ce sont là deux gages précieux de succès.

Cette campagne, menée rapidement et avec tant de succès, nous fit un renom dont tous nos nationaux ont bénéficié en Orient, jusqu'en 1874.

Certains événements accomplis de 1874 à 1884 ont diminué un instant le prestige du nom français dans ces pays lointains. Mais les brillants faits d'armes de nos troupes de terre et de mer, entre autres les victoires de Son-tay et de Fou-tcheou, ont rendu à notre drapeau la gloire pure qu'il avait acquise, gloire dont il reste couvert.

III.

LES FRANÇAIS AU TONKIN ET EN ANNAM.

1872—1888

A) 1872-1874.

Le 5 juin 1862, l'empereur d'Annam *Tu-duc* avait reconnu nos conquêtes, abdiqué tous droits sur les provinces de Cochinchine portant le nom de Saïgon, My-tho, Bien-hoa.

L'empereur s'était résigné à cette cession de territoire — cession contraire aux lois de l'honneur pour les princes d'extrême Orient — non seulement à cause des craintes que lui causaient nos victoires, mais encore par suite des inquiétudes résultant pour lui d'une grande révolte existant au Tonkin.

Comme cette révolte se reproduisit quelques années plus tard, et qu'à plusieurs reprises la France fut sollicitée par les rebelles de soutenir leur cause, il n'est pas inutile d'en rappeler les principaux incidents.

Dans un séminaire catholique du Tonkin occidental, un jeune Annamite s'était fait remarquer par son intelligence, son caractère généreux, ses sentiments élevés. *Pierre* — c'était son nom — avait grandi dans ce milieu paisible, s'instruisant autant qu'il le pouvait, prenant intérêt à l'histoire et aux sciences d'Occident, qui laissaient ses condisciples indifférents.

Un jour, il quitta le séminaire et partit pour les montagnes d'abord, pour Macao ensuite.... Ce jeune homme était le prince royal Lê-phung, représentant de la dynastie des Lê [1]. L'étonnement fut grand au séminaire quand on apprit le titre de Pierre, car, par une modestie ou un calcul dont bien peu de jeunes gens sont capables, il avait caché à tous sa qualité de prince royal.

Les opérations franco-espagnoles commençaient (1858); un navire français, le *Prégent*, visitait les côtes du Tonkin. Lê-phung avait déjà réuni quelques partisans, obtenu des armes et des munitions de certains négociants chinois, et pris langue avec les chefs des mécontents dans les deux provinces de Nam-dinh et Hai-dzuong; il demanda au commandant du *Prégent* de rester quelque temps en face des côtes, promettant de délivrer le Tonkin tout entier de l'autorité tyrannique de Tu-duc et de *reconnaître lui-même le protectorat français*.

La découverte de ses projets obligea Lê-phung à entrer en campagne avant d'être tout à fait prêt. Pendant un mois, ses partisans se battirent dans le Tonkin, espérant toujours que les Français, avertis par le commandant du *Prégent*, feraient une démonstration sur les côtes. Après une lutte d'un mois, n'espérant plus l'appui des Français et ne voulant pas compromettre l'avenir, Pierre Lê-phung licencia ses partisans. Il gagna Tourane, chercha en vain à entretenir l'amiral Rigault de Genouilly, et ce dernier, au lieu de remonter vers le Tonkin, comme Pierre l'espérait, quitta Tourane pour Saïgon.

---

(1) V. *supra*, Coup d'œil sur l'histoire d'Annam, p. 18 et suiv.

C'était une première occasion perdue pour la France de s'emparer facilement du Tonkin.

En 1861, Lê-phung leva de nouveau l'étendard de la révolte. Vainqueur en plusieurs combats, il prit la flotte de Tu-duc, se trouva maître de tout le Tonkin oriental ; la province de Bac-ninh se souleva en sa faveur. Ses succès continuèrent, et après que Tu-duc eut signé le traité qui reconnaissait nos conquêtes en Cochinchine, Lê-phung, à la fin de 1862, renouvela ses propositions au gouverneur de Saïgon. Il demandait une simple démonstration en sa faveur et offrait, quand il aurait conquis le trône, de reconnaître le protectorat français : le contre-amiral, malgré l'avis du colonel espagnol Palanca, *repoussa ces propositions.*

Tu-duc, libre de tourner toutes ses forces contre les insurgés et désespérant cependant de les vaincre, s'efforça de triompher par la ruse et la trahison d'un homme loyal et courageux.

Lê-phung, dont la flotte venait d'être détruite par une tempête, jeté sur la côte du Quang-binh, fut reconnu, livré à Tu-duc, et souffrit en 1865 le plus horrible des supplices, le *lang-tré* : il eut les membres coupés, les entrailles arrachées et enfin la tête tranchée.

Un missionnaire qui l'avait connu, le P. Muñoz, a dit de lui qu'il eût été « le Constantin du Tonkin. »

Dix ans après avoir repoussé les offres de Pierre Lê-phung, la France comprit qu'elle avait un intérêt capital à dominer au Tonkin, parce que l'Angleterre cherchait à s'assurer une voie rapide de communication avec le Yunnan ; mais au lieu d'agir énergiquement comme avait fait le général de Montauban en Chine, on commença une série d'opérations qui devaient être fécondes en déceptions et en sacrifices avant d'aboutir à un heureux résultat.

Le 26 janvier 1872 [1], M. Senez, capitaine de frégate, commandant du *Bourayne,* arrivait à Tourane ; il était envoyé par le gouverneur de Saïgon avec une double mission : l'une avouée, et qui devait lui assurer le concours des autorités annamites, était d'examiner quelles mesures il convenait de prendre pour arrêter les exploits des pirates chinois qui désolaient, ruinaient et brûlaient tous les villages voisins des fleuves ou de la mer, au Tonkin ; — l'autre, tenue secrète pendant un temps, était d'explorer les contrées du Tonkin traversées par le fleuve Rouge, et de chercher une voie fluviale navigable entre la mer et le Yun-nan.

Le traité de 1862 avait ouvert le port de *Ba-lat* (Tonkin) au commerce français. Mais tantôt pour un motif, tantôt pour un autre, nous n'avions jamais obtenu satisfaction sur ce point du traité. La présence de véritables flottes de pirates dans des eaux où notre pavillon avait droit de séjour justifiait notre intervention. M. Senez trouva en effet jusqu'à 200 jonques de guerre réunies, armées chacune de 10 à 12 canons et montées par une armée de 7 à 8,000 Chinois !

Après avoir fait une première reconnaissance, il revint à Saïgon et en partit de nouveau le 5 octobre. A la fin du mois il acquit la certitude que le gouvernement annamite, redoutant l'ingérence des Français, s'était entendu avec les Chinois pour prendre, en apparence, des mesures contre la piraterie. L'officier français éprouvait chaque jour le mauvais vouloir des fonctionnaires annamites : tantôt on lui refusait des bestiaux, tantôt on cherchait à l'induire en erreur sur les cours d'eau qu'il voulait explorer, ou bien

---

(1) Pour plus de détails sur cette période on peut consulter utilement l'*Histoire de l'intervention française au Tonkin,* par M. ROMANET DU CAILLAUD.

les autorités refusaient de le recevoir. Ce fut ce qui arriva à Hanoï.

Grâce aux avis de Mgr Colomer, M. Senez avait pu en effet remonter avec son navire jusqu'à Hanoï, en se servant d'un arroyo, le *Song-chi*, qui fait communiquer le Thai-binh avec le Bô-dê. Le gouverneur de la province, désespéré de voir un navire français, un navire de guerre! dans les eaux de Hanoï, ne s'était résolu, le 6 novembre, à rendre visite au commandant Senez, que sur une *invitation* ressemblant beaucoup à un ordre. Mais quant à permettre que M. Senez vînt lui rendre sa visite à la citadelle, il n'y voulut point consentir. Le commandant se présenta cependant, et l'entrée lui fut refusée. Il allait faire enfoncer la porte, quand un prêtre annamite lui offrit de faire écrire une lettre d'excuse par le gouverneur, qui, prenant prétexte d'une maladie, exprimerait le regret de ne pouvoir le recevoir. Grâce à ce stratagème, l'honneur du drapeau était sauf, et comme M. Senez n'avait pas mission d'ouvrir les hostilités, comme d'ailleurs il ne disposait pas de forces suffisantes, il se contenta de cette lettre, à laquelle il répondit adroitement par une note courtoise qui compromettait le gouverneur vis-à-vis de la cour de Hué.

M. Senez redescendit à Bac-ninh par le fleuve d'abord, puis par la route royale. Le gouverneur de Bac-ninh lui fit bon accueil, mais il s'aperçut de la présence de deux cents soldats chinois, fournis par le vice-roi de Canton. Deux de ces Chinois eurent même l'audace de frapper un officier de la suite de M. Senez, qui les fit arrêter et conduire à la maison qu'il occupait. Il en résulta une attaque de cette maison par les Chinois, et les mandarins annamites, n'osant pas les soutenir, obtinrent, grâce à *mille ligatures, deux turbans et un revolver*, le départ des mutins. M. Senez, en ne faisant pas tirer sur les Chinois, avait évité des ennuis aux Annamites, qui lui offrirent d'habiter la citadelle, ce qu'il s'empressa d'accepter. Pendant le repas du soir, le gouverneur l'informa que *trois bâtiments à vapeur et une jonque le cherchaient :* c'était la flottille de M. Dupuis.

M. Dupuis, Français, homme courageux et ami des entreprises aventureuses, s'était établi en Chine, à Han-keou, sur le Yang-tse-kiang (fleuve Bleu). Par son caractère et son intelligence, il avait su se créer une situation vraiment exceptionnelle et inspirer assez de confiance aux Chinois pour devenir l'agent de plusieurs grands mandarins, auxquels il procurait des canons et des munitions.

Dès 1864, c'est-à-dire quatre ans avant que la commission scientifique, dont Francis Garnier faisait partie, indiquât le fleuve Rouge comme la voie naturelle dont on devait se servir pour exploiter les mines du Yun-nan, M. Dupuis avait pressenti l'existence de la route fluviale.

Un envoi d'armes ayant mis six mois, par l'intérieur de la Chine, à parvenir au maréchal *Ma,* qui luttait contre les musulmans dans le Yun-nan, il résolut de s'assurer de la navigabilité du fleuve de l'Annam. Pour cela il se rendit à la capitale du Yun-nan, y pénétra, bien qu'elle fût assiégée, fut reçu comme un ami, recueillit des renseignements conformes à ses espérances, mais ne put, en l'état de la province, mettre son projet à exécution. Il rentra donc à Han-keou. C'est à la suite de ce voyage qu'il vit Francis Garnier à son passage à Han-keou, et alors qu'il terminait son voyage d'exploration. Francis Garnier affirma à M. Dupuis que le fleuve Rouge devait être navigable depuis le Yun-nan jusqu'au golfe du Tonkin.

Encouragé par cette opinion conforme à la sienne, M. Dupuis, deux ans plus tard, en 1870, se rendit de nouveau au Yun-nan : malgré la présence des rebelles sur certains points, il résolut de tenter l'aventure et de *descendre le fleuve*. Ma lui donna une escorte, un passeport, des lettres de recommandation. Il entra dans le fleuve à *Mang-hâo*, où coule la principale branche du fleuve Rouge, qui au delà de Mang-hâo n'est pas navigable à cause des rapides. De Mang-hâo il descendit à Sin-kai, puis à Lao-kai, où les *Pavillons noirs*, rebelles chinois, n'osèrent l'arrêter ; il continua, arriva à cent milles de là, au milieu d'autres rebelles, les *Pavillons jaunes*, ennemis des *noirs*, qui lui firent bon accueil ; descendit encore jusqu'au Touen-hia, acquit la certitude qu'au delà on ne rencontrait point d'obstacles jusqu'à la mer ; mais à cause de postes annamites hostiles, il n'osa continuer sa marche. Il écrivit au consul de France à Chang-hai, pour le prévenir que la route existait réellement : le consul informa le gouverneur de Saïgon, et c'est ainsi que M. Senez avait reçu la mission d'explorer le fleuve de la mer à Hanoï.

Quant à M. Dupuis, il retourna au Yun-nan, raconta son voyage, reçut un titre honorifique et fut déclaré agent officiel des grands mandarins pour l'exploitation des richesses du Yun-nan.

Chargé d'une fourniture considérable d'armes et de munitions, il rentra à Han-keou, partit pour la France, y acheta les armes et les munitions avec l'autorisation de l'amiral Pothuau, arriva à Saïgon en mai 1872, se rendit à Changhai pour organiser son expédition, revint à Saïgon, où, sur le conseil de M. Senez, il renonça à prendre le bâtiment de l'Etat qu'on mettait à sa disposition, alla à Hong-kong, où il trouva deux navires qu'il avait achetés, se pourvut d'une chaloupe à vapeur, d'une jonque de transport.... Il quitta Hong-kong le 26 octobre 1872. Le 8 novembre, il était dans les eaux du Tonkin, et nous avons vu que, quelques jours plus tard, il faisait savoir sa présence à M. Senez.

Le 18, M. Senez était à son bord avec un commissaire royal, *Lê-tuan*, homme intelligent et bienveillant, mais en somme Annamite, et ne pouvant prendre aucune mesure sérieuse en faveur de M. Dupuis, sans en avoir référé au gouvernement de Hué.

Lê-tuan demanda dix-huit jours de délai. M. Dupuis y consentit après avoir, non sans peine, obtenu l'autorisation d'explorer, pendant ce délai, avec sa chaloupe à vapeur, les rivières et arroyos du Delta. Le mandarin, qui se montrait courtois et même bienveillant envers M. Dupuis, — peut-être à cause de la présence du commandant Senez, — prit soin d'avertir les *Anglais*, à Hong-kong, des projets des Français, ce qui donna lieu à une demande d'explications adressée au consul de France à Chang-hai.

Les dix-huit jours écoulés, et les Annamites créant chaque jour quelque difficulté à M. Dupuis, soit en lui refusant de l'eau douce, soit en ne lui livrant pas de viande, soit en commençant des barrages, il résolut de poursuivre sa route. Mais ne pouvant songer à emmener ses navires dans de pareilles conditions, il chargea trois grandes jonques que des chrétiens lui procurèrent à l'insu des autorités, et partit. En même temps son second, M. Millot, se rendit à Saïgon, pour informer l'amiral Dupré de ce qui se passait et le prévenir que M. Dupuis, retardé dans sa livraison aux autorités du Yun-nan, avait besoin d'argent pour payer ses équipages et les nourrir. Or, ne trouvant pas de fonds français, il allait être contraint d'accepter les offres de banques anglaises et allemandes.

Effrayé des conséquences commerciales d'un emprunt fait aux étrangers, l'amiral Dupré fit prêter à M. Dupuis 30,000 piastres par la Cochinchine, qui se rembourserait sur l'indemnité de 250,000 piastres due, dès ce moment, par l'Annam à M. Dupuis, à cause du retard apporté dans la livraison des armes au vice-roi du Yun-nan, retard provenant du fait du gouvernement de Hué.

Ce prêt devait être, quelques mois plus tard, le prétexte qui autorisa le gouverneur de la Cochinchine ou ses représentants à s'ingérer dans les affaires de M. Dupuis, ingérence qui amena sa ruine.

Les jonques chargées prirent donc la direction du Yunnan, où le courageux Français parvint malgré les obstacles accumulés par les Annamites partout où il passait; il en revint par la même route du fleuve Rouge, rapportant dans ses jonques des minéraux et autres produits des régions chinoises.

L'ambition bien connue de l'Angleterre, les agissements secrets de quelques-uns de ses nationaux, agissements contraires à nos intérêts, enfin l'hostilité constante de Tu-duc et sa volonté d'interdire la libre navigation du fleuve aux Français, décidèrent le gouvernement de Paris à autoriser l'amiral Dupré, gouverneur de Cochinchine, à agir comme il le croirait utile pour l'honneur du drapeau et l'intérêt du commerce. Cependant les termes mêmes de cette autorisation laissaient entendre que l'éventualité d'une guerre n'était pas agréable au gouvernement; de sorte que les instructions qu'il allait donner devaient se ressentir des hésitations de la métropole.

M. Senez, tombé malade à la suite de sa mission au Tonkin, était en congé en France. L'amiral lui télégraphia de revenir à Saïgon, mais l'état de santé de cet officier ne lui permit pas de rejoindre ce poste. Le gouverneur de la Cochinchine songea aussitôt à Francis Garnier, dont le caractère, les aptitudes et l'expérience des choses de l'Annam permettaient de faire, suivant les événements, soit un négociateur pacifique, soit un conquérant.

Ce fut, en effet, en lui laissant le choix entre ces deux

rôles, que l'amiral Dupré lui confia une mission délicate autant que périlleuse : ouvrir le Tonkin au commerce français.

Avant d'entreprendre le récit des événements qui s'accomplirent sous la direction de Francis Garnier, examinons quelle était la disposition d'esprit de cet officier au moment où il fut appelé à Saïgon.

Nous avons perdu de vue Francis Garnier depuis la fin de son voyage d'exploration du Mé-kong.

Après qu'il eut ramené en Cochinchine le corps de M. Doudard de la Grée, il obtint un congé et partit pour la France. La réception la plus flatteuse lui était réservée par le gouvernement comme par les sociétés savantes. L'empereur Napoléon le reçut en audience et l'invita à être son hôte au palais de Compiègne (novembre 1868).

Un des premiers soins de Garnier, en arrivant à Paris, avait été de reporter sur l'ancien chef de la mission, M. Doudard de la Grée, une large part des mérites des travaux accomplis, que l'enthousiasme général prétendait attribuer à lui seul. Sur ses instances, la Société de géographie, dérogeant à la règle qu'elle s'était imposée de ne récompenser que les vivants, décerna, le 30 avril 1869, la grande médaille d'or à la fois à Francis Garnier et au capitaine de frégate Doudard de la Grée.

L'Angleterre n'admit pas ce partage de récompense : la Société de géographie de Londres décerna à Garnier, en 1870, la grande médaille d'or Victoria pour son exploration et, en particulier, pour le fait de s'être rendu à Taly-fou. Comme M. de la Grée, retenu par la maladie dont il devait mourir, n'avait pas pénétré dans cette ville, alors siège de l'insurrection musulmane, son nom ne pouvait être associé à celui du jeune explorateur.

S'il est un fait pénible entre tous, c'est bien de se voir dénier le mérite d'une invention ou de travaux difficiles.

Garnier ne devait pas échapper à ce revirement de l'opinion : après avoir prétendu lui attribuer *toute* la gloire de l'expédition, on en arriva en France à la lui refuser toute aussi. Si bien qu'après avoir lutté pour que la mémoire de son ancien chef demeurât honorée comme celle d'un explorateur du plus grand talent, le jeune lieutenant de vaisseau eut à combattre pour qu'on ne lui refusât point sa part de découvertes et de travaux, en particulier l'honneur d'avoir inspiré l'idée de l'expédition. Nous avons vu déjà que sa défense, présentée par les hommes les plus compétents, avait enfin rétabli les faits sous leur vrai jour.

Mais au commencement de 1870, lassé d'avoir à sauvegarder jusqu'à *son idée*, troublé profondément par le retard apporté à l'avancement auquel il avait tant de titres, désireux de se créer une situation pécuniaire supérieure à celle lui procurait son grade de lieutenant de vaisseau...., Francis Garnier songeait à quitter la marine.

Il voulait, dès ce moment, se rendre en Chine, puis au Thibet, et se procurer de première main les soies qui, jusque-là passant par de nombreux intermédiaires, arrivaient en France grevées de charges qui en triplaient le prix d'origine.

Il s'était entendu avec des fabricants français, toutes ses dispositions étaient prises et il allait donner sa démission, quand éclata la guerre de 1870.

L'honneur le retenait dans les rangs des combattants : il se prépara à la lutte.

Ce fut d'abord avec entrain, avec espoir, et par suite avec joie, que Garnier s'occupa de la défense de la patrie. Il avait foi dans l'armée, et le 25 août 1870, s'abandonnait encore aux illusions que bon nombre d'officiers avaient perdues depuis Wœrthe. Nommé commandant d'une canonnière que l'on construisait à Paris pour la défense de la Seine, il écrivait à son vieil ami Joseph Pierre : «…. Si les Prussiens ont l'imprudence de continuer leur pointe sur Paris, *il n'en reviendra pas un*, je l'espère. Tout est prêt pour les recevoir. Je crains qu'ils ne la commettent pas…. »

Bientôt, hélas ! les événements devaient donner tort à Garnier ; mais du moins le courageux marin ne perdit-il pas un instant son énergie, son ardeur…. Il les conserva jusqu'au jour de l'armistice, et quand Paris eut capitulé, il protesta contre la reddition du matériel de guerre. Aussi ne fut-il pas nommé capitaine de frégate ; déjà le 4 septembre lui avait coûté la croix d'officier de la Légion d'honneur. Lui-même, en effet, a raconté comment sa nomination trouvée sur le bureau du ministre de la marine, Rigault de Genouilly, fut effacée par le nouveau gouvernement.

Enfin lorsque, la guerre finie, il visita sa campagne de la Varennes, il la trouva presque en ruine et complètement pillée.

Déçu dans ses plus légitimes espérances d'avancement, souffrant de toutes les douleurs de la France, Garnier reprit son projet d'établissement commercial en Chine, en même temps qu'il mûrissait l'idée fixe chez lui d'un voyage d'exploration au Thibet.

Il obtint un congé, partit avec sa femme (il s'était marié en 1869), et après s'être arrêté en Cochinchine, arriva à Chang-hai le 18 novembre 1872.

Le mois de janvier suivant le trouve sur le Yang-tse-kiang, à Han-keou. Il revient à Chang-hai, part pour Tien-tsin, où il arrive aux premiers jours de mars 1873 ; de là il se rend à Pé-kin, visite les environs, s'aventure

jusqu'à la grande muraille, revient à Tien-tsin, puis de là
à Chang-hai, d'où il part pour Han-keou, dans le but de traverser le lac Tong-ting, en amont de cette ville, puis de remonter la rivière Yueng, et de rejoindre, à travers les montagnes, un autre cours d'eau qui, né dans le Kouy-tcheou,
vient se jeter dans le fleuve Bleu, près de la grande ville
du Su-tchuen, Tchong-kin-fou, entrepôt des produits du
Yun-nan, du Thibet — et aussi de ce que le monde entier
envoie en Chine par Chang-hai. C'est à Tchong-kin-fou
qu'il pense établir la base de ses opérations pour le voyage
au Thibet qu'il projette, et au sujet duquel il a demandé
des passeports à Pékin, tandis qu'il sollicite l'aide des
sociétés savantes de Paris.

Il rentre à Chang-hai et y trouve.... une lettre de l'amiral Dupré, lettre en date du 22 juillet, et ainsi conçue :

« .... J'ai à vous parler d'affaires importantes et je vous
prie de venir le plus tôt que vous pourrez. »

Ecartant à l'instant toute question d'intérêt personnel,
Garnier se rend à l'appel de l'amiral. Il ignore ce dont il
s'agit ou le pressent seulement, mais il part.

Aussitôt arrivé à Saïgon, il est mis au courant des faits
accomplis au Tonkin et reçoit la proposition d'aller à Hanoï
pour trancher, après enquête, le différend existant entre
M. Dupuis et le gouvernement annamite ; ensuite, se
basant sur « l'appui moral » donné à la cour de Hué, il
devra obtenir pour la France le droit de sauvegarder « les
intérêts commerciaux engagés, » de réglementer et de sur-
veiller la navigation sur le fleuve Rouge.

Tel est le résultat qu'on lui demande d'obtenir afin d'empêcher que l'influence anglaise ne se substitue à la nôtre
ou que le gouvernement chinois ne s'empare du fleuve à
son profit exclusif.

La question capitale était de savoir comment agir pour décider le gouvernement annamite à accepter *notre aide.*

Les avis sont partagés sur le plan que se proposa Garnier dès son départ de Saïgon : certaines personnes estiment qu'il était par avance décidé à engager de suite une lutte armée ; d'autres croient que cette pensée appartenait à l'amiral Dupré et que Garnier, par ses observations, la modifia. M. Petit, qui a écrit sa vie, adopte cette opinion. Voici en quels termes il précise les rôles, afin de combattre la réputation « d'aventurier porté aux résolutions extrêmes, épris des équipées guerrières et des batailles, » qui a été faite au héros du Tonkin.

« Le gouverneur de la Cochinchine.... se décidait à envoyer à Hanoï un *corps expéditionnaire* sous le commandement de Francis Garnier.... Celui-ci, bien loin d'entrer dans les vues du gouverneur, qui penchait pour une expédition armée, offrit d'*aller trancher par la diplomatie* le différend survenu entre Dupuis et les mandataires de l'Annam. Il désirait, sous couleur de défendre les droits du souverain de Hué, lui imposer en échange le protectorat de la France et l'amener à ouvrir le Tonkin au commerce [1]. »

Il résulte bien, en effet, d'une lettre de Garnier à M. Levasseur, membre de l'Institut, lettre écrite le 20 septembre 1873 : 1° que la première pensée de l'amiral avait été de profiter des aspirations de la population tonkinoise, — désireuse d'échapper à la tyrannie de la dynastie régnante — et de la présence de M. Dupuis dans les eaux de Hanoï, pour s'emparer du pays par un hardi coup de main ; 2° que Francis Garnier le détourna de ce projet en lui représentant, d'une part, que les Chinois intervien-

____

[1] *Francis Garnier*, par Edouard PETIT, p. 224.

draient sans doute et qu'un conflit serait à craindre entre nos troupes et celles du Yun-nan, armées de fusils à tir rapide ; d'autre part, que « diplomatiquement nous serions dans notre tort. »

Le plan de Garnier consistait à agir à la fois sur le gouvernement chinois, pour obtenir que les troupes chinoises ne prissent point parti dans le débat, et sur le gouvernement annamite, pour qu'il autorisât la libre navigation sur le fleuve Rouge, sous la surveillance française.

Cependant, sans mettre en doute la sincérité de Francis Garnier au moment où il exposait la situation et où la mission *pacifique* qu'il proposait était acceptée, on ne peut s'empêcher de remarquer qu'il fut bien prompt à changer de ligne de conduite ! Admettre que Francis Garnier n'ait pas eu la certitude qu'une intervention armée lui deviendrait inévitable par suite du mauvais vouloir des Annamites, ce serait supposer qu'il était ignorant du caractère des mandarins en général, de celui du vieux maréchal Nguyen-tri-phuong, gouverneur de Hanoï, en particulier. Or, les voyages qu'il avait accomplis, l'expédition de Cochinchine, dans laquelle il avait joué un rôle, et qui lui avait fourni l'occasion d'apprécier le maréchal annamite, défenseur du territoire attaqué, ne permettent pas cette supposition. Quant à l'amiral Dupré, il ne doutait pas non plus de la nécessité d'un *choc* ; enfin, à Paris même, le gouvernement avait la conviction qu'une négociation pacifique échouerait.

Pourquoi, tout le monde étant d'accord sur ce point, avoir engagé la lutte comme on le fit ? Pourquoi Garnier refusa-t-il les quatre cents hommes d'*escorte* que lui proposait l'amiral ?

La vérité, croyons-nous, est celle-ci. Le ministère français, craignant des complications dans la politique intérieure, ne voulait pas engager *volontairement* la guerre avec l'Annam ou la Chine ; il consentait seulement à ce que les hostilités fussent le résultat du mauvais vouloir des Annamites ou d'une insulte au drapeau ; — l'amiral, appréciant avec justesse la situation, aurait volontiers tenté un coup de main sérieux et immédiat ; — quant à Garnier, il prévoyait que, si la politique le voulait, *il serait désavoué*, ce qu'il indique comme une éventualité en terminant sa lettre à M. Levasseur. Il préférait donc commencer par une démarche pacifique, et d'ailleurs il ne savait au juste comment il procéderait.

Ceci résulte d'une lettre qu'il écrivait à M. Dupuis le 26 octobre, et dans laquelle, après l'avoir informé qu'il se rendait au Tonkin avec une double mission, il lui disait relativement à la pacification de ce pays : « Je compte beaucoup sur votre expérience *pour m'éclairer sur la meilleure solution* de ce difficile problème.... »

Quelques jours avant, à peine embarqué le 11, il écrivait à sa femme, demeurée à Chang-hai ; dans ce récit plein d'abandon, de simplicité et de franchise, nous relevons le passage suivant, indice certain qu'il n'y avait rien d'arrêté dans la marche à suivre :

« J'ai pensé (au moment du départ) à la lourde responsa-
» bilité qui pesait sur moi, à toutes les espérances que
» mon entreprise faisait naître et que je ne réaliserai
» peut-être pas ! et j'ai eu un instant le cœur bien gros,
» prêt à déborder. Maintenant je suis plus calme ; l'air de
» la mer me remet ; j'avais grand besoin de reposer ma
» pauvre tête et de fermer mes tiroirs, comme dit maman.
» Il fait beau. L'*Arc* [1] se comporte à merveille. Nous pou-

---

(1) Canonnière à vapeur qui coula, le 14 octobre, à sept ou huit milles de terre.

» vons pousser jusqu'à neuf nœuds. Je me sens heureux
» d'être encore une fois sur un navire de guerre. *Je com-
» bine ma petite affaire, je fais des plans.* C'est bien le
» diable, après tout, si je ne réussis pas ; je ne suis pas plus
» bête qu'un autre, et puis je me mets à sourire *in petto* :
» à quoi me servira de réussir ? »

Ainsi Garnier partit avec une mission qui se résume de
la sorte : pacifier le Tonkin quant à la piraterie; l'ouvrir
au commerce sous le protectorat de la France.

Quant aux moyens à employer, aucun ne lui était fixé :
il agirait comme il le jugerait nécessaire; comme instructions de l'amiral, il avait *carte blanche.*

Voilà comment fut engagée cette entreprise dont le succès tient du merveilleux, mais qui devait se terminer par un
désastre, parce que les hésitations du gouvernement français et le choix d'un homme, M. Philastre, pour régler les
affaires à la mort de Garnier, devaient amener le *désaveu*
prévu, le désaveu du marin assez hardi pour conquérir le
Tonkin avec une poignée de braves. Abordons maintenant
le récit de cette conquête.

Après être retourné à Chang-hai pour mettre ordre à ses
affaires, dire adieu à sa femme, embrasser sa petite fille,
êtres bien-aimés qu'il ne devait plus revoir! Francis Garnier est revenu à Saïgon. Le samedi 11 octobre 1873, il part.

Il a deux canonnières, l'une commandée par M. Dela-
porte, et l'autre, comme il le dit plaisamment, qui est son
« vaisseau amiral. » La corvette *le d'Estrées* le remorquera
jusqu'à l'embouchure du fleuve Rouge; si besoin est, il
pourra faire appel à la compagnie de débarquement de la
corvette. Quant aux forces se trouvant sur les canonnières,
elles se bornent à un détachement de fusiliers marins et
un détachement d'infanterie de marine.

Un mandarin annamite est avec Garnier : venu pour solliciter l'amiral Dupré de mettre fin aux agissements de M. Dupuis, il repart et sera déposé à Tourane, où l'expédition attendra cinq jours la réponse du roi à la proposition de l'amiral.

Arrivé le 15 octobre à Tourane, Francis Garnier reçut, en effet, la réponse royale le 18 : Tu-Duc, très satisfait de la mission que lui a donnée le gouverneur de la Cochinchine — *enquête sur l'affaire Dupuis,* — va faire partir trois mandarins pour l'assister au Tonkin.

L'*Arc* s'étant perdu, on attend l'arrivée d'une autre canonnière, *l'Espingole,* sur laquelle il montera.

Ainsi, au moment où « l'envoyé » français fait débarquer à Tourane le mandarin annamite chargé de la proposition de l'amiral, les dispositions conciliantes de la cour de Hué s'affirment, et, pour faciliter la tâche du négociateur, le roi lui donne des *auxiliaires.*

Les instructions de ceux-ci n'étaient-elles pas conformes aux promesses du souverain, ou le vieux maréchal Nguyen-tri-phuong refusa-t-il de s'y conformer? La duplicité annamite permet toutes les suppositions.

Le 3 novembre, Garnier arrive à l'embouchure du Song-chi. M. Dupuis, qui avait été prévenu, le rejoint sur son navire, *le Mang-hao,* et prend à sa remorque le petit bâtiment qui portait le chef de l'expédition.

Le concours désintéressé de M. Dupuis, concours qui fut très utile en plus d'une circonstance, doit être noté : ce Français courageux, qui oublia ses intérêts personnels pour l'intérêt général de la France, fut bien mal récompensé de son dévouement!

Le *Mang-hao* et la jonque de Francis Garnier arrivent à Hanoï le 5 novembre. Le maréchal *Nguyen-tri-phuong,* gouverneur de la citadelle, est un terrible ennemi des Français. Averti de l'arrivée de Francis Garnier, il ne se montre pas, et aucun mandarin ne vient recevoir le « commissaire, » chef de la mission. Un fonctionnaire subalterne se présente cependant pour informer Francis Garnier qu'un logement lui est préparé.... dans une vieille auberge.

Ceci ne faisant pas le compte de Garnier, il donne l'ordre à l'un de ses officiers, M. de Trentinian, de se placer avec un détachement de marins devant la porte principale de la citadelle. Cette manifestation trouble quelque peu les Annamites ; Garnier entre dans la citadelle et pénètre jusqu'auprès du vieux maréchal, qui n'ose refuser de l'installer dans le *camp des lettrés* (partie réservée aux candidats aux examens).

Garnier fait afficher une proclamation avertissant qu'il vient au nom de la France, d'accord avec l'Annam, pour procurer au Tonkin les *avantages du commerce.*

Le maréchal répond à cette proclamation par une autre déclarant que l'officier français vient, au contraire, pour *juger et chasser* M. Dupuis, et qu'après cela il devra se retirer sans pouvoir s'immiscer dans les affaires du pays.

Aussitôt le vide se fait autour des Français ; puis on tente de les empoisonner et même de les faire sauter en mettant le feu au magasin aux poudres.

Le 15, Francis Garnier fait afficher une nouvelle proclamation, que le *d'Estrées* va porter aussi aux consuls de la côte : de sa propre autorité, Garnier déclare le fleuve du Tonkin, depuis la mer jusqu'au Yun-nan, ouvert au commerce pour les nations ayant un traité avec l'Annam ; Haiphong, sur le Cua-câm, est ouvert aux navires étrangers. Les droits de douane sont fixés : ceux des marchandises venant de Saïgon ou expédiées à Saïgon ne paieront que moitié des droits.

Tous les commerçants, quelle que soit leur nationalité, sont placés sous la protection du drapeau français.

La proclamation est à peine affichée à Hanoï, que le maréchal la fait déchirer ; il envoie un courrier à Hué prévenant de l'attitude de Francis Garnier, et demandant ou le droit de combattre ou l'autorisation de se retirer.

En même temps il menace l'officier français d'appeler les Anglais.

Francis Garnier répond, le 19 novembre, par cet ultimatum : « Si ce soir, à six heures, la citadelle n'est pas désarmée, et si M. Dupuis n'a pas l'autorisation de partir avec ses navires pour le Yun-nan, j'attaquerai la citadelle. »

Ainsi, quatorze jours à peine après son arrivée à Hanoï, il a perdu tout espoir d'une solution pacifique et ne recule pas devant l'attaque de l'immense forteresse. Quelles sont donc les forces dont dispose Francis Garnier ?

Le 12 et le 13 sont arrivées : la canonnière *l'Espingole*, commandée par l'enseigne de vaisseau Balny d'Avricourt ; le docteur Harmand et l'ingénieur hydrographe Bouillet se trouvent sur ce bâtiment ; — la canonnière *le Scorpion*, commandée par MM. Bain de la Coquerie et Esmez. Le *Mang-hao* de M. Dupuis a été prendre la compagnie de débarquement de l'aviso *le Decrès*, qui doit remplacer le *d'Estrées*.

Le total des hommes du *corps expéditionnaire (!)* s'élève à 212 ; il y a parmi cette petite troupe 24 Asiatiques ; les canons sont au nombre de onze.

Avec cela, Garnier va conquérir le Tonkin.

Le 20 novembre, à cinq heures du matin, on marche contre la citadelle.

Le réveil s'est fait à la voix, à quatre heures, et cependant, à cinq heures, les clairons sonnent la diane, comme ils le font tous les jours, de sorte que les Annamites ne se doutent de rien ; la soupe est déjà mangée, et il fait à peine jour. M. Bain de la Coquerie, avec trente marins et une pièce de quatre, se dirige sans bruit vers la porte sud-ouest. Il y a quatre portes à la citadelle ; la véritable attaque doit avoir lieu à la porte sud-est. Vers celle-ci marche Francis Garnier ; MM. Trentinian, Esmez et Hautefeuille le précèdent ou le suivent ; tous les hommes sont de l'expédition, excepté quelques-uns laissés à la garde du camp avec M. Bouillet.

Les deux portes sont attaquées à la fois et avec un égal succès, de sorte que le drapeau français flotte en même temps sur les deux points opposés. Aussitôt entrés, les assaillants courent, les uns, s'emparer des deux portes de l'est et de l'ouest, les autres, prendre possession de la grande tour sur laquelle on hisse le drapeau. Aussitôt s'éteint le feu des canonnières embossées dans le fleuve et placées sous le commandement de M. Balny d'Avricourt.

A la porte de l'est, un incident s'est produit. M. Dupuis, ayant offert son concours, avait reçu la garde d'un canon braqué contre la porte ; il avait placé à cette pièce le capitaine du *Hong-kiang* (l'un de ses navires), M. G. Vlavianos, et trente Chinois. Le châssis de la pièce ayant été brisé, M. Dupuis avait fait avancer un de ses canons. Puis, M. Vlavianos, entendant une vive fusillade et craignant que la troupe de M. Garnier ne soit pas en nombre, s'élance avec des Chinois contre la porte est, s'empare du redan, mais la résistance continue. M. Hautefeuille, aussitôt entré dans la citadelle, se dirige vers cette porte ; il entre, voit des soldats qu'il prend pour des Annamites ou des auxiliaires du maréchal, ne songe plus aux Chinois de M. Dupuis, et fait tirer sur eux ; heureusement il reconnaît son erreur en apercevant M. Vlavianos, mais un Chinois avait été tué.

La citadelle de Hanoï est prise par cent quatre-vingts hommes : il est huit heures du matin.

Nous n'avons pas un homme hors de combat ; les Annamites laissent quatre-vingts morts, trois cents blessés (parmi lesquels le maréchal) et deux mille prisonniers!

Ces derniers étaient armés et réfugiés dans diverses parties de la citadelle. Se croyant perdus, ces hommes pouvaient tenter une défense suprême, fatale à la petite troupe. On parvint à leur faire comprendre qu'ils n'avaient rien à craindre, et on les désarma le 21. Après qu'ils eurent transporté dans la citadelle le matériel et les vivres des vainqueurs, Francis Garnier les rendit à la liberté : il ne pouvait les garder. Quant aux mandarins supérieurs, six furent envoyés à Saïgon par le *Decrès*, le 22 ; puis le 24, M. Dupuis emmena le gouverneur de la province sur le *Lao-kaï*, son troisième navire.

La stupeur des Annamites à Hanoï est à son comble ; quant à la colère, ou pour mieux dire au désespoir du vieux maréchal Nguyen-tri-phuong, on n'en connaît pas encore toute l'étendue : c'est quelques jours après sa défaite qu'on s'en doute en voyant qu'il a arraché les appareils, les bandes, tout ce qu'on avait mis sur sa blessure ; il veut mourir ; il mourra en effet le 20 décembre, suivi presque aussitôt dans la mort par son vainqueur!

Les approvisionnements de la citadelle sont considérables et variés. 40 canons et 49,000 hectolitres de riz, *cent cinquante mille francs* (en sapèques !), de l'argent en barres, 750 hectolitres de sel, des munitions et des bestiaux.... on trouve de tout.

Francis Garnier prétend bien ne pas s'en tenir à la prise de Hanoï, et voulant profiter de la stupeur des Annamites, s'empresse de mettre ses projets à exécution.

A six kilomètres environ de Hanoï se trouve un fort, le *Phu-hoai*, qui commande la route de Son-tay.

Le 22 novembre, surlendemain de la prise de Hanoï, M. Bain de la Coquerie part dès le matin, avec quarante hommes et un canon ; il a pour mission de prendre le fort. Après quelques coups de fusil et de canon, toute la garnison s'enfuit !

Le 23, M. Bain de la Coquerie rentre à Hanoï, après avoir laissé Phu-hoai à la garde d'Annamites dévoués à nos intérêts.

Francis Garnier fait afficher une proclamation : il déclare qu'il a chassé les mandarins n'ayant nul souci du peuple ; — que les Français voient des frères dans les Annamites et s'appliqueront à faire leur bonheur ; — que les bons mandarins n'ont rien à craindre ; — que les hommes capables de gouverner et voulant le succès des Français peuvent venir offrir leurs services, etc.

Avec les faibles forces dont il dispose, Francis Garnier ne peut songer à gouverner le pays par des Européens. Mgr Puginier lui indique des Annamites, des païens et des chrétiens, sur lesquels on peut compter.

En même temps, le chef des partisans des *Lê* — qui n'ont pas renoncé à la lutte contre Tu-duc — fait savoir à Francis Garnier qu'il lui offre le concours de *cinq mille hommes*.

M. Balny d'Avricourt reçoit la mission de soumettre les régions voisines de Hanoï. Il part sur l'*Espingole*.

Le 25, il reçoit la soumission des autorités de *Hong-yên*.

Le 26, il se rend à la forteresse de *Phu-ly*, qui commande la route de Nin-binh à Son-tay. Il marche droit à la citadelle, fait sommation d'apporter les clefs, accorde *dix minutes* pour cela.... Rien n'est apporté. On monte sur les remparts, et l'on voit tous les défenseurs fuyant au plus vite ! On escalade, on ouvre les portes : Phu-ly est à nous.

M. Balny d'Avricourt confie la garde de la forteresse à M. de Trentinian, qui doit être relevé de ses fonctions par Lê-van-ba, et continue sa marche.

Le 1er décembre, Lê-van-bâ et M. Esmez s'emparent de Phu-thuong et de la sous-préfecture de Phu-xuyèn.

Le même jour, M. Hautefeuille s'empare de la sous-préfecture de Gia-ham, dans la province de Bac-ninh.

Ainsi, du 20 novembre au 2 décembre, nous avions soumis la province de Hanoï et une partie de la province de Hong-yên.

Le 2 décembre, M. Balny d'Avricourt quitte Phu-ly et va examiner l'état des canaux qui font communiquer les deux bras du fleuve. En entrant dans le Cua-lac, il trouve des barrages qu'il avait vus en allant soumettre Hong-yên et dont il avait à ce moment ordonné la destruction. Cependant l'*Espingole* passe ; un peu plus loin, nouveau barrage, avec une passe. Un fort commande ce barrage ; son apparence est hostile ; les artilleurs sont à leurs pièces. Cependant le gouverneur se présente, s'excuse, dit que les travaux sont en démolition. M. Balny lui recommande de hâter la destruction des barrages. — Cinq jours plus tard, de ce fort on tirera sur le *Lao-kaï* de M. Dupuis.

L'*Espingole* entre dans un bras du Thai-binh qui va rejoindre le Cua-loc. Le 3, à neuf heures du matin, *on est en face de* HAI-DZUONG.... *La canonnière échoue !* La distance qui sépare des estacades est de quinze cents mètres environ. On parvient à dégager l'*Espingole*, mais la marée est basse et la passe n'est pas praticable. La yole à vapeur est mise à la disposition de M. de Trentinian, qui va porter au gouverneur la lettre de Francis Garnier. Le gouverneur est malveillant, narquois, presque insolent.

M. de Trentinian revient à bord de l'*Espingole*, et M. Balny d'Avricourt se décide à tirer, bien qu'étant assez éloigné. Les coups de canon portent bien. Au dixième coup arrive un caporal, qui vient voir « ce que veulent les étrangers. » — Je veux recevoir la visite du gouverneur, répond M. Balny, et je l'attendrai jusqu'à huit heures.

Les pourparlers continuent ainsi jusqu'au 4 au matin. Le gouverneur n'est pas venu ; il est huit heures, la passe est praticable, et voilà l'*Espingole* à deux cent cinquante mètres des forts.... A neuf heures et demie, la citadelle formidable d'Hai-dzuong est prise par *trente-deux Français!* Il y avait eu un instant d'angoisse à l'attaque de la porte, car on ne pouvait démolir cette porte, derrière laquelle se trouvaient des paniers pleins de terre, et pendant que la petite troupe s'efforçait de se faire un passage, l'ennemi tirait à travers les bambous qui couronnent le parapet de toutes les citadelles ; des Annamites jetaient même divers projectiles sur les assaillants.... A ce moment, M. Harmand eut l'idée de briser à coups de revolver les barreaux de la porte qui, à une certaine hauteur, était à claire-voie. Les barreaux tombèrent, on fit la courte échelle ; on était dans la place !

M. Balny d'Avricourt organise l'administration de la ville et donne la garde des forts à des Chinois ainsi qu'à des chefs qui se présentent comme nos partisans. Le 14 décembre, il reçoit de Francis Garnier l'ordre de laisser M. de Trentinian à Hai-dzuong, et de se rendre à Nam-dinh, qui est à nous.

D'autre part, M. Hautefeuille, parti le 2 décembre, de Hanoï, avec *cinq marins*, sur un canot à vapeur, avait pour mission de sonder le fleuve : on songeait à s'assurer de Nin-binh.

Après avoir trouvé et détruit un barrage le 3, il apprit, le 4, que sept cents soldats de Nin-binh s'étaient avancés jusqu'à trois heures de la chrétienté de Ké-so ; puis, dans la nuit du 4 au 5, il sut qu'un barrage était établi près de Nin-binh. Il s'avance. Au-dessous d'une citadelle ayant environ deux kilomètres de tour, il voit des travaux de défense considérables dominant le fleuve ; les Annamites sont à leur poste, il y a de nombreux canons.

M. Hautefeuille en est là, le 5, lorsqu'en face des forts le *canot à vapeur échoue ;* on le relève.... la *chaudière éclate !* Alors se passe une scène presque incroyable.

Il faut ou périr ou.... *prendre Nin-binh !* M. Hautefeuille, qui a vingt ans, préfère le second parti.

Il laisse dériver le canot, passe dans une barque avec ses cinq marins et le chauffeur annamite, qui parle français et qui se transforme en interprète ; puis tous sautent à terre.

En face d'une batterie se trouve un mandarin sous quatre parasols : c'est le gouverneur. M. Hautefeuille court à lui, l'entraîne, passe son bras gauche autour du cou du mandarin ahuri, tient un revolver dans la main droite, entraîne son prisonnier en le tenant tourné du côté des canons, le fait entrer dans la *maison des étrangers*, qui est près de la citadelle : *il cause* avec le gouverneur : « Si dans un quart d'heure je ne suis pas dans la citadelle, lui dit-il, si les troupes ne sont pas à genoux sur mon passage, je te brûlerai la cervelle. »

Ce discours persuasif émeut le mandarin. Les soldats annamites se rapprochent, mais les marins les contiennent en les mettant en joue. Il est sept heures trente minutes.

M. Hautefeuille regarde toujours sa montre ; le gouverneur fait prévenir les fonctionnaires.... A sept heures quarante-quatre minutes, les sept conquérants sont dans la citadelle, le gouverneur écrit. Pendant ce temps, laissant le prisonnier à la garde de quatre hommes, M. Hautefeuille, avec un marin, le chauffeur et un général annamite, visite la forteresse : les soldats sont à genoux.

Il rentre ; le gouverneur, en l'absence du mandarin de justice, n'ose mettre le sceau sur l'acte de capitulation : on le garrotte ainsi que les mandarins présents, on les conduit à un fort, où ils restent sous la garde de trois marins. Les Annamites jettent leurs armes et fuient.

M. Hautefeuille envoie dans une chrétienté voisine demander du secours : les RR. PP. Gelot et Pinabel arrivent avec trente chrétiens.

En quelques instants, six hommes et un jeune officier venaient de prendre NIN-BINH, le point du Tonkin le plus important du côté du sud ! Le 7, arrive *Joseph fils*, nommé gouverneur, le P. Sáu [1] et trente muongs (hommes des montagnes). On organise l'administration de la province, et le 9, Francis Garnier arrive sur le *Scorpion*. Il félicite M. Hautefeuille, le nomme gouverneur de la province et part.

Le 11, après avoir couru les plus grands dangers et en avoir conjuré d'autres, grâce aux indications d'un prêtre annamite, Francis Garnier et ses officiers, entre autres MM. Bouin et Esmez, s'emparent de NAM-DINH. M. Esmez est blessé depuis la veille, et sans son blindage le *Scorpion* eût été perdu. L'action a duré le 10, pour la prise de trois forts en avant de la forteresse, de quatre à six heures et demie, et le 11, à Nam-dinh même, de neuf heures du matin à une heure de l'après midi.

Des nouvelles de Hanoï parviennent à Francis Garnier ; ces nouvelles sont graves. Ainsi que le jeune chef devait

______

(1) Plus connu sous le nom de P. Six ; il est chevalier de la Légion d'honneur.

s'y attendre, après un premier moment de stupeur, les Annamites reprennent courage ; les armées se forment, les mandarins chassés par nous excitent les populations à la haine des Français.

L'armée de *Son-tay* a repris, le 8, le fort de Phu-hoai ; elle se trouve ainsi presque aux portes de Hanoï ; — le 6, une troupe de six cents hommes environ avait enlevé *Gia-lam* et massacré une partie de la garnison ; sans le secours providentiel de M. Dupuis, qui, apprenant les mouvements de troupes dans la contrée, avait envoyé son navire le *Hong-kiang* croiser le long du Bo-dè, M. Perrin, débarqué avec cinq marins et cent volontaires, aurait péri.

En un mot, M. Bain de la Coquerie et Mᵍʳ Puginier demandaient à Francis Garnier de revenir au plus vite.

Et lui, Garnier, confiant dans la bravoure de ses compagnons, assuré de recevoir des renforts par le *Decrès, qui doit être arrivé*, tout en donnant l'ordre à M. Balny d'Avricourt de quitter Hai-dzuong, ne croit pas à un revers possible.

Le 18 décembre, il est à Hanoï.... Encore trois jours, et tout sera dit pour lui !

En arrivant à Hanoï, il apprend que le 14, nous avons échoué dans une tentative contre l'ennemi, et que sans M. Dupuis, qui a fourni sept mille cartouches, le petit corps expéditionnaire eût été en grand péril ; — enfin, que la veille 17, un parti de *Pavillons noirs* ayant été signalé près de Phu-thuong, M. Bain de la Coquerie a envoyé une troupe armée qui n'a plus trouvé un seul ennemi.

Ces nouvelles énervent Francis Garnier et le décident à agir promptement. L'expédition, à laquelle M. Dupuis est prié de prendre part, est fixée au 21.

A Nin-binh, Francis Garnier avait reçu avis de Hué qu'une ambassade allait arriver, mais qu'on trouvait qu'il avait outrepassé les ordres de l'amiral en se conduisant comme il l'avait fait.

Le 19, cette ambassade entre à Hanoï ; elle est reçue avec honneur. Garnier place auprès d'elle un jeune Annamite chargé d'espionner les mandarins ; gagné par eux, il disparaît.

Les négociations commencent ; espérant pacifier le Tonkin, s'il s'entend avec les ambassadeurs, qui se montrent très conciliants, Francis Garnier abandonne son projet d'expédition du 21.

21 DÉCEMBRE 1873. C'est un dimanche ; la messe vient d'être dite, solennelle, imposante ; Mgr Puginier officiait, Garnier y assistait.

Francis Garnier charge M. Bain de la Coquerie d'inspecter la troupe ; cet officier examine les fusils, puis dit aux hommes : « Allez, nous sommes tranquilles. » Les hommes qui ne sont pas de service pourront sortir dans l'après-midi. Cette inspection sommaire passée, tous se retirent, car c'est l'heure de repos du matin.

Francis Garnier est auprès des ambassadeurs, toujours aimables ; Mgr Puginier est rentré chez lui.

Tout à coup un chrétien se précipite dans la chambre de l'évêque ; haletant, il ne peut prononcer que ces mots : « *L'armée de Son-tay ! tout près !* »

Mgr Puginier comprend. En quelques minutes Francis Garnier est prévenu, le clairon sonne, les hommes accourent ; M. Bain de la Coquerie et trente soldats sont chargés de la défense au nord ; Garnier saisit son revolver et se porte au point le plus menacé, au sud-ouest.

Des Pavillons noirs tiennent la route de Phu-hoai ; ils sont six à sept cents ; derrière eux deux mille Annamites avec des mandarins, qu'on distingue à leurs parasols.

L'ennemi s'abrite derrière les touffes de bambou et les maisons d'un petit village; ses canons sont à deux cents mètres de la porte de la citadelle.

Nos obus vont atteindre les mandarins sous leurs parasols, ce qui les décide à donner le signal de la retraite. En vingt minutes les Pavillons noirs sont refoulés au delà du talus en terre qui forme l'enceinte de la commune de Hanoï. Ils se divisent en deux bandes : l'une s'engage dans la direction du sud-ouest, longeant les remparts en terre; l'autre marche vers Phu-hoai.

« Messieurs, dit Francis Garnier aux officiers qui l'entourent, nous ne pouvons souffrir un tel ennemi si près de nous; une sortie est indispensable! »

M. Balny d'Avricourt, prévenu de la venue de l'ennemi, arrive avec dix matelots de l'*Espingole*; il vient le long du rempart sud et les bords du fossé le cachent à l'ennemi. Garnier le voit : « Allez tout droit sur la route de Phu-hoai, lui crie-t-il; moi je vais les prendre à revers. »

Garnier sort par la porte sud-est, qu'on vient de débarrasser de ses barricades intérieures ; il a avec lui une pièce de quatre, dix-huit hommes et des volontaires indigènes. Il s'élance, on le suit au pas gymnastique jusqu'à la pointe des travaux de défense de la porte sud-ouest; il déploie ses hommes en tirailleurs, envoie le sergent Champion fouiller un petit hameau en face de ces travaux, puis il court sur la route du Phu-thuong, quitte la chaussée, entre dans la rizière qui va vers la digue.

Le canon s'embourbe; deux hommes et le caporal Castagnet, capitaine d'armes du *Decrès*, demeurent pour le garder.

La petite troupe avance toujours, au pas de course; ni le canon embourbé ni la citadelle ne peuvent l'appuyer, car les boulets l'atteindraient; on arrête donc le feu des pièces. A la baïonnette, les combattants chassent l'ennemi qui fuit et va se réfugier dans le petit village de Thu-lè, à douze cents mètres environ de la citadelle.

Garnier ne veut pas leur permettre de se rallier et de concentrer leurs forces si près de nos positions.

« *En avant!* » s'écrie-t-il.... et il part !

Il s'élance avec tant d'ardeur que la troupe reste à cent mètres de lui ; trois hommes ont été détachés vers la droite, trois vers la gauche ; trois enfin le suivent de leur mieux. Après avoir parcouru ainsi plus d'un kilomètre, il cherche à gravir un tertre, sorte de digue en arrière de laquelle l'ennemi est caché; il court, il tombe, s'écrie : *A moi! mes braves!....* Il est mort !

Une trentaine d'ennemis l'environnent ; sa tête est tranchée, son cœur arraché !

Pendant que s'accomplit ce drame, que deviennent les soldats, pourquoi ne vont-ils pas secourir leur chef ?

Les uns, comme le fourrier Dagorne et le caporal Guérin, tombent blessés : Dagorne est décapité. Guérin et le soldat qui l'accompagne reculent pour n'être pas, eux aussi, enveloppés ; les hommes de droite avaient entendu Garnier crier : *A moi! mes braves!....* Mais soit que la terreur inspirée par les bandits ennemis l'emportât sur le courage de deux hommes, soit que leur intervention fût jugée inutile par eux-mêmes, comme ils le dirent, ils se replièrent.

M. Dupuis, dans son « journal, » a consigné au jour le jour ce qu'il a vu ou entendu ; il a rapporté le résumé de sa conversation avec le sergent Champion, d'après lequel les deux hommes en situation de venir en aide à Francis Garnier « l'auraient lâchement abandonné et se seraient sauvés sans songer à le défendre. » C'est l'un de ces hommes qui aurait dit avoir entendu leur chef crier *A moi!* et, chose plus triste, Garnier aurait crié aussi : *Venez! nous les battrons !*

Il n'avait donc pas encore déchargé les six coups de son revolver et se croyait soutenu....

Mais en admettant que ces deux hommes aient pu soutenir Garnier un instant, l'auraient-ils sauvé? Qu'auraient-ils fait à eux trois, en face d'une troupe considérable qui, jusque-là cachée par la digue, se montrait tout à coup? Ils seraient morts ensemble.

C'est le sergent Champion qui va à la recherche de Francis Garnier, et qui rapporte son cadavre mutilé en même temps que celui du fourrier Dagorne.

Un autre drame, identique, se joue sur un autre point, car Dieu permit que dans cette même journée du 21 décembre, presque au même instant, le corps d'occupation perdît deux de ses chefs, Francis Garnier, qui était l'âme de l'expédition, et M. Balny d'Avricourt, l'un de ses plus ardents officiers.

Voici les faits qui ont causé la perte de M. Balny d'Avricourt.

Il venait de repousser l'ennemi à plus de deux mille cinq cents mètres, quand il s'aperçut que trois hommes s'étaient, sans prudence, élancés à la poursuite des fuyards. Ceux-ci se rallient et tiennent tête à ces trois audacieux. L'un est tué, l'autre blessé, le troisième s'affaisse, il tombe d'épuisement. M. Balny veut aller à son secours.... il n'a plus de munitions.

Il accourt vers la citadelle et crie du plus loin qu'il peut : « *Des cartouches !* » Pour aller plus vite, deux soldats, qui ont saisi des paquets de cartouches, descendent du rempart à l'aide d'une corde.

Le docteur Chédan, qui au début de l'action est sorti pour rejoindre Garnier, ne sachant où le trouver, suit M. Balny.

L'ennemi est à trois kilomètres, retranché derrière une

digue qui coupe la route. M. Balny d'Avricourt s'élance ;
il est à quarante pas en avant de ses hommes.... une
décharge générale des armes ennemies le reçoit ; trois
hommes tombent ; les Pavillons noirs sortent de leurs
retranchements, enveloppent M. Balny ; celui-ci décharge
les six coups de son revolver, se défend avec son sabre,
tombe.... il est percé de mille coups, sa tête est tranchée !

Et là tout auprès, il y a cependant un petit mur derrière
lequel la faible troupe aurait pu s'abriter et tirer sur l'ennemi. Ce petit mur, M. Balny d'Avricourt l'a dédaigné,
car son courage, comme celui de Francis Garnier, ne connaissait pas la prudence !

Sept hommes seulement restent valides ; ils n'ont d'autre
chef que le docteur Chédan. Celui-ci bat en retraite jusqu'au mur ; de là les survivants tirent sur l'ennemi, qui
n'ose les poursuivre, et peuvent enfin rejoindre la citadelle.

Le cadavre de Francis Garnier et celui du fourrier
Dagorne pénètrent dans la forteresse par une porte, presque
au même moment où les compagnons de M. Balny d'Avricourt rentrent par une autre.... avec un cadavre, mais sans
celui de leur chef. Le corps du courageux officier et celui
du timonier Sore sont restés comme des trophées aux
mains des ennemis.

La citadelle de Hanoï est comme une petite ville. Dans
son enceinte fortifiée se trouvent des bâtiments séparés
les uns des autres, de destinations diverses, et même des
palais. Devant l'un de ces corps de logis, officiers et soldats passent mornes et silencieux, le 22 décembre 1873. Ils
y pénètrent, et quand ils sortent, des larmes coulent sur
leur visage hâlé.

Quatre cadavres sont dans ce ya-men. Trois sont san-
glants, mutilés, privés de leur tête ; un seul est intact.

Celui-là est le cadavre du vieux maréchal, mort le 20, des suites de blessures dont il n'a pas voulu guérir.

Et non loin de lui repose ce qui reste de Francis Garnier, de Dagorne et d'un marin.

Le vainqueur et le vaincu se sont rejoints dans la mort ; par un étrange hasard, le même toit abrite leur dépouille mortelle, et le sacrifice que chacun d'eux a fait à sa patrie doit demeurer stérile, pendant un temps seulement quant à celui de Garnier, pour toujours quant à celui du maréchal Nguyen-tri-phuong.

A la date du 22 décembre, le journal de M. Dupuis, témoin de tous ces drames, porte ces mots :

« En passant devant le ya-men du maréchal, j'entre pour voir le corps de M. Garnier. Il est au milieu de deux marins. Rien d'horrible comme ces cadavres sans tête. Ils sont là, étendus sur de la paille, tels qu'ils ont été apportés hier au soir. M. Garnier a le bras droit écarté, celui de gauche ramené le long du corps; le pied droit est chaussé d'une bottine, l'autre n'a qu'une chaussette blanche. Les vêtements sont en lambeaux, le corps est tout couvert de blessures faites par les sabres et les lances. La poitrine est ouverte, le cœur arraché.... la peau du ventre enlevée ! Les mains sont crispées. Je lui serre pour la dernière fois et bien fortement sa pauvre main droite glacée, en lui jurant qu'il sera vengé. »

Vengé!.... M. Dupuis ne supposait pas à ce moment les événements qui allaient se produire; il ne supposait pas que l'œuvre de Francis Garnier allait être anéantie par *des mains françaises....*

Ces pages sont tristes, et cependant les faits qui s'y trouvent relatés sont si glorieux pour nous, que, tout en excitant dans nos cœurs l'angoisse, la douleur, la soif d'une prompte vengeance, leur récit nous laisse pleins d'espérance. Garnier est mort, c'est vrai ; mais d'autres sont là, d'autres aussi vont venir sans doute, et tombé de ses mains, le drapeau de la France va se relever.

Voilà ce qu'on pensait à Hanoï le 22 décembre.

Pourquoi faut-il qu'à ces pages glorieuses de notre histoire en succèdent d'autres qu'on voudrait arracher de nos annales !

Heureusement, de ces hontes il ne reste que le souvenir, car depuis elles ont été lavées par le sang de nos soldats.

Le 23 décembre, Mgr Puginier, assisté de deux autres vicaires apostoliques présents à Hanoï, NN. SS. Sohier et Colomer, procéda aux funérailles des glorieuses victimes, qui furent inhumées dans le jardin du palais. En 1875, les restes de Garnier ont été transférés au cimetière de la concession française, par les soins de M. de Kergaradec, consul de France. Quelques jours plus tard, ils ont été transportés à Saïgon.

Avant de continuer l'examen des événements qui suivirent la mort du chef de l'expédition, cherchons la solution de cette question souvent posée : Qu'était-ce que Francis Garnier ?

Beaucoup ont répondu déjà : c'était un *ambitieux*. Ayant dit cela, ils ont cru avoir tout dit.

L'ambition proprement dite et comprise dans le sens qu'on attribue ici à ce mot se définit : un désir *immodéré* de gloire ou de fortune.

C'est une passion comme une autre, et comme toutes les passions, celle-là, quand elle domine un homme, le pousse à triompher par tous les moyens des obstacles qui l'empêchent d'atteindre au but poursuivi : gloire ou fortune, rarement l'une et l'autre.

Francis Garnier a-t-il eu cette ambition malsaine, cette *passion* de gloire?

Quand on a répondu affirmativement, on n'a envisagé que le dernier rôle joué par Garnier, son rôle de conquérant, et sous l'empire de l'affolement qui suivit sa mort on a dit : cet ambitieux a créé d'immenses difficultés à la France; transformant en quelques jours la mission pacifique qui lui avait été donnée en mission guerrière, enivré par des succès inouïs, il s'est vu dotant la France d'une colonie, et s'est cru transformé en manière de Providence pour les commerçants du monde entier, auxquels il ouvrait la navigation du fleuve Rouge pour aller puiser aux trésors du Yun-nan....

Entrés dans cet ordre d'idées, les détracteurs de Francis Garnier, de bonne foi d'ailleurs, n'ont voulu tenir compte ni des difficultés qu'il avait rencontrées ni même du caractère des instructions reçues à son départ de Saïgon.

Cependant ce fait seul, qu'un officier général du mérite de l'amiral Dupré donnait *carte blanche* au lieutenant de vaisseau qu'il envoyait au Tonkin, aurait dû révéler l'état de la question annamite en 1873.

Quand un chef agit comme le fit l'amiral, c'est, d'une part, qu'il a pleine confiance dans l'officier qu'il emploie, et d'autre part, qu'il n'a pu lui-même déterminer ce qu'il convient de faire. La vérité tout entière est là : entrevoyant la nécessité d'une intervention armée, sachant le cabinet français peu soucieux de déclarer ouvertement la guerre, enfin n'ayant encore aucun grief de nature à justifier des hostilités immédiates, on a essayé une intervention amicale.

Si la France avait envoyé à Hanoï un diplomate de carrière au lieu d'y envoyer un officier de la trempe de Garnier, le diplomate se serait fait berner pendant des mois, n'aurait rien obtenu, et, pour peu qu'il eût eu le sang généreux, aurait un jour télégraphié à son ministre : Drapeau insulté, il est nécessaire d'envoyer des troupes.

Garnier a patienté seulement quatorze jours ; encore pendant ce temps, et sans en demander la permission aux Annamites, avait-il de sa propre autorité ouvert le fleuve au commerce étranger. Puis, quand il vit que le mauvais vouloir et la mauvaise foi des mandarins allaient éterniser la solution du problème qu'il devait résoudre, quand enfin il crut la France atteinte dans son honneur par le dédain et les insultes dont on abreuvait son représentant, au lieu de télégraphier à l'amiral, son chef direct : *Drapeau insulté*, il écrivit au maréchal annamite : Si demain satisfaction ne m'est pas donnée, je prendrai la citadelle.... Il prit la citadelle de Hanoï, puis expédia à l'amiral un courrier lui annonçant qu'il soumettait le Tonkin par les armes, n'ayant pu le soumettre par la parole.

Voilà, en fait, toute la différence qui peut être relevée entre Garnier et un diplomate.

Est-ce à dire qu'on ne doive pas adresser un reproche à Garnier ; est-ce à dire aussi qu'il fût sans ambition ? Nous ne le croyons pas.

Le reproche est celui-ci : Il aurait dû demander des renforts plus tôt, et le 21 décembre, il aurait dû avoir plus de prudence — car la prudence n'exclut pas le courage. Chez un chef, elle est même nécessaire à un degré égal, sinon supérieur, à l'ardeur ; il a été téméraire et paya de sa vie cette témérité.

Quant à l'ambition, il l'a eue, mais louable, noble et ne ressemblant en rien au désir *immodéré* de gloire.... ou de fortune.

C'est bien rarement sur un *acte* qu'il faut apprécier un

homme : la vie de Garnier mérite plus et mieux qu'un jugement sommaire.

Certaines circonstances ont eu sur son caractère une influence capitale, et pour le connaître tout entier, ce n'est pas seulement le soldat courageux au point d'être téméraire qu'il faut envisager, c'est aussi.... le *fils* désireux de procurer l'aisance à son père et à sa mère.

Voilà quelle a été sa première ambition. Et de celle-là, qui donc oserait le blâmer ?

Francis Garnier naquit le 25 juillet 1839, à Saint-Etienne, et, tout jeune encore, suivit ses parents à Montpellier. C'est au collège de cette ville qu'il fit ses premières études.

Sa vocation pour la carrière maritime se manifesta de bonne heure, inavouée d'abord, déclarée ensuite, mais vivement combattue. Son désir, comme il arrive souvent, s'accrut encore par la résistance qu'il rencontrait ; quand enfin il eut conquis le consentement paternel, il en conçut une joie extrême, et travailla en vue des examens spéciaux avec une ardeur qui lui permit, à seize ans, lors du concours de 1855, d'être reçu le onzième sur cent.

Le caractère du jeune Francis était ardent, aventureux. A dix-huit ans, il rêvait une ligue maritime contre.... l'Angleterre, « infâme creuset où l'on exploite la vie des hommes au profit du petit nombre, où *cent cinquante millions d'hommes* prodiguent leurs sueurs et leur sang pour enrichir encore et toujours *deux millions* d'individus qui composent l'aristocratie et le gouvernement anglais, n'ont pour lit que la misère, l'athéisme, le désespoir et la corruption, et vivent et meurent comme des brutes ; ce pays, dis-je, qui offre, en plein xixe siècle, la dégradation de l'homme entreprise sur une aussi vaste échelle, doit être mis au ban des nations pour faire cesser un si monstrueux abus de la force. »

Cette lettre peint Francis à dix-huit ans — et même tel qu'il demeura toujours, mais avec plus de maturité, plus de justesse dans le jugement. Dans son style même, dans cette phrase unique de *vingt-cinq lignes* (car nous n'en reproduisons qu'une partie), on voit comme dans un miroir les pensées accourant, se heurtant, se précipitant au passage, ne permettant pas qu'on coupe leur file.... Et comme il faut conclure, le jeune élève, qui a décidé quelques camarades à adopter son idée de ligue, s'écrie : « Nous échouerons peut-être, mais nous mourrons à la tâche, et ce qu'aucune nation n'ose essayer de faire, nous aurons au moins la gloire de l'avoir entrepris [1]. »

Tel fut le premier rêve de Garnier, rêve d'enfant si l'on n'envisage que l'impossibilité de son exécution, rêve de géant si, au contraire, on examine les conséquences auxquelles aboutirait sa réalisation, rêve qui par un point touche à celui de Napoléon : anéantissement de l'Angleterre commerciale.

Le classement de sortie envoya Francis dans les mers du sud ; et en rade de Valparaiso, en mars 1858, songeant à son entreprise contre l'Angleterre, il écrivit : « Elle ne vit que par son commerce ; du moment que l'on en tarira les sources, elle périra, comme jadis elle a manqué périr lors du blocus continental. Il s'agirait par conséquent de recommencer ce blocus continental sur une échelle beaucoup plus vaste, mais moins oppressive.... » Puis il précise davantage sa pensée, il donne corps à son rêve : « Ce qui a fait avorter ce blocus une première fois, c'est qu'en

---

(1) V. pour la correspondance de Garnier, *Francis Garnier*, par Edouard PETIT.

fermant tout commerce à l'Angleterre, on privait toute nation de ses produits. Aujourd'hui, il faudrait enrichir les nations des produits arrachés au monopole de l'Angleterre, et par conséquent les faire se réjouir de sa chute. La question deviendrait alors d'un intérêt général et serait aux trois quarts résolue. » Des écrits éclairant le commerce sur les véritables causes de la prospérité maritime de l'Angleterre devaient compléter l'œuvre.

On le voit, tout ceci est encore bien *jeune*; mais ce qui dominera toujours Francis, ce sera le chagrin de voir l'Angleterre devancer partout la France; s'il poursuit avec une ardeur invincible ses explorations dans l'extrême Orient, c'est avec l'espoir d'y établir l'influence française, et quand un jour, mal secondé par ses compatriotes, incompris par beaucoup d'entre eux qui ne lui attribuaient qu'une ambition démesurée et *personnelle*, il recevra des offres de l'Angleterre, il s'écriera : « Quel malheur que je ne sois pas Anglais et que je ne consente pas à n'être plus Français! »

C'est que l'expérience est venue pour lui et qu'il en est arrivé à regretter pour sa patrie le rôle joué par l'Angleterre.

Nommé aspirant de première classe en 1859, il s'embarqua sur le *Duperré*, qui prenait part à l'expédition de Chine. Un acte de courage accompli le 30 mai 1860, dans les mers de Chine, lui valut d'être nommé enseigne, puis attaché à l'état-major de l'amiral Charner.

Le courage dont il donna une preuve dès ce moment a toujours eu chez lui le même caractère; c'est de lui qu'il est mort. La nuit est sombre, raconte M. Trève; un cri se fait entendre : *Un homme à la mer!*

Il n'est pas besoin d'être marin pour savoir ce que ce cri a d'émouvant; il suffit d'avoir voyagé et de l'avoir entendu.

Réveillé en sursaut, Garnier voit devant lui un sabord

ouvert; sans réfléchir qu'il court à la mort, car des requins suivent le navire, sans prendre le temps de s'informer,.... il se jette à la mer par le sabord, trouve la bouée de sauvetage déjà coupée, aperçoit « l'homme à la mer, » — M. de Neverlée, officier de cavalerie attaché au général de Montauban, — se dirige vers lui avec la bouée; le canot lancé à leur recherche les ramène tous deux sains et saufs.

Quand Garnier a cru que son devoir ou seulement *un service à rendre* l'appelait à se dévouer, il l'a fait sans réflexion, sans calcul, par suite d'un courage inné et d'un besoin constant de se rendre utile.

Après la campagne de Chine, il prit part aux opérations de l'amiral Charner en Cochinchine, puis revint en France.

L'excitation d'un voyage, d'une lutte, d'un travail, disparaissant laisse l'homme aux prises avec lui-même, souvent aussi avec des difficultés d'autant plus pénibles à supporter qu'on ne voit pas comment les vaincre. C'est ce qui arriva à Francis Garnier. Dès qu'il cesse d'être en face de *l'inconnu*, c'est-à-dire de recherches à faire, le découragement et la misanthropie accidentelle de son caractère apparaissent. Déçu de ses espérances qui lui faisaient entrevoir un avancement plus rapide, il songe, comme nous l'avons dit, à quitter la marine; il y songe dès 1862, alors qu'après avoir reçu les conseils d'un ami, il lui répond : « Je te remercie pour mes parents de tes paroles amicales et de tes projets d'avenir; je serais heureux de devoir à un ami leur tranquillité et leur aisance futures. Je fais tous mes efforts pour les leur procurer; mais la tâche m'est jusqu'à présent bien ardue. Mon découragement à cet égard est assez grand pour que je me décide à quitter une carrière que j'aime, mais qui est plus honorable que lucrative, si j'en trouve *une autre qui m'assure l'existence de ceux que j'aime....* »

C'est un autre homme qui se révèle par ces seules lignes ; et voilà, selon nous, le secret de l'ambition de Garnier : il veut à tout prix donner l'aisance à ses parents.

Il y a comme deux êtres en lui : le marin, l'explorateur enthousiaste ; — le fils qui se dévouera par piété filiale, qui abandonnera une carrière brillante aussitôt qu'il le pourra, et cela pour une autre plus lucrative.

Enfin, en le suivant pas à pas depuis son entrée dans la marine jusqu'à sa mort, on peut se persuader qu'il ne sut jamais se donner à demi — il se donnait tout entier sans calcul égoïste, tout à son devoir, tout à sa tâche, ayant pour devise : « Ne rien attendre, tout attendre, » ce qui est, sous une autre forme, la devise connue : « Fais ce que dois, advienne que pourra ! »

Nature ardente et généreuse, moins ambitieux que dévoué, ignorant de l'égoïsme, qui est le propre de l'ambition malsaine, épris des grandes idées et des grandes découvertes, ne calculant pas la portée de ses paroles quand le patriotisme les dictait (ce qui, entre autres circonstances, l'empêcha d'être nommé capitaine de frégate en 1871).... tel fut, croyons-nous, l'officier qui en moins d'un mois conquit le Tonkin, tel fut Francis Garnier.

Gardons-nous de ternir, ne serait-ce que par un soupçon, la gloire désirée et conquise par cet homme, qui fut un grand patriote et un bon fils.

Reprenons le récit des événements qui se succédèrent au Tonkin.

B) 1874-1881.

Prévoyant l'hypothèse de sa mort ou d'une blessure grave le mettant hors d'état de diriger les affaires, Francis

Garnier avait, par écrit, désigné M. Bain de la Coquerie comme chef militaire, et M. Esmez comme chef des affaires politiques et administratives, car seul il connaissait assez la langue annamite pour remplir ces fonctions. Ces deux officiers devaient exercer leurs pouvoirs jusqu'à ce que des ordres de l'amiral leur fussent parvenus.

Le 21 décembre 1873, aussitôt que la terrible nouvelle de la mort de Francis Garnier et de M. Balny d'Avricourt fut connue, MM. Bain de la Coquerie et Esmez prirent la direction des opérations militaires et des affaires politiques. Leur tâche était difficile.

Grâce à M. Dupuis, qui accourut avec ses meilleurs soldats, dès que la nouvelle de l'attaque de la citadelle lui arriva — trop tard, hélas! pour sauver Garnier — les Français, très peu nombreux dans la citadelle, purent se reposer.

Trois heures après la mort de Francis Garnier, une lettre arrive à son adresse : M. Testard du Cosquer, commandant du *Decrès*, annonçait que depuis le 16 il était au Cua-câm avec des renforts. M. Bain de la Coquerie réunit en conseil de guerre tous les officiers présents, et le conseil décide que la citadelle sera défendue. Un des bâtiments de M. Dupuis, le *Hong-kiang*, est requis pour recevoir les blessés et les ambassadeurs annamites ; mais ceux-ci sont gardés à vue : on suspecte leurs intentions, et non à tort ! Quelques jours plus tard on devait, en effet, acquérir la preuve qu'ils avaient préparé l'attaque de la citadelle.

Enfin M. Dupuis offre de continuer son concours, ce qui est accepté : jusqu'à l'arrivée des renforts, vingt-cinq de ses hommes garderont la porte de l'ouest.

Un membre de l'ambassade, comprenant qu'une solution pacifique sera impossible aussi longtemps que l'armée de Son-tay menacera les Français et leurs amis, tente une démarche auprès du chef de cette armée. Celui-ci refuse de cesser les hostilités, si on ne rend Hanoï ; quant aux corps de M. Balny d'Avricourt et de Sore, on peut les prendre, dit-il, mais les *têtes* ne sont plus en son pouvoir.

M. Dupuis, qui a la garde de la ville marchande de Hanoï, apprend qu'un ancien chef des Pavillons noirs, établi comme commerçant, a promis de faire entrer les ennemis dans la citadelle et de brûler la ville : M. Dupuis le fait fusiller.

M. Esmez continue les négociations avec les ambassadeurs sur les mêmes bases qu'avait adoptées Francis Garnier. Les ambassadeurs, en présence de l'énergique volonté des Français, se montrent bien disposés, et la convention s'élabore....

Avant de commencer l'exposé des tristes événements qui vont suivre, jetons nos regards sur la situation du corps expéditionnaire au Tonkin : cet examen, rapide d'ailleurs, permettra d'apprécier exactement les mesures qui furent prises.

Nous avons laissé M. Hautefeuille à Nin-binh. Nommé par Francis Garnier gouverneur de la province, le 9 décembre, ce jeune officier avait montré autant de talent dans son rôle d'administrateur et d'organisateur, que de courage et d'audace dans son rôle de conquérant. La province de Nin-binh était dans une excellente situation au moment où la nouvelle de la mort de Francis Garnier y arriva.

M. Hautefeuille prit sans retard toutes les dispositions voulues pour résister à une révolte si elle se produisait.

Elle eut lieu en effet, et malgré tout le dévouement des partisans des Français, l'issue en eût peut-être été fâcheuse pour nous, les soldats et les marins étant peu nombreux, quand le *Mang-hao* de M. Dupuis arriva. C'était un secours inespéré ; peu après survint l'*Espingole*. Seulement, l'officier qui commandait cette canonnière prit un corps de l'armée ennemie pour un corps d'alliés, et le laissa se placer dans un fortin qu'on dut reprendre.

Malgré le nombre des révoltés et l'audace que la mort de Garnier avait donnée aux ennemis, grâce au *Mang-hao*, à l'*Espingole* et aussi au préfet d'*Yen-khan*, qui se montra énergique et dévoué, le 6 janvier 1874, les cantons insurgés étaient tous rentrés dans le devoir, les chefs de la révolte fusillés, les partis ennemis, qui s'étaient répandus dans la province, complètement défaits.

L'ordre régnait à nouveau partout.

Le mouvement insurrectionnel s'était aussi fait sentir dans la province de Nam-dinh et dans celle de Hai-dzuong. Mais grâce à la fidélité des administrateurs indigènes et à l'énergie des chefs de ces deux provinces, MM. Harmand et de Trentinian, le calme avait été rétabli immédiatement.

Ainsi donc rien n'était à craindre pour le présent, et les renforts que le *Decrès* amenait donnaient toute sécurité pour l'avenir.

A Hanoï, ainsi que nous l'avons dit, les négociations se poursuivaient activement entre M. Esmez et les ambassadeurs. Ceux-ci, comprenant que le gouvernement de Hué serait impuissant, alors même qu'il l'aurait voulu, à maintenir l'ordre dans le Delta, *demandaient* aux Français d'occuper les citadelles, en un mot de rester où ils étaient. La garde du fleuve nous était donnée, et le commerce se ferait librement jusqu'au Yun-nan. Le traité fut donc rédigé en des termes avantageux pour la France. On convint de se réunir une dernière fois et de signer l'acte.

On est, en effet, réuni ; le traité est sur la table, autour de laquelle ont pris place les ambassadeurs, M. Esmez et, sur la demande même des mandarins, -Mgr Puginier et Mgr Sohier. A la prière des ambassadeurs, les deux évêques signent les premiers ; les mandarins tiennent leur pinceau, *ils vont signer*.... un courrier se présente, porteur de lettres urgentes pour les diplomates annamites et pour M. Esmez. « *Nous ne pouvons signer,* disent les ambassadeurs après avoir lu leurs dépêches, nos pouvoirs sont expirés : un autre plénipotentiaire arrive. »

De son côté, M. Esmez vient d'apprendre qu'un inspecteur des affaires indigènes, ayant le grade de lieutenant de vaisseau, arrive pour le remplacer comme directeur des affaires politiques.

La mission du compagnon de Francis Garnier est donc terminée.

Quel est l'homme qui lui succède, et comment entendra-t-il continuer l'œuvre de Garnier?

Francis Garnier avait demandé au gouverneur de la Cochinchine de lui envoyer M. Luro, dont il connaissait la valeur, pour administrer les provinces soumises, s'occuper d'une organisation indigène, former les milices, en un mot pour l'aider dans sa lourde charge.

Malheureusement les fonctions que remplissait à ce moment M. Luro à Saïgon étaient trop importantes pour que l'amiral crût pouvoir l'envoyer au Tonkin. Son choix tomba sur un inspecteur des affaires indigènes, M. Philastre.

Peu de jours avant d'être désigné pour remplir la mission qu'on lui donna, M. Philastre avait écrit à Francis Garnier : « La prise de Hanoï *est une odieuse agression* contre le gouvernement de Hué.... »

Nulle voix ne peut s'élever contre la droiture de caractère et l'honneur même de M. Philastre ; mais le jugement porté sur sa politique par ses pairs peut se résumer ainsi : un Annamite n'aurait pas pu causer plus de tort à la France en extrême Orient.

Croyant justifiée l'hostilité qu'avait rencontrée Francis Garnier, il considérait la prise des citadelles comme *illégale* ; ne se rendant pas compte du discrédit qu'il allait jeter'sur le drapeau français, il arrivait avec la ferme résolution d'abaisser ce drapeau devant l'étendard annamite : — il ne faillit pas à cette résolution et crut avoir fait un acte de haute justice !

En même temps que M. Testard du Cosquer, arrivait un lieutenant de vaisseau : M. Balezeaux.

Le commandant du *Decrès* ne devant pas rester à Hanoï, et M. Balezeaux ayant un grade supérieur à celui de M. Bain de la Coquerie, le commandement militaire de l'expédition fut déféré par M. Testard du Cosquer au nouvel arrivant.

Désormais MM. Balezeaux et Philastre étaient chefs au Tonkin.

Le 29 décembre, M. Philastre débarque à Hai-dzuong avec l'ambassadeur annamite. Le 30, d'accord avec ce dernier, il décide l'*évacuation immédiate* de Hai-dzuong ; M. Balezeaux notifie cet ordre à M. de Trentinian et *fait prisonniers les fonctionnaires qui ont administré au nom de la France !*

Le 2 janvier, M. de Trentinian, après avoir remis le service à l'ambassadeur, s'embarque, avec sa troupe et M. Philastre, sur le *Son-tay* (navire de M. Dupuis) ; le 3, ils sont à Hanoï.

Avant d'arriver à Hanoï, M. Philastre avait envoyé à M. Esmez l'ordre de *faire évacuer toutes les forteresses,* sauf Hanoï.

M. Esmez est terrifié ; les anciens ambassadeurs sont surpris et inquiets, car ils savent que les populations paisibles ne pourront compter sur la protection du gouvernement de Tu-duc, et que des complications ultérieures résulteront des massacres qu'ils prévoient. Aussi les grands mandarins supplient-ils M. Esmez d'obtenir que l'évacuation des citadelles soit différée.

M. Esmez avertit aussitôt M. Philastre et lui demande de revenir sur sa décision ; M. Philastre *refuse* : il entre dans la politique qu'il dirige que les fonctionnaires ayant servi la France souffrent, afin que les populations perdent toute confiance dans les Français !

Poursuivant son œuvre de ruine, agissant peut-être d'après des ordres du ministère et certainement d'accord avec le nouvel ambassadeur de Hué, M. Philastre fixe la date de l'évacuation de Nin-binh au 8 janvier, et celle de Nam-dinh au 10.

M. Hautefeuille, la rage au cœur, obligé d'abandonner sa conquête, prévoyant que sous peu la France devra reprendre ce qu'elle rend, ne veut pas livrer à l'ennemi une forteresse redoutable : il encloue les canons, brûle les lances et le bois des fusils, noie les poudres. M. Balezeaux, qui subit l'influence de M. Philastre, approuve cependant les actes de M. Hautefeuille.

M. Philastre abandonnait donc et les chrétiens et les populations païennes favorables à l'influence française à la haine des agents de Hué, à la vengeance de l'armée des lettrés et des Pavillons noirs. Ne croyait-il à ce moment ni à cette haine ni à la possibilité de représailles odieuses? On doit le penser…. il avait la *parole* de l'ambassadeur annamite que tous ces braves gens seraient protégés, et M. Philastre, marié à une Annamite, ne songeait à mettre en doute ni la bonne foi de l'ambassadeur ni l'équité de son gouvernement !

Et cependant, à peine les troupes eurent-elles évacué Nin-binh et Nam-dinh, que les chrétientés étaient incendiées et que le chef des lettrés mettait à prix (300 ligatures) la tête des mandarins qui avaient servi les Français !

Il semble bien que ces crimes eussent dû éveiller l'attention de M. Philastre, modifier la bonne opinion qu'il avait de l'honneur et de la puissance de l'ambassadeur : il n'en fut rien !

Le 16 janvier, arrivent à Hanoï des renforts venus de France et envoyés en toute hâte par l'amiral Dupré, sous le commandement du chef de bataillon d'infanterie de marine Dujardin.

Si M. Philastre a agi jusqu'ici comme il l'a fait dans la crainte que les troupes ne soient pas assez nombreuses, il va prendre prétexte des crimes commis et changer de ligne de conduite maintenant qu'il y a à Hanoï plus de quatre cents hommes.... Non ; il marche toujours dans cette voie fatale qu'il croit être la voie de la justice.

La grande chrétienté de Ké-so est sérieusement menacée. Officiellement, M. Esmez ne peut la secourir. Il s'adresse à M. Dupuis, qui le fait aussitôt. Puis, comme la situation s'aggrave encore, *l'ambassadeur* demande à M. Philastre d'envoyer quelques hommes : il en donne vingt-huit ; — l'ambassadeur le prie de renforcer cette petite troupe : il ajoute quarante-cinq soldats.

Ces forces unies aux chrétiens repoussent les lettrés ; on s'apprête à les chasser complètement le 30.... : l'ordre de rentrer à Hanoï arrive au chef du détachement !

Nous sommes au 12 février 1874. Depuis la veille, le drapeau français est amené : nos soldats sont couverts par le drapeau annamite !

La France, en vertu du traité du 6, traité élaboré et signé par son représentant, évacue la citadelle de Hanoï.

La porte principale s'ouvre pour laisser passer le cortège

et les troupes. L'ambassadeur de Hué et M. Philastre ont rempli consciencieusement leur mission ; ils partent.

Voici un palanquin protégé par *quatre* parasols ; il passe le premier, comme celui de l'autorité principale. Qui donc est dans ce palanquin ? Est-ce le représentant de la France ?

Non : c'est l'ambassadeur annamite.

Après lui, voici un autre palanquin ombragé par *deux* parasols seulement — ce qui indique une infériorité notable entre le personnage qu'il renferme et celui du palanquin précédent. — Eh bien, c'est le palanquin du *représentant de la France*, le palanquin de M. Philastre !

La modestie est une vertu chez l'homme ; mais il est telles fonctions si élevées que l'*homme* auquel elles sont confiées disparaît, en quelque sorte, pour faire place au représentant de la patrie. M. Philastre ne croit pas devoir faire cette distinction : modestement il se déclare inférieur à l'ambassadeur annamite, — et du même coup abaisse le drapeau de la France devant le drapeau de Tu-duc.

Les officiers et les soldats défilent, le rouge au front, la douleur et la colère dans le cœur.

Ainsi, c'est bien fini ! Par le traité du 6 février 1874, l'Annam s'engage à *protéger les Français* au Tonkin ; et la France s'engage à *chasser M. Dupuis*, s'il tente de rentrer à Hanoï, dont il est expulsé, ou de pénétrer sur un point quelconque du territoire autre que Hai-phong !

Le 21 août 1874, le gouvernement français, sur la proposition du ministre de la marine, nommera M. Philastre officier de la Légion d'honneur pour « services exceptionnels. » *(Journal officiel* du 30 août.) Les ministres assumeront ainsi la responsabilité de l'évacuation.

Quelles forces françaises demeurent au Tonkin ? 1° Un détachement à Hai-phong, avec mission d'obliger M. Dupuis à demeurer au port ; 2° quarante hommes à Hanoï, en dehors de la citadelle, devant servir d'escorte d'honneur au résident français.

Telle est, au 12 février 1874, la situation faite à la France au Tonkin.

Un résident est envoyé à Hanoï par l'amiral Dupré. C'est M. Rheinart, administrateur des affaires indigènes. Il est arrivé avant l'évacuation ; il a compris, sans pouvoir élever la voix pour défendre notre drapeau, les dangers que le traité du 6 février va faire courir aux populations amies.

A peine l'évacuation est-elle faite, que *cent vingt-neuf chrétientés* sont brûlées.

M. Rheinart est calme, énergique...., mais il ne dispose d'aucune force. Il proteste, il réclame, il s'indigne.... ; le commissaire royal, Nguyen-chanh, arrive avec dix mille hommes, et va voir M. Rheinart avec *une escorte de quatre mille hommes et des canons !*

Le lendemain M. Rheinart lui rend sa visite ; il y va seul avec son interprète et lui déclare qu'il ne le recevra plus s'il vient en pareil équipage. Puis il donne l'ordre aux troupes qui sont à Hai-phong de remonter à Hanoï.

Nos troupes arrivent, et en même temps celles de M. Dupuis.

La situation reste ainsi tendue jusqu'au 15 mai. Le commissaire royal a regagné le camp.

Le 15 mai, M. Testard du Cosquer vient sur le *Decrès :* il donne l'ordre aux troupes de redescendre à Hai-Phong.

M. Rheinart proteste inutilement : des dépêches du ministère de Paris défendent de prolonger l'occupation.

Le résident, ne voulant pas assumer la responsabilité des événements qu'il prévoit, descend aussi à Hai-phong, et le 1ᵉʳ juillet, après être resté un mois dans l'attente, il quitte le Tonkin, relevé sur sa demande des fonctions de résident.

Son remplaçant est le commandant Dujardin.

L'Annam est en pleine révolte. D'une part les *lettrés*, parti considérable de mécontents alliés aux Pavillons noirs, d'autre part les partisans des *Lê*, menacent Tu-duc.

Il faut, sous peine d'être injuste, établir une différence entre ces deux ennemis du pouvoir. Les lettrés et les Pavillons noirs sont des mécontents et des brigands, capables de toutes les infamies, de tous les crimes. Les partisans des Lê sont ennemis du gouvernement, las de ses iniquités, disposés à reconnaître le protectorat de la France : leurs deux chefs sont chrétiens, et M. Hautefeuille, auquel ils proposent la direction du mouvement, a le regret de ne pouvoir accepter. Bien plus, par un malheureux effet de la politique qu'a inaugurée M. Philastre, *nous combattrons* nos amis, les partisans des Lê, et nous soutiendrons les soldats de Tu-duc! Francis Garnier envisageait autrement la question, et peu de jours avant sa mort il préparait l'alliance des Lê et des Français !

M. Dujardin était-il hostile aux Lê, ou bien les ordres qu'il avait reçus ne lui laissaient-ils aucune liberté ? Quoi qu'il en soit, voici ce qui eut lieu au mois de septembre :

Les partisans des Lê tiennent la campagne, mais ne se battent jamais contre les Français ; ils protègent les villages chrétiens. L'Annam nous a reconnu le droit de combattre les *pirates*. Le 20 septembre, un Chinois vient dire à M. Dujardin que des jonques remontant paisiblement le Cua-câm sont chargées de pirates. Les jonques portent cependant le drapeau des Lê. Aussitôt le commandant lance deux canonnières à la poursuite des prétendus pirates. On fait quatre-vingts prisonniers, on les livre aux Annamites malgré leurs protestations.... La plupart *avaient combattu avec Garnier!*

Dira-t-on que ce fait est le résultat d'une erreur? Poursuivons.

M. Dujardin décide une nouvelle expédition contre les partisans des Lè, qui ne nous combattent pas ; il accepte le service d'un Chinois qui arme des jonques à ses frais ; enfin le commandant *requiert les navires de M. Dupuis* pour arrêter ceux des partisans qui chercheraient à s'enfuir, et malgré les protestations énergiques des capitaines des navires, l'expédition se fait le 24. Heureusement, les pauvres gens étaient prévenus : on prit cinq jonques *vides*.

Mais alors voici ce qui se produit et ce que nous constatons avec douleur, sans commentaire.

Les partisans des Lê, ayant perdu l'espoir d'être secourus par la France, se sont retirés sur le territoire de Quang-yên. Ils demandent à faire leur soumission au commandant français, à se rendre comme prisonniers à Hai-phong, où un navire les prendra et les conduira à Saïgon : ils se soumettront à l'amiral et vivront en paix en Cochinchine, car ils ne peuvent vivre en paix en Annam.

Alors que cette proposition est déjà parvenue à M. Dujardin, les mandarins de Quang-yên demandent aide et assistance au commandant contre les Lê.

M. Dujardin prête aux mandarins l'*Aspic* et l'*Espingole* avec quinze soldats d'infanterie de marine : quand ces navires se présentent, les partisans des Lê sont dans la joie, ils croient que le commandant accepte de recevoir leur soumission, ils se pressent.... les *soldats des bâtiments français tirent sur eux* [1] !

____

(1) V. l'ouvrage de M. Romanet du Caillaud.

Les partisans se réfugient dans les montagnes et proclament que les Français sont sans foi et sans honneur.

Ne nous arrêtons pas sur ces faits ; ne portons pas plus longtemps nos regards sur la politique qui fut continuée par la France au Tonkin jusqu'en 1882. Disons seulement que, victime de cette politique, M. Dupuis, qui avait rendu à la France de si grands services, et dont le dévouement avait été sans bornes ni calcul, vit ses *navires* saisis, *vendus*, par le gouvernement colonial ; fut *déclaré en faillite* par le tribunal de commerce de Saïgon (où il ne faisait pas le commerce et où il n'avait pas de créanciers) ; ne put faire rapporter ce jugement que quatre mois plus tard ; rentré en France, ruiné, sans ressources, il dut attendre jusqu'en 1880 que le parlement se décidât à lui accorder une indemnité. On lui donna seulement deux millions : cela ne compensait même pas les pertes qu'il avait subies par suite de la saisie de ses navires.

C) 1881-1888.

Le traité de 1862 avait établi l'autorité de la France sur *trois* provinces de Cochinchine. Le 15 mars 1874, un nouveau traité, consenti par Tu-duc, reconnaissait cette autorité sur *six* provinces. En échange de cette reconnaissance, la France faisait remise au gouvernement de Hué du restant de sa dette, lui donnait cinq navires de guerre armés, cent canons, etc.

Par une clause spéciale, la France reconnaissait l'Annam comme *Etat indépendant* : il cessait d'être tributaire de la Chine.

La Chine fut mécontente, mais attendit, pour protester, que la situation fût devenue plus grave au Tonkin.

En 1881, l'anarchie y était complète, par suite de l'impuissance avouée de la cour de Hué à résister aux lettrés et aux Pavillons noirs.

Avec sa mauvaise foi habituelle, Tu-duc était prêt à demander du secours à la Chine. Le marquis Tseng, à Paris, protesta contre la clause du traité de 1874, qui enlevait au gouvernement de Pé-kin la suzeraineté de l'Annam.

Le gouverneur de la Cochinchine, M. le Myre de Vilers, télégraphia à Paris que l'honneur du drapeau exigeait une intervention immédiate ; en même temps, il préparait un envoi de troupes. Le ministre de la marine, M. Gougeard, répondit qu'il *défendait* toute opération.

M. le Myre de Vilers arrêta le départ des troupes et.... envoya sa démission. Mais le ministère était tombé, la démission fut refusée, et l'envoi d'un renfort à Hanoï autorisé.

Diplomatiquement, nous observâmes les traditions : M. Bourée, ministre de France à Pé-kin, avertit le ministère des affaires étrangères, le tsong-li-yamen, que nous prenions des mesures protectrices.

Le 26 mars 1882, le capitaine de frégate Henri Rivière partit de Saïgon, avec le *Drac* et le *Parseval* ; il avait pour mission de faire respecter le traité de commerce, de faire respecter surtout notre pavillon, et ne devait employer la force qu'en cas d'*absolue nécessité*.

En 1827, à quelques jours de distance — le 26 juin et le 12 juillet — naquirent deux hommes qui devaient s'illustrer au Tonkin : Henri Rivière et Courbet.

Egaux par le courage, ils différaient essentiellement par le caractère. Rivière était insoucieux du danger, romancier autant que marin, communicatif, ardent jusqu'à l'imprudence. Il s'est peint tout entier dans une lettre qu'il écrivit, en 1882, à un ami : « Dites-vous bien qu'il est plus difficile d'écrire un roman que de prendre une citadelle et de faire de l'histoire à coups de fusil. Qu'est-ce qu'on risque à se battre ? de mourir ; mais au moins *il n'y a personne pour vous siffler.* » Il oubliait que la France pouvait le juger.

Courbet envisageait autrement ses devoirs et sa mission ; lui aussi, au moment de jouer un rôle au Tonkin, écrivait à un ami : « L'héritage que je vais recueillir à Hanoï n'a rien de séduisant ; on a laissé les Pavillons noirs se recruter, se fortifier, faire cause commune avec l'armée régulière chinoise. Mais *on n'est pas dans la marine pour avoir ses aises* ni pour se laisser mollement bercer sur des flots d'azur. »

Courbet était ardent, mais calme ; il avait ce courage froid qui seul permet de triompher du danger ; aimable, bienveillant, il était cependant d'une réserve absolue pour tout ce qui touchait au service, et par une prudence dont l'oubli causa la mort de Rivière, ses ordres n'étaient divulgués qu'à l'instant où on devait les exécuter.

Le choix de Henri Rivière, comme commandant des renforts envoyés à Hanoï, indiquait un changement complet dans la politique de la France au Tonkin : ceux qui le connaissaient savaient qu'il n'attendrait pas une autorisation pour venger la moindre inconvenance que se permettraient les mandarins vis-à-vis de l'armée française. Ce fut, en effet, ce qui arriva.

Rivière, parti de Saïgon, comme nous l'avons dit, le 26 mars 1882, est à Hai-phong le 2 avril, à Hanoï le 3. Il s'établit sur la concession française, où se trouve le commandant Berthe de Villers avec deux compagnies [1]. Dès

(1) On peut consulter, pour plus de détails sur cette période (1881 à 1885), *l'Indo-Chine française*, par MM. Paulus et Bouinais.

son arrivée, il apprend que les mandarins convoquent les milices, qu'ils font fermer les portes de la citadelle quand passent des officiers, que des travaux de défense sont entrepris, en un mot, que la conduite des fonctionnaires est hostile aux Français. Le 25, il fait savoir au gouverneur que s'il ne désarme pas la citadelle et ne vient pas le lendemain matin, à huit heures, lui rendre la visite qu'il lui a faite, *il prendra la citadelle.*

Le lendemain, à huit heures, le gouverneur n'étant pas venu, Rivière, tenant sa promesse, fait bombarder la citadelle. A midi elle est prise !

Rivière vient d'outrepasser ses instructions ; mais il sera couvert par le gouverneur de Saïgon, et recevra la croix de commandeur. Après toute une période d'affaissement, et tout en comprenant que la prise de Hanoï est un fait grave, chacun se sent heureux de voir le drapeau de la France relevé.

La cour de Hué et celle de Pé-kin protestent énergiquement. La question du protectorat de la Chine sur l'Annam est de nouveau soulevée, et les deux puissances réclament également la reconnaissance de ce protectorat. Malgré nos observations diplomatiques, Tu-duc demande des forces chinoises au Yun-nan et à Canton (septembre).

Le ministre de France près la cour de Pé-kin, M. Bourée, tombe d'accord avec les diplomates chinois sur un projet de convention dont l'annonce fait suspendre, à Paris, l'envoi d'un corps de trois mille hommes; on se contente d'expédier la *Corrèze* avec sept cents hommes (décembre).

Le projet de convention porte l'ouverture du Yun-nan au commerce, la reconnaissance du protectorat français au Tonkin et du protectorat de la Chine en Annam; une zone neutre, dont les Chinois auront la police, sera limitée par des envoyés, etc.

Le 20 février 1883, ce projet de convention est rejeté à Paris ; le 5 mars, le ministre président du conseil, M. Challemel-Lacour, rappelle M. Bourée et nomme à sa place M. Tricou.

Une autre nomination venait d'être faite (janvier) : celle de M. Thomson, comme gouverneur de Cochinchine, en remplacement de M. le Myre de Vilers.

Au Tonkin, Rivière prend diverses positions, et le 23 mars, laissant Hanoï sous la garde de quatre cents hommes, commandés par M. Berthe de Villers, il part pour Nam-dinh.

Il arrive le 25, et l'ultimatum de la visite se trouve suivi du même résultat que précédemment : le gouverneur ne vient pas voir Rivière, Rivière prend la citadelle (27 mars). La prise de Nam-dinh coûte la vie au lieutenant-colonel Carreau ; elle inquiète le ministère, qui envoie l'ordre à M. Thomson de ne plus rien laisser entreprendre sauf par absolue nécessité.

En un mot, le gouvernement français semble regretter la voie dans laquelle on est entré, et il n'ose ni revenir aux errements de M. Philastre, qui lui répugnent, ni déclarer franchement la guerre et envoyer des troupes pour en finir sans retard.

Pendant que Rivière s'empare de Nam-dinh, quatre mille hommes attaquent Hanoï, dans la nuit du 26 au 27 mars. M. Berthe de Villers les repousse.

Rivière revient le 2 avril ; il trouve la situation grave. L'ennemi vient pendant la nuit jusque dans la ville, enlève des femmes et des enfants, attaque même la mission catholique, qui n'est sauvée que par l'énergique défense des missionnaires eux-mêmes, assistés de cinq marins de la *Fanfare*.

Rivière fait revenir trois navires de Nam-dinh, et demande du secours à l'amiral Mayer, commandant de la station navale de Chine. Le 11 mai, l'armée ennemie, forte de quinze à vingt mille hommes, tire sur la ville. Très heureusement les renforts demandés à l'amiral arrivent le 14. Le 15, on brûle des villages des Pavillons noirs ; le 16, le commandant Berthe de Villers s'avance jusqu'au canal des Rapides, sur la route de Bac-ninh. Rivière est inquiet. En attendant de nouveaux renforts qui lui permettront de prendre Bac-ninh et Son-tay, il décide de dégager Hanoï vers Phu-hoaï, dans la direction de Son-tay. Cela aura lieu de suite, c'est-à-dire le 19 au matin.

Le 18 au soir, voici, croyons-nous, ce qui a lieu. Le commandant Rivière a réuni les officiers présents à Hanoï et leur explique le mouvement du lendemain. C'est une sortie comme on en a déjà fait plusieurs, et l'ennemi ne tiendra pas plus que les autres fois. On partira à quatre heures du matin ; le commandant Berthe de Villers commandera l'expédition, mais Rivière l'accompagnera ; on aura terminé de bonne heure et on pourra déjeuner sur place. Un officier qui doit partir — le capitaine Jacquin, croyons-nous, — est engagé à assister à cette sortie, dont le but est de rendre l'ennemi moins audacieux.

Tout cela se dit, se prépare, en buvant le thé, *que sert un petit domestique chinois.* Puis les officiers se séparent et vont prendre quelques heures de repos.

19 *mai* 1883. A quatre heures du matin, comme cela a été convenu, on part, on marche sur une route bordée de rizières ; puis le combat commence à six heures. Le *Pont de Papier* est enlevé. A gauche se trouve le village de *Ha-yen-khé,* au milieu de bambous touffus et entouré d'une haie très épaisse, derrière laquelle se tiennent des Pavillons noirs. C'est sur ce village qu'on se porte : on s'est aperçu

que l'armée ennemie n'a pas été surprise, et *qu'elle a dû être prévenue* des opérations. (On a supposé, depuis, que le petit domestique chinois de Rivière avait, dans la nuit du 18 au 19, trahi les Français.)

Les Pavillons noirs sont bien armés ; ils ont des canons ; leur tir est plus régulier depuis un mois. Aux approches du village, le commandant Berthe de Villers tombe, mortellement blessé. Rivière, voyant que l'ennemi essaie de nous tourner sur la droite pour nous couper la retraite, constatant en même temps qu'on est en présence de forces considérables, donne l'ordre à une partie des troupes de battre en retraite. Ce mouvement encourage l'ennemi, qui s'avance jusqu'à cent mètres de nous.

En moins de temps qu'il n'en faut pour raconter ce drame, le lieutenant de Brisis est tué ; le chef d'état-major et M. Clerc, officier d'ordonnance, sont hors de combat ; un grand nombre de soldats tombent pour ne plus se relever, d'autres sont couverts de blessures. Tout à coup un canon tombe dans la rizière. On ne veut pas l'abandonner : pendant que des soldats continuent à tirer sur l'ennemi, d'autres essaient de relever le canon. Rivière est impatient, inquiet, nerveux, il aide à pousser les roues, comme le fait aussi l'aspirant de marine Moulun. Efforts inutiles ! M. Moulun a le crâne brisé ; *Rivière a l'épaule fracassée* ; il tombe, se relève, retombe ; à côté de lui, le capitaine Jacquin est tué.... les Pavillons noirs se précipitent sur la petite troupe, *coupent la tête et les mains de Rivière....*

A neuf heures et demie, les survivants de ce combat rentrent à la citadelle, poursuivis presque jusqu'aux portes par les ennemis, dont l'audace est extrême. A la citadelle, la panique est grande. Peu s'en faut que le drapeau français ne s'incline à nouveau devant le drapeau annamite ! Mais les officiers décident de résister à tout ; en même temps on évacue les blessés sur Hai-phong et on demande du secours.

Le 24, le parlement vote un crédit de 5,300,000 fr. pour l'envoi de troupes et d'un commissaire général *civil*, qui devra veiller à ce que l'autorité militaire n'étende pas ses opérations au delà du strict nécessaire. On le voit, c'est toujours la même hésitation entre l'abandon et l'occupation, c'est toujours un ensemble de demi-mesures.

M. Harmand, consul à Bang-kok, est nommé commissaire général civil ; le général Bouët est nommé commandant des forces de terre et de mer. L'amiral Mayer fait le blocus des ports pour empêcher les envois d'armes venant de Hong-kong.

L'amiral Courbet, commandant d'une division d'essais à Cherbourg, a reçu l'ordre d'aller prendre le commandement des forces navales au Tonkin.

Le 15 août, le général Bouët commande une expédition importante sur la route de Son-tay : les forces sont divisées en trois colonnes ; l'ennemi se présente en masses compactes ; à quatre heures, deux colonnes sont en retraite, la troisième est cernée : la situation est critique. Très heureusement la colonne cernée, dirigée par le commandant Coronat, dispose de 60,000 cartouches. Le 16, on reprend la marche ; une inondation se produit qui force l'ennemi à se retirer en abandonnant ses morts, ses blessés et son matériel. Nous avons quatre-vingt-un hommes hors de combat, sans autre résultat que de pouvoir nous établir aux *quatre pagodes*.

Le 19, le lieutenant-colonel Brionval s'empare de Hai-dzuong.

Ces divers engagements ont prouvé au général Bouët qu'il faut désormais compter avec l'ennemi : nous avons appris aux Annamites, aux Pavillons noirs et aux Chinois comment on se bat; ils ont profité des leçons. Il semble même que des Européens (des Anglais ou des Allemands) ont dû les exercer, sinon les diriger.

Le général informe le ministre de la marine qu'il faut une division tout entière sur le fleuve Rouge.

Pendant ces événements, Tu-duc est mort (15 juillet); son frère cadet *Hiep-hoa* lui a succédé.

L'amiral Courbet est arrivé. M. Harmand juge avec raison que la solution du problème de la pacification se trouvera à Hué : on doit prendre la capitale et le roi, si c'est possible. Il demande au ministre l'autorisation, et le ministre, M. Charles Brun, qui a la plus grande confiance dans l'amiral Courbet, répond : « Oui, si l'amiral juge l'opération possible. »

L'amiral, le 16 août, reconnaît la position, examine les fortifications, déclare qu'il se charge de l'entreprise.

Le 17 est consacré aux préparatifs; le 18, la division navale mouille devant les forts de Thuan-an, forts qui forment la première ligne de défense de Hué. A quatre heures, le bombardement commence. Les forts répondent; la muraille du *Bayard* est percée; la *Vipère* est atteinte par plusieurs boulets. D'ailleurs, en général, le tir n'est pas juste. La nuit arrête les hostilités. Le 19, on doit débarquer, mais la mer est si grosse qu'on est obligé de remettre au lendemain.

Le 20, un millier d'hommes débarquent; à neuf heures, le drapeau français flotte sur le fort principal. L'ennemi abandonne les autres forts, que nous occupons le 21.

Le gouvernement annamite prend peur; le ministre des affaires étrangères demande une suspension d'armes, que nous accordons. On nous remet les forts entre Thuan-an et Hué; on nous rend deux des navires donnés par la France en 1874.

M. Harmand est à Hué; il fait une énergique proclamation et propose la paix sur les bases suivantes : protectorat absolu de la France au Tonkin; indépendance de l'Annam, qui cesse de reconnaître le protectorat de la Chine; abandon à la France de la province de Cochinchine Binh-Thuan ; résident français à Hué ayant le droit de *voir le roi*; abandon par la France d'une dette de 515,500 piastres.

Ce traité est signé le 25 août; M. Harmand l'envoie en France pour qu'il soit ratifié, et retourne le 26 à Hanoï.

Du 29 août au 2 septembre, le corps expéditionnaire au Tonkin marche vers *Phung*. L'ennemi fuit. La hauteur des eaux et le terrain glissant empêchent de continuer. Le général Bouët donne l'ordre de rentrer à Palan et à Hanoï.

En fait, aucun résultat sérieux n'a été obtenu.

Le général Bouët semble en désaccord avec M. Harmand; la division du pouvoir empêche l'unité de vues et de plans; le général part pour France le 18 septembre 1883, afin, dit-il, d'éclairer le gouvernement sur notre position.

L'autorité militaire passe aux mains de l'amiral Courbet, jusque-là commandant des seules forces navales ; la direction immédiate des troupes de terre est confiée au colonel Bichot, agissant sous les ordres de l'amiral. M. Harmand conserve ses attributions.

L'amiral comprend qu'il faudrait agir rapidement, car les Annamites ne tiennent pas compte du traité du 25 août; ils continuent à recevoir dans l'armée (prétendue ennemie de Hué) des soldats chinois. Par surprise le colonel Bichot fait enlever Nin-binh; l'amiral fait occuper Quang-yen, sur le fleuve, par l'infanterie de marine.

Ce sont des coups de main, mais il faudrait mieux, et

les forces dont dispose l'amiral ne sont pas suffisantes pour qu'il ose entreprendre une action sérieuse ; trois mille hommes sont annoncés, il faut attendre.

Le 25 octobre arrive de Paris l'ordre, pour l'amiral Courbet, de prendre le commandement en chef d'une manière effective.

Aussitôt il proclame l'état de guerre, et monte à Hanoï avec six cents marins.

M. Harmand demande à rentrer en France (autorisé le 1er décembre) ; le gouvernement confère *tous* les pouvoirs à l'amiral Courbet.

Une petite garnison est établie à Hai-dzuong. Le 12 novembre, plus de trois mille Chinois brûlent la ville, et la poignée d'hommes présents ne peut s'opposer à leurs hauts faits.

Le 17, la *Carabine* est dans les eaux de Hai-dzuong. A quatre heures du matin, l'ennemi, qui s'est avancé en trois colonnes, *pénètre dans la citadelle*. Là se trouvent l'adjudant Geswind avec trente fantassins et quarante auxiliaires, et le capitaine Bertin avec une compagnie d'infanterie de marine et des auxiliaires. L'adjudant Geswind, attaqué par plus de quinze cents Chinois, se barricade dans *l'embrasure d'une porte* de la citadelle ; il tue deux cents ennemis au travers de la porte. Mais la position devient critique, car les cartouches vont manquer, et la masse des Chinois se ruant sur la porte, la criblant de balles, va la faire céder.

Le capitaine Bertin est au fort, cerné par deux mille Chinois. Très inquiet pour le petit poste commandé par l'adjudant, il veut, à sept heures et demie, faire une sortie pour le dégager : il est repoussé.

La *Carabine* s'avance, tire, et malgré ses canons, est

obligée de couper ses amarres et de filer les chaînes, car elle est criblée à bout portant : on n'a jamais vu à l'ennemi une telle audace.

En entendant le canon, la canonnière le *Lynx* arrive à toute vapeur; le commandant Coronat est à bord ; il fait débarquer des troupes avec des canons, on brûle tout le quartier où se tiennent les Chinois, qui fuient enfin après *neuf heures* d'une lutte terrible.

L'amiral Courbet envoie une colonne : tout ennemi a disparu. Les mandarins soupçonnés sont arrêtés ; les uns sont fusillés, les autres envoyés à Poulo-Condor.

Le 3 décembre, le commandant Coronat chasse neuf cents Annamites aux environs d'Hai-phong.

L'empereur *Hiep-hoa* vient d'être empoisonné pour avoir signé le traité du 25 août. Le 2 décembre, les Annamites proclament empereur *Me-men* dit *Kien-phuoc*, âgé de quinze ans, neveu de Tu-duc.

La situation est trop grave pour ne pas tenter une action décisive; il faut prendre l'ennemi dans son repaire, il faut devenir maîtres de *Son-tay* d'abord, de Bac-ninh ensuite.

Le 11 décembre, une flottille de huit navires ou canonnières appareille. Les forces sont divisées en deux colonnes : la première, sous le commandement du lieutenant-colonel Belin, comprend trois mille hommes; la seconde, dirigée par le colonel Bichot, est de deux mille six cents hommes.

A six heures du soir, toutes les forces sont débarquées au-dessus de l'entrée du Day. Elles ne sont pas inquiétées et marchent de suite jusqu'à trois kilomètres environ, où se trouve une grande digue; on se cantonne dans des villages échelonnés.

L'amiral Courbet a son quartier général au bord du fleuve, et se trouve ainsi en communication avec la flottille et un poste de télégraphie optique installé à Palan, qui est à l'est, sur la rive, entre Hanoï et Son-tay.

Le 12, l'amiral et le colonel Bichot reconnaissent le pays, qui est plat, couvert de villages entourés de haies en bambous et séparés par des rizières ou des champs de cannes à sucre.

Le 13, les forces font jonction à la grande digue.

Le 14, les deux colonnes séparées marchent en avant ; la flottille suit sur le fleuve ; la citadelle de Son-tay est à deux kilomètres environ de la rive. Elle affecte la forme d'un quadrilatère de trois cents mètres de côté environ, ce qui lui suppose une superficie de neuf hectares. Comme tous les travaux de défense, ses murs — qui ont cinq mètres de haut — sont couronnés par des bambous croisés entre eux et débordant en dehors de près de deux mètres. Ceci est pour le couronnement extérieur ; celui de l'intérieur n'est autre qu'une sorte de parapet avec plates-formes pour l'artillerie ; sur chaque face il y a d'ailleurs une tour avec porte voûtée.

Parallèlement aux murs d'enceinte, il y a un chemin de sept à huit mètres de large, bordé par un fossé, large de vingt mètres, dans lequel il y a de l'eau. A l'intérieur du quadrilatère il y a une haute tour. La ville proprement dite, extérieure à la citadelle, est elle-même entourée d'un parapet en terre avec portes en maçonnerie, d'un chemin de quatre mètres et d'un fossé plein d'eau. Le chemin entre le fossé et le parapet est *planté* de bambous très touffus, entrelacés, poussant enchevêtrés et formant une enceinte d'environ dix mètres de hauteur, derrière laquelle l'ennemi peut tirer soit du haut du parapet, soit en dehors, entre le parapet et la haie.

Plus de cent canons sont braqués contre nous ; il y a d'ailleurs des travaux de défense tels que forts, villages pourvus de retranchements et pagodes, qui gardent les abords de la ville.

Le 14, on enlève le fort de *Phu-sa*, position importante, qui oppose une énergique résistance ; l'ennemi se retranche dans la ville de Son-tay.

Le 15, l'amiral fait prendre position aux troupes le long de la digue.

Le 16, l'action commence dès le matin dans un village boisé, Phu-nhi, entre la digue et la ville ; à cinq heures, la ville est prise. L'attaque de la citadelle est remise au lendemain.

Le 17, Son-tay est à nous. Contrairement à leur habitude, nos troupes pillent et tuent un certain nombre d'Annamites ; les turcos sont les plus ardents. Voici ce qui explique et doit faire excuser un acte que réprouve l'humanité : après la prise de Phu-sa, pendant la nuit du 14 au 15, l'ennemi tenta de reprendre sa position ; une terrible lutte s'engagea ; les Pavillons noirs s'emparèrent d'une paillotte dans laquelle étaient vingt turcos blessés et *décapitèrent* ces malheureux soldats hors de combat. Leurs camarades avaient juré de les venger.... ils le firent.

L'ennemi, après la prise de Son-tay, se retira sur *Hong-hoá*. Dans le Laos supérieur, sur l'ordre du gouvernement de Hué, on massacra les chrétiens ; les établissements furent brûlés, cinq missionnaires et trente catéchistes périrent.

La victoire que nos troupes, sous la haute direction du contre-amiral Courbet, venaient de remporter au prix de sacrifices sérieux, avait une importance capitale. Des récompenses furent accordées par le gouvernement ; Courbet, grand officier de la Légion d'honneur depuis le 4 décembre, fut nommé vice-amiral, et le colonel Bichot, général de brigade. La France, émue d'espérance et d'orgueil en songeant à celui de ses fils qui venait de montrer au monde attentif que nos soldats étaient dignes de leurs pères, voyait déjà sur un autre théâtre, en Europe, l'amiral rendant à la mère patrie tout ce qu'elle avait perdu.... Dieu devait en décider autrement !

Son-tay conquis, l'amiral Courbet ne pouvant, par suite de la baisse des eaux se diriger vers Hong-hoa, laisse trois batteries dans la place et fait rentrer les troupes à Hanoï. Il revient lui-même et apprend qu'*il est remplacé* comme commandant en chef par le général Millot.

Cette mesure aussi inattendue qu'inopportune est pénible à l'amiral, plus pénible peut-être au corps expéditionnaire, qui a une confiance illimitée dans ce chef aussi prudent qu'habile. Courbet montre alors comment il comprend son devoir : il bat l'armée annamite près de Nam-dinh, puis il prépare l'expédition de Bac-ninh, dont un autre chef doit avoir l'honneur.

Le 12 février 1884, l'amiral Courbet remet le commandement en chef au général Millot, et redevient simple commandant de la division navale du Tonkin ; il a son pavillon sur le *Bayard*.

Le général Millot est assisté par deux généraux de brigade : MM. Brière de l'Isle et de Négrier. Ce sont eux que nous devons suivre, parce que pendant un temps le rôle de l'amiral reste secondaire.

Le 12 mars, a lieu la prise de Bac-ninh ; deux brigades ont battu trente mille hommes.

Le général de Négrier marche avec sa brigade vers Langson ; il bat, les 15, 16 et 17, les Chinois fournis par la province du Kouang-si ; il prend les forts de Phu-lang-giang et de Lang-kep, arrive à Thai-nguyen le 19 et rentre à Hanoï, car le général Millot n'a pas autorisé la marche sur Lang-son.

Au commencement d'avril, on prépare le mouvement contre Hong-hoa, qui est pris le 12, en une heure de temps.

Du 1er au 10 mai, on se bat autour de Dong-trieu ; on rentre à Hong-hoa le 19 ; le 1er juin, on prend Tuyen-quang.

Le 15 mai, les troupes ont appris le traité de Tien-tsin, obtenu par le capitaine de frégate Fournier le 11, et qui semble mettre fin à l'action des Chinois au Tonkin.

En vertu de ce traité, après le 6 juin, nous pourrons occuper Lang-son, Cao-bang, That-ké et les places voisines des frontières du Kouang-tong et du Kouang-si ; après le 26, nous pourrons occuper Lao-kaï.

Ce traité avait été obtenu grâce à l'activité de M. Fournier, grâce surtout au prince Kong (oncle de l'empereur de Chine), et au prince Pao-chun, tous deux membres du conseil privé. Ces deux chefs du parti de la paix n'allaient pas tarder à tomber en disgrâce, et la Chine allait rompre le traité.

En temps voulu, le général Millot donne l'ordre d'occuper Lang-son, That-ké et Cao-bang. Ses instructions sont si précises, qu'aucun imprévu n'y trouve place ; on doit partir de Phu-lang-thuong, coucher à tel village, occuper tel point le deuxième jour, tel autre le troisième, et Lang-son le cinquième. Tout cela est merveilleusement combiné. Seulement.... la pluie torrentielle qui défonce les chemins et les Chinois qui barrent la route à la colonne vont jouer un rôle auquel le général en chef n'a pas songé.

Le 23 juin, en avant de Bac-lé, la colonne du colonel Degenne passe le fleuve ; elle est reçue par des coups de feu. Un parlementaire se présente à huit heures du matin : les Chinois n'ont pas reçu l'ordre de se retirer. Le colonel délègue le commandant Crétin pour faire entendre raison à l'ennemi, mais il n'obtient d'autre résultat que de retarder la marche. L'avant-garde se met en mouvement à quatre heures, la colonne suit. On marche dans un défilé, entre des touffes d'arbres si épaisses qu'on ne distingue rien ni à droite ni à gauche. Tout à coup, de ces fourrés, les Chinois embusqués tirent presque à bout portant sur l'avant-garde. Le colonel Degenne la fait secourir au plus vite. La nuit arrive et arrête le combat. On se retranche comme on peut ; un officier d'infanterie de marine, le lieutenant Bailly, a installé un télégraphe optique à l'aide duquel on a prévenu le général Millot. Le 24 au matin, tout semble calme ; mais à huit heures la fusillade recommence ; l'attaque devient générale, des ennemis sont signalés en arrière ; dans peu d'instants la colonne sera complètement cernée et perdue !

Le colonel Degenne a rempli tout son devoir, il ne peut plus sans folie rester sur le terrain, et ordonne la retraite, qui se serait accomplie en sauvant tout, armes et bagages, si les coolies n'avaient fui ; on doit abandonner les vivres et les bagages des officiers, et à cinq heures tout le monde est à Bac-lé.

Le 25, le colonel Degenne fait occuper une montagne qui domine la région, et attend. Le général de Négrier est parti à son secours ; ils font jonction à Cau-son le 30 ; le général de Négrier y établit une forte défense. Puis enfin, ne pouvant rien sans renforts, on rentre à Hanoï.

Le général Millot demande à rentrer en France.

L'amiral Courbet reçoit l'ordre de joindre le commandement de la division navale de Chine au commandement de la division du Tonkin ; il est ainsi commandant en chef de l'escadre de l'extrême Orient. Il reçoit aussi l'ordre d'occuper Formose, ce qui est impossible avec les forces de débarquement dont il dispose. L'amiral informe le gouvernement que son avis est de détruire l'arsenal de Foutcheou et la flotte chinoise. C'est à Fou-tcheou que nous le trouvons dès le 12 juillet.

M. Patenôtre est chargé de demander au gouvernement chinois réparation du guet-apens de Bac-lé. Les Chinois répondent que le traité Fournier n'était qu'un *projet* de traité, que d'ailleurs ce sont les Français *qui ont commencé l'attaque*, et que c'est la France qui doit une indemnité.

C'est en voyant la cour de Pé-kin se dérober ainsi que l'amiral Courbet fit entrer son escadre dans le Min, au grand étonnement et à la grande joie des Chinois, qui laissèrent passer les vaisseaux, convaincus que si les hostilités reprenaient, ils feraient sans peine l'escadre prisonnière. Ils devaient, le 22 août, s'apercevoir qu'ils s'étaient trompés.

Au Tonkin, le général Brière de l'Isle a pris le commandement en chef des mains du général Millot. Comme la diplomatie joue son rôle, on se contente, en attendant le résultat des pourparlers, de combattre les pirates.

A Hué, on a détruit le signe de vassalité de l'Annam, le sceau donné par la Chine à l'empereur Gia-long, en 1804, et qui pesait près de *six kilogrammes*.

M. Patenôtre a obtenu un nouveau traité avec l'Annam : la France rend le Binh-thuan, donné par l'Annam en 1883 ; un terrain de trois cent soixante mètres de côté, dans la citadelle même de Hué, est donné à la France, pour y établir la demeure du résident général ; la politique de l'Annam est soumise à celle de la France, qui doit être consultée dans toute affaire importante. (6 juin 1884.)

Le 31 juillet, le jeune roi est empoisonné. Les régents, sans consulter la France, placent sur le trône le frère de l'empereur, *Ham-ghi*. (2 août.)

Le colonel Guerrier arrive à Hué avec des renforts et prévient que si l'autorisation de nommer le roi n'est pas demandée le 13, il prendra la citadelle le 14. Les régents craignent de nouvelles complications, et le 17 nous reconnaissons le nouveau souverain (il a quatorze ans), et nous lui donnons *une chaise à porteurs*. M. Rheinart, résident général, le colonel Guerrier et le commandant du *Tarn* sont reçus ; les renforts quittent Hué le 18.

Le 5 août, l'amiral Courbet a bombardé Kelung (port fortifié de Formose), et pris deux forts qui en défendent l'entrée. Mais ce n'est pas à Formose que l'action décisive doit avoir lieu. L'escadre est toujours dans le Min, côte à côte avec l'escadre chinoise, à laquelle l'amiral a fait défense de s'éloigner. Du 12 juillet au 22 août, les marins « couchent le fusil entre les mains » et les pointeurs ne quittent pas leurs pièces.

L'ordre d'attaquer arrive à l'amiral le 20 août ; mais une tempête l'oblige à différer jusqu'au 23.

L'amiral est sur le *Volta*. A deux heures, le signal du combat est donné par un drapeau rouge hissé à bord du vaisseau amiral. La tâche que Courbet avait à remplir peut se résumer ainsi : bombarder les forts de défense qui gardent le Min ; détruire l'arsenal de Fou-tcheou, anéantir la flotte.

Le 23 août au soir, la flotte chinoise n'existe plus.

Le 24, l'amiral bombarde l'arsenal, puis descend vers l'embouchure de la rivière ; le 25, on détruit les ouvrages de défense de la passe Min-gan, on continue par la passe Kimpaï, enfin le 29, l'escadre française sort victorieuse du Min : derrière elle, sur quarante kilomètres de long, elle ne laisse pas un canon en état de servir, l'arsenal est en ruine, la flotte chinoise est anéantie. Nos pertes sont : dix tués, dont un officier, le lieutenant de vaisseau Bouët-Villaumez, fils de l'amiral de ce nom ; quarante-huit blessés, dont six officiers. Le pilote du *Volta* a été tué aux côtés de l'amiral, dont l'aide de camp, le lieutenant de vaisseau Ravel, est blessé.

Ce triomphe éclatant causa en France un enthousiasme général, en Chine une profonde stupeur : la Chine avait perdu vingt-deux navires ou jonques de guerre, cinq capitaines de navire, trente-neuf officiers, deux mille soldats ou marins.

L'amiral Courbet, dont le pavillon était sur le *Duguay-Trouin* depuis le 25, quitta le dernier l'embouchure du Min.

Où allait-il se porter ? Il jugeait que l'escadre devait se rendre au golfe du Pé-tché-li, parce que là elle menacerait la cour de Pé-kin mieux qu'ailleurs ; le gouvernement français, malgré tout, lui donna l'ordre de prendre Formose : il y tenait. Ce fut seulement au mois d'octobre que les opérations commencèrent sur ce point. On prit des forts, on échoua à Tamsui, on passa l'hiver péniblement, car les hommes mouraient de maladie. En janvier 1885, un bataillon d'infanterie légère d'Afrique arriva, puis un bataillon de la légion étrangère. Le colonel Duchesne vint prendre le commandement des troupes de terre, et l'amiral Courbet put s'occuper des navires chinois qui se présentaient dans le détroit de Formose, navires qui, ayant passé quelque temps à l'abri dans le Yang-tse-kiang, se montraient en voyant l'escadre française immobile. Le 13 février, l'amiral coule une corvette et une frégate ; après quoi, il obtient du gouvernement l'autorisation de déclarer le *riz* contrebande de guerre. Puis, tout en gardant la haute direction des opérations à Formose, il prend les îles Pescadores (28 mars), position stratégique beaucoup plus importante que Formose, et se dispose à continuer à terrifier le gouvernement chinois, quand, à bord du *Bayard*, il reçoit, le 4 avril, l'ordre de lever le blocus de Formose : la France fait la paix avec la Chine, et cela au lendemain d'un désastre. Mais Courbet a tant fait,

Courbet inspire à la cour de Pé-kin une telle crainte, que la paix va être conclue.... et Courbet va mourir !

Mais qu'a-t-on fait au Tonkin depuis le 1er octobre 1883?

Le 3 octobre, le général de Négrier prend la direction d'une opération pour laquelle les troupes sont divisées en quatre colonnes.

Le 7, il remporte une victoire sérieuse à Kep, puis marche en avant, coupe la route de Chine en s'emparant d'une pagode et d'un fort. On retrouve à Kep une partie des bagages perdus par la colonne Degenne à Bac-lé.

Le général de Négrier, blessé à la jambe droite, rentre à Hanoï, et le général Brière de l'Isle va le remplacer à Kep. La prise de Chu par les colonnes Donnier et Mibielle, le 11 et le 12, achève de fermer aux Chinois les défilés conduisant à Lang-son. Au nord du Delta, nous sommes donc maîtres en ce moment. A l'ouest, les Chinois fournis par le Yun-nan essaient de nous repousser. Du 14 au 19 octobre, ils attaquent Tuyen-quang, mais ils sont refoulés ; alors ils tournent la place et la *bloquent*. Un mois plus tard, le lieutenant-colonel Duchesne, avec sept cents hommes, débarque au confluent de la rivière Claire et du fleuve Rouge; il trouve trois mille Chinois aguerris qu'il met en fuite. Les Chinois se réfugient dans des villages en avant de Tuyen-quang, villages que la colonne enlève le 20 ; l'ennemi fuit vers les montagnes et nous laisse soixante mille cartouches, etc. La petite garnison de Tuyen-quang, fatiguée par cette longue lutte, rentre à Hanoï pour se reposer. M. Duchesne est nommé colonel et envoyé à Formose. Le 23 novembre, le commandant Dominé prend le commandement supérieur de la place. Il a cinq cent quatre-vingt-douze hommes; le sergent Bobillot est chef du génie. Sous les ordres du commandant

Dominé, cette petite garnison va soutenir contre quinze mille Pavillons noirs une lutte héroïque de quatre-vingt-seize jours, lutte dont nous parlerons dans un instant.

Nous sommes donc d'un côté à Tuyen-quang, de l'autre à Chu.

Le 16 décembre 1884, trois mille Chinois ne peuvent venir à bout d'un faible détachement commandé par le capitaine Gravereau, détachement qu'ils ont entouré au nord-est de Chu, qui s'est dégagé à la baïonnette et s'est établi en avant à Hao-ha, où il attend les renforts du colonel Donnier.

Le général de Négrier, qui a pu reprendre son commandement, se concentre à Chu, et le général Brière de l'Isle prépare l'expédition de Lang-son.

Le 2 janvier, le général de Négrier, auquel on a signalé une armée de treize mille Chinois à cinq lieues de Chu, va dans la direction indiquée pour dégager la route d'An-chau à Hai-Dzuong. Après avoir surmonté de grandes difficultés, la colonne de Négrier met en fuite, par deux fois, six mille Chinois, soit douze mille dans une seule journée (5 janvier 1885).

On reçoit la nouvelle que le ministre de la guerre (général Lewal) prend la direction des opérations de terre (7 janvier).

Les troupes qui vont marcher sur Lang-son sont divisées en deux colonnes, sous la direction, l'une, du colonel Giovanninelli (qui est au Tonkin depuis le 19 décembre 1882), l'autre, du général de Négrier. Ensemble ces deux colonnes comptent un peu plus de sept mille hommes; elles marcheront de concert, bien que devant partir séparément, et cela dans le but de tromper les Chinois.

Ce mouvement est exécuté le 30 janvier 1885, par

le général de Négrier, en avant de Kep ; il rejoint la colonne Giovanninelli et le général Brière de l'Isle à Chu.

Le 3 février, au débouché d'un défilé, a lieu le combat de Cau-nhat et la prise du village de ce nom ; — le 4 et le 5, on enlève la position de Tay-hoa, et l'on se trouve, le 5, en face des travaux fortifiés de Hao-ha ; les deux brigades enlèvent les mamelons, où sont des forts casematés, précédés de solides retranchements ; le soir, nous sommes maîtres de l'entrée du défilé de Dong-song.

Le 6, prise du camp de Dong-song. L'ennemi fuit vers Lang-son.

Du 7 au 9, les troupes se reposent ; puis le colonel Giovanninelli s'avance et constate que l'ennemi est en retraite.

Le 10, on lève le camp, où on laisse une faible garnison, et l'on campe à Pho-bu, au sommet de collines dominant la vallée.

Le 11, on refoule l'ennemi de colline en colline, et l'on campe à Pho-vi.

Le 12, on est en face des travaux avancés de défense de Lang-son. La brigade Giovanninelli d'abord, puis la brigade de Négrier, s'emparent du fort qui domine le col et du mamelon ; le général de Négrier poursuit et s'avance en avant du col, à Bac-viaï, où il s'établit.

Le 13, nous sommes à Lang-son, qui a été évacué par l'ennemi ; à midi, le drapeau français flotte sur la porte sud de la citadelle.

L'opération a donc pleinement réussi.

Il faut maintenant secourir au plus vite la garnison de Tuyen-quang, qui court les plus grands dangers. Le général de Négrier reste à Lang-son, et le colonel Giovanninelli part le 16 février avec sa brigade ; le général Brière de l'Isle prendra part à cette expédition.

Le 22, le colonel Giovanninelli est à Hanoï, après être passé par Chu, et s'embarque avec ses troupes sur des canonnières qui remontent jusqu'à Bac-hat ; puis il suit la rivière Claire, s'engage dans une région parsemée de ravins, arrive le 27 à Phu-doan, où des jonques ravitaillent la colonne. Le 28, il passe le Song-chai, force le col de Yuoc, gardé par quinze mille Chinois ; le général Brière de l'Isle a son officier d'ordonnance grièvement blessé à ses côtés. On marche en avant le plus vite possible ; la brigade se trouve, le 1ᵉʳ mars, devant un fort dont la prise offre des difficultés très grandes ; malgré cela, à six heures et demie, on est maître de tous les retranchements. Le 2, le passage de Thua-moc est forcé ; le 3, Tuyen-quang est débloqué, l'ennemi opère sa retraite avec science. En entrant dans la place, les deux chefs de la colonne embrassent le commandant Dominé et le félicitent « au nom de tous les cœurs français. »

Le colonel Giovanninelli avait eu raison de se hâter. La moitié de la garnison est hors de combat ; Tuyen-quang a reçu plus de dix mille obus, repoussé des assauts furieux, à partir du 24 février surtout ; des mines installées dans des parallèles ont détruit une partie des murs, et sans le dévouement, l'énergie, le courage de la garnison, du sergent Bobillot en particulier, tout eût été perdu. Un seul fait montrera ce qu'avait été la défense : le 24, deux drapeaux chinois étaient déjà plantés sur la brèche ; la garnison rejeta les Chinois, fit quatre prisonniers *dans la citadelle même*, et s'empara des drapeaux.

La brigade Giovanninelli, dans sa marche pour délivrer Tuyen-quang, avait eu quatre cent quatre-vingt-quatre hommes, dont vingt-sept officiers, hors de combat.

En un mot, la défense de Tuyen-quang par le commandant Dominé, et sa délivrance par la brigade Giovanninelli, comptent parmi les plus beaux faits d'armes. Chefs prudents et habiles en même temps que pleins de courage et d'ardeur, tels se sont montrés MM. Brière de l'Isle, Giovanninelli et le commandant Dominé ; les officiers et les soldats qu'ils commandaient ont été dignes d'eux.

Nous voudrions consacrer encore bien des pages à ce magnifique épisode de la guerre d'Indo-Chine ; nous voudrions surtout n'avoir pas à parler des événements qui eurent lieu à la fin des hostilités. Cependant, hâtons-nous de le dire, ces événements, si cruels qu'ils aient été pour la France, n'ont pas porté atteinte à l'honneur de l'armée.

A quinze kilomètres de Lang-son, les Chinois ont construit des ouvrages couvrant la route qui mène à Cua-aï, la *Porte de Chine*, et qui défendent Dong-dang.

Le 23 février, la brigade de Négrier attaque ces ouvrages à l'ouest de Dong-dang ; ce village brûle ; le lieutenant-colonel Herbinger traverse Dong-dang en flammes et enlève les ouvrages du nord, pendant que d'autres prennent That-ké. L'engagement a duré de neuf heures du matin à trois heures de l'après-midi. A ce moment, l'ennemi, coupé en deux fractions, fuit sur la route de That-ké et par la route de Chine. Le général de Négrier se met à sa poursuite sur cette route, pendant que deux compagnies gardent le chemin de That-ké, pour empêcher le retour de l'ennemi. Le lieutenant-colonel Herbinger a l'ordre d'avancer parallèlement à la route de Chine. L'artillerie est en avant.

A cinq heures, on occupe la Porte de Chine, sa pagode et ses forts. Le général de Négrier fait sauter la Porte pour intimider les Chinois, et pour qu'ils ne puissent nier notre arrivée jusque sur le territoire de l'empire.

Le 27, il rentre à Lang-son, et fortifie la place. Tout reste dans le calme pendant près d'un mois.

Dans la nuit du 21 au 22 mars, les Chinois essaient d'attaquer la petite garnison de Dong-dang, mais cette tentative échoue, grâce à une embuscade placée en avant des postes. Le général de Négrier se décide à porter toutes ses forces sur Bang-bo; il a l'intention, lorsque le corps chinois du camp retranché aura été défait, de marcher sur Lang-tcheou, ville importante de la province chinoise du Kouang-si, à trois jours de marche de la frontière, et où les Chinois ont des approvisionnements considérables de vivres et de munitions. C'est par ces approvisionnements que s'explique un fait constaté par les officiers français, et en particulier par l'un des plus jeunes, mais aussi des plus remarquables à tous égards, René Normand, tombé au champ d'honneur. Il avait écrit, avec une rare justesse d'appréciation : « .... Au point de vue militaire, le Chinois est très difficile à juger : il est ignorant, car il est incapable sur le terrain de faire un mouvement.... il est même enfantin; il plante des étendards de toutes les couleurs, les agite en signe de défi, fait sonner, pour nous faire peur, des trompes à sons lugubres (c'est étonnant comme cela prend!), crie comme un sourd, pour se donner du courage probablement, et cependant toutes ses positions sont parfaitement choisies, ses forts bien construits et bien placés, Il profite habilement des fautes que l'on peut faire devant lui, *est toujours abondamment pourvu de munitions*, ce qui est étonnant, vu la diversité des armes.

» Même difficulté de juger le Chinois au point de vue de la valeur personnelle, ajoute le jeune officier : tous se sauvent dès qu'un obus tombe au milieu d'eux ou qu'on les attaque à la baïonnette.... et cependant ils résistent à deux cents mètres au feu rapide de l'infanterie, pour peu qu'ils soient *moralement* protégés par quelque chose, fossé, mur, rocher, levée de terre; en outre, individuellement, certains donnent des preuves de courage téméraire qu'il est impossible de ne pas admirer. Le 4 février, à *Taï-hoa*, j'ai vu, de mes yeux vu, après l'enlèvement du fort de droite par la légion et nous (111e de marche), un Chinois, *seul*, descendre lentement la montagne en chargeant son arme, se mettre à genoux, tirer, se relever, recommencer ; on lui a envoyé plus de vingt coups de fusil avant de l'abattre [1]. »

Les ressources des Chinois provenaient donc de Lang-tcheou, et le général de Négrier voulait s'en emparer. Disons, à ce propos, que les Tonkinois avaient surnommé ce chef *mau-lên*, *vite*, tandis que le général Brière de l'Isle était appelé *man-man*, *doucement*.

Le 23 mars, la colonne de Négrier, forte de mille hommes seulement, marche sur Bang-bo ; le reste des troupes est échelonné à Lang-son, Ki-lua et Dong-dang.

A midi, on enlève à la baïonnette un fort de la première ligne de défense, on prend les autres travaux de cette ligne, et bien que le brouillard empêche l'artillerie de bombarder les forts de la seconde ligne, le général, avec *sept cents hommes*, se lance à la poursuite de l'ennemi et l'oblige à se réfugier en arrière de la troisième ligne.

Le 24, l'attaque recommence ; on enlève le troisième fort, qui est sur un mamelon.

Enfin, le général se croit maître de toutes les positions. Mais quand le mouvement en avant a commencé, on s'aperçoit qu'il y a des lignes fortifiées comme celles dont nous nous sommes emparés, et que *cinquante mille Chinois* les défendent ! En outre, un pic très élevé, que le général croit pris depuis le matin, est encore au pouvoir des Chinois.

---

[1] *Lettres du Tonkin*, par René NORMAND.

A trois heures, ceux-ci descendent en masses compactes, enveloppent à gauche le 111ᵉ de ligne (régiment de marche), qui se fait jour à la baïonnette, emportant ses morts et ses blessés ; puis ils tentent de tourner, à droite, le 143ᵉ, qui se replie.

On rétrograde jusqu'à la Porte de Chine, à deux kilomètres en arrière, puis le général de Négrier ordonne la retraite sur Dong-dang, où l'on arrive à la nuit ; il envoie les blessés à Lang-son. Le 25, l'ennemi ne se présente pas ; le 26, on rentre à Lang-son et à Ki-lua ; les renforts sont arrivés : le général se trouve avoir trois mille cinq cents hommes.

Les combats livrés à Bang-bo, les 23 et 24 mars, furent des plus meurtriers et permirent de constater l'audace croissante de l'ennemi. La colonne était de mille hommes ; le quart de l'effectif fut mis hors de combat. Le nombre des combattants morts au champ d'honneur s'éleva à soixante-dix-huit.

Parmi ceux-ci se trouvaient : les capitaines Maillat, Cotter et Brunet ; les lieutenants Canin et Thébaut ; le médecin-major Raynaud ; le sous-lieutenant René Normand. Tels sont les noms que le capitaine de Sainte-Marie a cités dans un discours prononcé au cimetière de Lang-son. Bien d'autres officiers, blessés pendant les combats de Bang-bo, ont rejoint leurs frères d'armes dans la tombe. Nous voudrions les nommer tous et nommer aussi les mutilés survivants, comme Albert de Colomb, par exemple, amputé d'un pied. Puisque la place nous manque aujourd'hui, qu'il nous soit du moins permis de rendre un pieux hommage à tous ces héroïques défenseurs de l'honneur national, en rappelant le nom d'un seul, le plus jeune, le plus ardent peut-être : René Normand.

Cet officier avait été cité par le général de Négrier comme s'étant particulièrement distingué en entrant le premier dans une position ennemie vigoureusement défendue, au combat de Pho-vi, le 11 février; il fut ensuite proposé pour l'avancement, lorsqu'il eut montré la même ardeur au combat de Dong-dang, le 23 février.

Peu de jours avant de tomber au champ d'honneur, il écrivit à ses parents et termina ainsi sa lettre : « .... Je vous embrasse comme toujours, *mais cette fois plus fort encore....* » (16 mars.)

C'était un suprême adieu à son père et à sa mère !

Plein de courage et d'énergie, comme ses camarades d'ailleurs, et avec l'ardeur de ses vingt ans, il prit part aux combats de Bang-bo. L'ennemi attaqua, le 24, avec une telle vigueur, que pour l'arrêter il fallut un effort désespéré : « René Normand fut tué au pied même du parapet [1]. »

Il ne dort pas avec ses frères d'armes au cimetière de Lang-son, car son corps n'a pu être retrouvé. Ainsi a été accomplie tout entière, par René Normand, la promesse des anciens preux : Sacrifier à la patrie son sang, sa vie, et jusqu'à l'espoir d'une honorable sépulture.

28 *mars* 1885. Dès le matin, les masses chinoises arrivent sur Lang-son : leurs forces, disposées en demi-cercle, tout comme on l'avait remarqué pendant la guerre de 1860, attaquent de front en même temps qu'elles tournent à droite et à gauche.

A trois heures, le général *de Négrier est blessé ;* il remet le commandement au lieutenant-colonel Herbinger, qui vient de repousser les Chinois à Ki-lua.

---

[1] Rapport du général de Négrier sur le combat du 24 mars 1885.

A cinq heures, le lieutenant-colonel Herbinger, jugeant la défense de Lang-son impossible, croyant qu'il va être débordé par l'ennemi, estimant enfin que trois mille hommes environ peuvent, sans déshonneur, se retirer devant quinze à vingt mille combattants qu'il suppose prêts à se montrer à nouveau, *ordonne la retraite et évacue Lang-son.*

Malheureusement cette retraite est affolée; elle se transforme en déroute. On emmène cependant tous les blessés, qui sont dirigés sur Dong-song. La brigade se trouve à Chu le 1er avril, et à Kep à midi. A Kep, elle fait jonction avec un bataillon de renfort, et le colonel Borgnis-Desbordes, envoyé par le général Brière de l'Isle, prend le commandement.

Le général Brière de l'Isle et M. Giovanninelli, nommé général, arrivent tous deux à Chu, le 5 avril, sur la canonnière *le Moulun.* On réoccupe Deo-van, Deo-quan et Nin-po; les Chinois se concentrent à Dong-song et à Bac-lé.

La nouvelle de la retraite de Lang-son, arrivée à Paris le 29 mars, a fait tomber le ministère Ferry; on envoie des renforts, et le général de Courcy va remplacer le général Brière de l'Isle.

La conduite du lieutenant-colonel Herbinger a été critiquée par les uns, défendue par les autres.

Aujourd'hui on peut parler sans passion de tous ces faits.

Que des fautes aient été commises au Tonkin, c'est possible. Mais la première faute n'a-t-elle pas été d'entreprendre la lutte avec une poignée d'hommes? Rivière en avait quatre cents! En deux ans, il a fallu porter le chiffre du corps expéditionnaire à plus de dix-huit mille hommes. Si, dès le début, le gouvernement avait envoyé ces dix-huit mille combattants, n'aurait-il pas épargné à la France la perte d'un grand nombre de ses enfants, ne lui aurait-il pas évité de grands sacrifices ?

Et puis, n'a-t-on pas commis au moins une erreur en donnant, de Paris, l'ordre de marcher en avant tant qu'on le pourrait, ordre que l'ardeur du général de Négrier le disposait à exécuter dans toute son étendue, et sans lui permettre d'entrevoir une impossibilité ? Enfin, si la retraite de Lang-son a été précipitée, avant de porter de graves accusations contre un homme de la valeur du lieutenant-colonel Herbinger, on aurait dû réfléchir que la colonne était déjà en retraite, ce qui n'était pas fait pour relever le moral des troupes ; — que le chef responsable de la vie des hommes qu'il dirige a le devoir de les mettre à l'abri en temps utile ; — que tous les coolies ayant fui, une partie des combattants se trouvaient transformés en brancardiers, car il fallait sauver les blessés ; — enfin que l'affolement était général, et qu'en attendant plus longtemps on courait le risque d'être poursuivi par les Chinois.

Le lieutenant-colonel Herbinger demanda des juges ; on lui fit faire par deux fois le trajet de Hanoï à Paris ; reconnu par un conseil d'enquête innocent des fautes dont on l'accusait, le lieutenant-colonel sut garder la plus grande dignité au milieu de tant d'épreuves ; il mourut, peu après, d'une affection du cœur dont il souffrait depuis longtemps, et que les événements avaient considérablement aggravée. Jamais il ne s'était plaint cependant ; et pour se disculper, il n'avait attaqué personne : respectons la mémoire de ce soldat.

Le 1ᵉʳ juin 1885, le général de Courcy arrive à la baie d'Along, où le général Brière de l'Isle le reçoit et lui remet le commandement. Mais la paix est faite : malgré notre retraite de Lang-son, la Chine a dû y consentir à cause du

blocus du Pé-tché-li, et aussi par suite d'incidents menaçants du côté de la Corée.

Le 12 juin, une nouvelle se répand en France, nouvelle
à laquelle on ne veut pas ajouter foi, et que bientôt cependant il faut reconnaître comme exacte, car elle est officielle :
l'amiral Courbet est mort !

Oui, c'est vrai, ce soldat « sans peur et sans reproche »
n'est plus ! Il est mort à bord du *Bayard*, le 11 juin 1885,
à huit heures et demie du soir. Comme il est resté à son
poste, comme il a combattu jusqu'au traité de paix, comme
il s'est levé, comme il a travaillé jusqu'à la veille de sa
mort, ses officiers et ses amis sont seuls à savoir que
depuis la victoire de Fou-tcheou il était mortellement atteint. Une maladie de foie s'était déclarée ; aggravée par
les fatigues constantes, par l'ennui de n'être pas autorisé
à porter sans retard un coup décisif à la Chine, elle fit
naître bientôt les plus vives inquiétudes. L'illustre malade,
qui venait de prendre les îles Pescadores, refusa de suivre
le conseil du docteur Doué et des officiers, qui le priaient de
demander son rappel en France. « Tant que la paix ne sera
pas définitivement conclue, disait-il, je resterai avec
mes marins. » Il est resté au milieu d'eux, il y est mort
en soldat et en chrétien.

Le 10 juin, les souffrances très vives qu'il ressentit
l'obligèrent à s'aliter vers onze heures du matin ; dans
l'après midi, ayant reçu des dépêches de Paris, il se leva et
répondit à tout, puis tomba épuisé. On le coucha. Le 11
au matin, il avait le masque de la mort. L'amiral Lespès,
son second, fut averti ; dans l'après-midi, l'aumônier du
Bayard vint prendre de ses nouvelles ; il lui dit : « Mes
forces s'en vont, monsieur l'abbé : restez, je suis chrétien. »
L'amiral reçut les derniers sacrements, s'assoupit, se ré-

veilla et demanda son officier d'ordonnance, le lieutenant de vaisseau Habert ; il lui donna des indications précises pour former un dossier devant servir au besoin à sa défense et à la défense de l'escadre. Il était six heures.

A six heures et demie, l'amiral n'entendit plus et ne vit plus les officiers et les marins qui l'entouraient.... A huit et demie, son âme était devant le juge suprême.

La douleur de tous les marins fut immense, et la France fut consternée. Le *Bayard* reçut l'ordre de ramener à Toulon le corps du vainqueur de Son-tay, de Fou-tcheou, des Pescadores ; les Chambres votèrent un crédit de dix mille francs pour ses obsèques nationales aux Invalides. Quand l'illustre mort traversa la France, de tous côtés des couronnes furent apportées, elles couvrirent le drapeau dont le cercueil était enveloppé. Grâce au ministère de la marine, les obsèques de l'amiral ont été dignes de la France.

Il est des hommes si grands par leur caractère même, que tout éloge ne peut qu'amoindrir leur gloire.

L'amiral Courbet compte parmi ceux-là.

Le panégyriste *fait sien* le héros dont il s'occupe ; involontairement, fatalement, il lui prête ses propres mérites ou lui fait porter le poids de ses imperfections : Courbet est de ceux qui ne peuvent être grandis.

Depuis son entrée dans la marine jusqu'à l'heure de sa mort, il ne s'est pas démenti un instant. Comme marin, comme soldat, il a toujours été tel que le représentaient ses premiers chefs : un officier hors ligne, exceptionnellement doué, brave, énergique, tout à la fois ardent et froid, calme en face du danger, habile à le conjurer, réservé, ne cherchant pas à forcer la renommée, sachant juger les hommes et les choses, mais ne jetant pas au vent ses appréciations, faisant son devoir, plus que son devoir même, et cependant ne le disant jamais [1].

Comme homme privé, il était modeste; causeur charmant, esprit vif, intelligence vaste et merveilleusement exercée, affable et digne : tel il se montrait sans affectation, sans recherche, avec une simplicité d'allures qui rehaussait ces brillantes qualités.

On a beaucoup parlé du style de Garnier et de Rivière. L'un et l'autre avaient de réels mérites ; mais quel charme, quelle netteté, quelle vivacité, quelle élégance, unies à une grande simplicité, dans le style de Courbet! Les journaux et les revues ne le tentaient pas, et sa collaboration ne leur fut jamais acquise. Il faut le regretter. Sa correspondance, — lettres généralement brèves, — n'est pas pour plaire à tous, car, écrivant à des parents ou à des amis intimes, il disait avec franchise sa pensée sur les événements comme sur les hommes politiques. Mais tout en portant un jugement sévère sur tout ce qui paraissait digne de critique, il ne se montra jamais acerbe, passionné, haineux. S'il souffrait d'un état de choses qu'il considérait comme mauvais, c'est en tant que Français, et son cri d'alarme a toujours été : *Pauvre France!*

Comme tout officier, il a souhaité un avancement rapide ; comme beaucoup, il a été quelquefois déçu : s'il a témoigné des regrets à un ami, ce fut sans amertume, sans que sa grande âme fût troublée par la jalousie ou la rancune. Et tandis qu'autour de lui on s'accordait à le considérer comme un homme *hors ligne*, lui ne paraissait pas s'en douter.

Il est mort simplement, comme il avait vécu ; la source

(1) On peut se convaincre de tout ceci en étudiant la vie de l'illustre marin ; le travail de M. Ganneron, *l'Amiral Courbet*, ouvrage couronné par l'Académie française, est un des mieux faits à tous égards.

de sa force, lui-même l'a révélée à ses derniers moments par ces quelques mots dits à l'aumônier de la flotte : *Monsieur l'abbé, je suis chrétien !*

Quel enseignement dans cette mort du marin illustre et plein de foi !

Combien cette mort a différé de la fin d'un homme célèbre aussi, mais à d'autres titres ! de la fin de Paul Bert, résident général au Tonkin !

Au mois de janvier 1886, le parlement français décida que *le Tonkin étant pacifié*, il devait être gouverné par un résident général *civil*. M. Paul Bert, bien connu par ses attaques contre la religion et ses opinions extrêmes, fut désigné pour remplir ces hautes fonctions.

Le passé de Paul Bert, la guerre acharnée, passionnée, qu'il faisait encore à l'Eglise, devaient effrayer les missionnaires d'extrême Orient, au milieu desquels et *sur lesquels* il allait exercer un pouvoir suprême.

Dieu permit que cet homme réellement intelligent n'exerçât pas sa haine sur un nouveau théâtre. Avant son départ de France, il dit que la haine de la religion n'était pas « un article d'exportation, » et qu'il entendait *se servir* des missionnaires.

En fait, il tint parole ; pendant son court séjour au Tonkin, *il se servit* d'eux…. et *ne les servit pas.*

Actif, plein de zèle et d'ardeur, comprenant l'importance de ses nouveaux devoirs, il remplit sa mission avec dignité. Son titre de membre du *Hann-lin* (académie) de France lui servit au Tonkin et en Annam beaucoup plus que tous autres, et parmi les travaux auxquels il se livra, la création d'un conseil des notables, l'ouverture de sessions régulières d'examens, l'établissement d'écoles primaires françaises et franco-annamites, diverses mesures administratives et commerciales, tout cela préparait, d'après lui, la voie à de sérieux progrès....

Dieu arrêta cet homme dans son œuvre à peine ébauchée et qui semble n'avoir donné que de bien faibles résultats.

Comme on a diversement apprécié la conduite de Paul Bert vis-à-vis des chrétiens, et comme son gendre et apologiste, M. Chailley, a présenté ceux-ci sous des couleurs tout à fait défavorables, nous croyons utile de préciser ce qui eut lieu.

Le 30 août 1886, le nouveau résident général adressait aux résidents particuliers une lettre circulaire dans laquelle on doit relever le passage suivant :

« Je ne cesserai de réclamer auprès des autorités annamites pour que les chrétiens aient les mêmes droits que les autres sujets du roi ; j'emploierai toute mon énergie à les protéger contre des massacres comme ceux de Binh-dinh et du Than-hoa, qui sont une honte pour le roi et pour la France ; mais je ne cesserai de dire aux chrétiens qu'ils ne peuvent réclamer ces droits qu'*à la condition d'obéir, comme tous, aux lois du pays et aux mandarins* chargés de les faire exécuter. *S'ils veulent une législation à part, s'ils refusent de payer l'impôt aux autorités, s'ils veulent former des petits Etats* dans le grand Etat, je cesse de les défendre.... »

Ce document renferme une imputation malveillante, une accusation injuste ; ajoutons que les chrétiens les plus malheureux ont été victimes de ce que Paul Bert prenait pour de la *justice* et qui fut de l'iniquité.

Jamais les chrétiens n'avaient songé à *désobéir aux lois :* ils y obéissaient si bien qu'ils s'inclinaient devant l'ordre de mort, quand cet ordre venait d'une autorité légale ; on ne peut demander davantage à l'homme.

Une législation à part? Ils n'y avaient jamais songé, et certes, ce n'était pas sous Paul Bert que l'idée devait leur en venir !

Refuser l'impôt? Les mandarins pourraient témoigner que parmi leurs administrés les chrétiens étaient toujours les plus exacts à payer leurs redevances. Cependant à certaines époques ils ont dit : *nous ne pouvons payer,* parce tous nos biens *ont été saisis, brûlés ou mis sous séquestre.* Et c'est alors que Paul Bert, sollicité d'exempter ces malheureux, répondait : « Prêt à tout faire au nom de l'égalité, je ne ferai rien *au nom du privilège !* » De sorte que le *privilège* restait en faveur des Annamites païens qui détenaient les biens des chrétiens, faisaient la récolte des champs et.... recevaient le montant des impositions établies sur ces mêmes champs !

Suppose-t-on qu'il y ait dans cet exposé quelque exagération? Voici ce que, à la date du 4 juin 1886, écrivait Mgr Puginier :

«.... Le nombre des chrétiens du Than-hoa ruinés par les derniers malheurs et dispersés en diverses paroisses dépasse 3,000. Ils seront longtemps dans la misère, car il ne leur sera pas possible de rentrer dans leurs villages pour récolter le riz, qui est mûr. Les lettrés et les païens le moissonnent, et par là ils bénéficieront une fois de plus de leur crime, tandis que les chrétiens *seront ensuite obligés de supporter le tribut.* J'ai vu pareille chose en 1884, et malgré des demandes et des protestations cinq fois réitérées, je n'ai pu obtenir que les chrétiens pillés et ruinés fussent dispensés de livrer l'impôt des champs que leurs persécuteurs avaient moissonnés [1]. »

Voilà à quels faits se rapporte l'accusation de Paul Bert,

***

(1) V. *Paul Bert au Tonkin et les missionnaires*, par le R. P. Lesserteur, 1888.

et ce qu'il considère comme *refus de payer l'impôt*, comme exigence d'une *législation à part*.

Souvent, par la suite, les chrétiens furent accusés d'avoir *attaqué* les païens, et pour cela traînés devant les tribunaux annamites.... Ils venaient d'être volés, pillés, maltraités, et couraient reprendre leur bien. Il fallut l'intervention active des missionnaires pour empêcher que les victimes ne fussent condamnées !

Comme le fit très justement remarquer Mgr Puginier, la défense de se faire justice soi-même suppose que les particuliers *sont protégés* par la loi et les autorités : quand la protection fait défaut, la justice privée devient légitime.

Malgré bien des vexations, les missionnaires ne se sont pas plaints du gouvernement de Paul Bert. Ceci prouve d'une manière irréfutable qu'ils n'ont jamais songé à demander quoi que ce soit qui ne rentrât dans l'*égalité*, qui eût le caractère d'un privilège. Les attaques dont ils ont été l'objet de la part de M. Chailley sont donc toutes gratuites, et révèlent seulement très peu de bienveillance dans l'entourage du résident général.

Ajoutons encore que si ce dernier avait réellement abandonné ses préjugés, ses erreurs, au lieu de faire appel à tout Français, par exemple, aux anciens sous-officiers, pour apprendre notre langue aux Annamites et ouvrir des écoles, il eût demandé leur concours dévoué aux Frères des écoles chrétiennes. Nous croyons que jamais encore cette démarche n'a été faite, et on peut le regretter. Mais ce n'est pas au moment où, par des taquineries multiples, on a obligé les frères de *quitter Saïgon*, qu'il faut s'attendre à les voir appeler au Tonkin ! On peut espérer cependant qu'ils vont revenir à Saïgon.

Les pouvoirs de Paul Bert devaient être de courte durée.

Le 23 octobre 1886, il partit de Hanoï pour faire une tournée. En sa qualité de représentant de la France, il assista le 24, à Ké-so, au sacre de Mgr Pineau, nouvel évêque du Nghê-an ou Tonkin méridional.

De Ké-so il se rendit à Nin-binh, où il reçut les fonctionnaires, les officiers, les notables ; puis il arriva à Nam-dinh. Là, il devait aussi recevoir toutes les autorités et s'entretenir avec elles des affaires concernant la région. Mais aussitôt sa venue, un malaise subit et violent s'empara de lui, et il partit pour Hanoï. Pendant le trajet, la dysenterie se déclara. Un mieux sensible se produisit ensuite, et il put reprendre ses occupations.

Tout à coup, au moment même où la population le croyait guéri, une abondante hémorragie survint.... Paul Bert était perdu !

Le 10 novembre, à une heure de l'après-midi, son agonie commença ; elle dura jusqu'au 11, à cinq heures du soir, c'est-à-dire *vingt-huit* heures !

Il mourut sans avoir voulu voir un prêtre, ou du moins sans que son entourage permît à un seul de pénétrer jusqu'à lui ; Mgr Puginier alla prendre de ses nouvelles, demanda à le voir.... tout fut inutile, et cependant on avait eu recours à une religieuse pour le soigner.

Le successeur de Paul Bert fut difficile à trouver.

Malgré les avantages pécuniaires et les honneurs attachés à cette haute mission de résident général, les personnages *civils* en situation de la remplir se dérobaient : le climat du Tonkin ne les séduisait pas.

M. Bihourd cependant accepta. Il fut rappelé après un certain temps, et les fonctions furent remplies par *intérim* jusqu'au jour où M. Constans arriva de France.

Actuellement, un régime nouveau est appliqué. L'*Indo-*

Chine française est placée sous l'autorité d'un seul gouverneur général (qui devrait prendre le titre de vice-roi). Tout portait à croire que M. Constans, revenu au mois de juin 1888 d'une mission en Indo-Chine, serait reparti avec le titre de gouverneur ou résident général. Mais il a préféré rester en France, et c'est M. Richaud qui se trouve actuellement (mars 1889) investi de ces hautes fonctions.

Le gouvernement français veut donner plus d'autonomie à nos colonies d'extrême Orient ; il veut donner plus d'unité à l'action au progrès et même à la défense, car le gouverneur général aura droit de disposer des forces militaires.

Il faut attendre que ce nouveau régime ait été appliqué ; actuellement, la critique ou la louange serait également inopportune. Mais sur un point cependant, on peut, dès à présent, considérer comme imprudente une mesure qui vient d'être prise : le rappel des troupes françaises.

Ce rappel est au moins prématuré. Pendant longtemps on devra craindre, en effet, de nouvelles complications sur la frontière du Tonkin. La pacification du pays même est loin d'être *complète !*

Le général de Courcy avait détrôné le roi (le *vua)* hostile à la France, et ce roi, bien jeune encore, s'était enfui dans les montagnes avec ses partisans, dirigés par un grand mandarin, le prince That-thuyet. En 1887, le bruit se répandit que le roi était mort de misère et que le prince l'avait suivi dans la tombe. Ce bruit, répandu par les amis mêmes du roi déchu, s'accrédita, et bientôt la mort des chefs de ce parti ne fit plus de doute.

Cependant *ni le roi ni le prince n'étaient morts*, et le bruit répandu n'était qu'une ruse.

Le roi était resté dans les montagnes de l'ouest de l'Annam ; quant à That-thuyet, il passa en Chine. Il n'eut pas beaucoup de peine à rallier le gouvernement de Pé-kin à la cause de son maître : l'autorisation de *lever des troupes* dans la Chine méridionale lui fut accordée; en outre, on lui donna des sommes relativement considérables. De sorte que des légions chinoises se groupèrent sur la frontière du Tonkin, prêtes à combattre la France et à conquérir l'Annam au profit de l'ancien roi, qui aurait reconnu l'antique suzeraineté de la Chine.

Très heureusement l'ancien roi a été fait prisonnier; il est maintenant détenu à Alger et son successeur sur le trône d'Annam a déjà disparu : le 29 janvier 1889, Dong-khan est mort, emporté, dit-on, par un accès pernicieux. Le 31, le Co-mat et la Cour ont élu roi *Bun-lan*, fils de Tu-duc, enfant de dix ans que la France a reconnu et qui a été proclamé le 1er février, sous le nom de Than-thaï.

Notre autorité n'est pas assez affermie pour qu'on puisse, sans risquer de tout compromettre, retirer les troupes régulières. Encadrés dans celles-ci, les régiments de tirailleurs annamites seraient d'un puissant secours pour la France; mais seuls, ou n'ayant pour les maintenir qu'un effectif insignifiant de soldats et d'officiers français, on peut, sans être pessimiste, craindre qu'ils ne résistent pas aux pirates sans cesse en mouvement, et aux bandes chinoises, nombreuses, bien armées, exercées par des Européens.

Le gouvernement français reviendrait-il donc au système des demi-mesures qu'il semblait un instant avoir abandonné?

Aujourd'hui cependant il est trop tard pour discuter l'utilité de l'occupation du Tonkin : l'honneur de la France est à jamais engagé à conserver ce pays.

Il fut une époque où l'on pouvait regretter que la mère patrie se soit lancée dans une entreprise si lointaine. Mais aujourd'hui les sacrifices accomplis et les engagements contractés vis-à-vis d'une population compromise désormais aux yeux du gouvernement annamite par les services mêmes qu'elle nous a rendus, ne laissent plus le droit d'abandonner à la merci des Chinois et des insurgés le territoire où flotte notre drapeau. En outre, le Tonkin, bien administré, peut devenir une colonie importante au point de vue stratégique comme au point de vue commercial.

Puisse Dieu ne pas permettre qu'une mesure imprudente exige à nouveau de grands sacrifices !

Dans cette étude de l'intervention française en extrême Orient, et en particulier des événements accomplis depuis 1883, nous aurions voulu citer les noms de tous les vaillants soldats qui ont combattu pour l'honneur du drapeau, pour la gloire de la patrie. Peut-être un jour entreprendrons-nous l'histoire de tant de dévouements sublimes, d'actes héroïques qu'un volume suffirait à peine à retracer ; mais actuellement notre tâche est remplie.

Nous préférons ne citer aucun nom ou du moins ne faire le récit d'aucun de ces actes d'héroïsme, car ils méritent *tous* d'être rapportés.

Les morts glorieux du Tonkin sont nombreux, hélas ! et chaque jour encore leur liste s'accroît. Tous, en effet, ne sont pas tombés au champ d'honneur ; tous n'ont pas succombé au Tonkin même des suites de blessures.... Beaucoup aussi sont rentrés en France, malades ou mutilés ; ils souffrent et meurent lentement.

Et ceux-là aussi méritent qu'on les nomme, car eux aussi souffrent et meurent pour la France, comme ont souffert et comme sont morts leurs frères qui dorment au Tonkin l'éternel sommeil !

CONCLUSION

Si rapide qu'il soit, l'examen que nous venons de faire
des événements successifs qui se rapportent à l'intervention française dans l'extrême Orient depuis un siècle, peut
montrer les progrès accomplis par les peuples de Chine et
d'Indo-Chine.

Il fait aussi comprendre au lecteur qu'une grande prudence n'a pas cessé d'être exigée de la France, voisine
immédiate des Chinois.

Le rôle d'instituteur que l'Occident a pris vis-à-vis des
peuples d'extrême Orient lui impose un impérieux devoir :
grandir sans cesse, sans cesse progresser dans le bien.

Ce devoir, qui incombe à toutes les nations, revêt un
caractère particulier pour la France.

La mère patrie doit, en effet, demeurer à la hauteur de la
mission toute spéciale que ses conquêtes lui tracent ; elle
doit aussi veiller sur elle-même, afin de n'être pas un jour
dépassée en sagesse et en force par ceux qu'on regardait, il
y a quelques années encore, comme « une quantité négli-
geable. » Elle doit enfin s'efforcer, d'une part, de bien connaître les besoins et les aspirations de ses fils d'adoption,
et, d'autre part, les diriger toujours en vue d'en faire des
hommes forts — au point de vue *moral* comme au point
de vue militaire.

Le caractère de l'Annamite rend son *éducation* assez

facile ; c'est de lui plus encore que du Chinois qu'il est vrai de dire : il a les qualités et les défauts de l'enfant.

Mais pour diriger l'enfant, pour le guider dans la vie, pour l'armer de toutes pièces en vue du grand combat que tout homme doit soutenir, il faut être soi-même prudent et fort, il faut avoir aussi toutes les vertus qu'on prétend lui inculquer et lui faire aimer.

Ce qui est vrai de l'enfant, de l'homme, est vrai aussi des peuples.

La tâche de la France est donc complexe.

Pour la remplir d'une manière digne de sa renommée, digne de sa gloire passée, elle saura faire appel à tous les dévouements.

Celui de l'armée ne lui a pas manqué ; il ne lui manquera jamais.

Celui de nos missionnaires lui a déjà été précieux, et ne lui fera pas défaut dans l'avenir.

Le christianisme, nous l'avons dit dans une précédente étude, ne change pas le *génie* des peuples. Mais il donne aux qualités plus de force et de puissance, aux passions moins d'ardeur. Il augmente le domaine du bien, il restreint celui du mal.

Voilà ce que nous ne devons pas oublier, et ce que l'Orient doit apprendre.

Paul Bert, — qui l'aurait cru ? — sut reconnaître *pour les colonies* l'utilité du concours des apôtres du Christ, concours qu'il repoussait en France, — comme si dans la force ou au déclin de l'âge, et sous prétexte qu'il s'est nourri pendant trente, quarante, quatre-vingts ans.... l'homme pouvait se passer d'aliments ! Ce n'est point parce qu'une société est vieille qu'elle peut se passer de religion.

Malgré ses erreurs, Paul Bert donna des preuves d'une remarquable intelligence. Ceux-là mêmes dont il était l'adversaire se sont plu à rendre hommage à ses brillantes qualités.

Nous ne prétendons pas que ses successeurs en Indo-Chine n'aient pas été à la hauteur de la mission qu'il leur légua, mais aucun, sans doute, n'a compris mieux que lui toute la difficulté, toute l'étendue de la tâche à laquelle il s'était voué, et nous croyons qu'au moment où il tomba malade, il jugeait cette tâche tellement au-dessus de ses forces, *qu'il songeait à demander son rappel.*

De tous les hommes qui ont été appelés à exercer leur talent au Tonkin, seul, croyons-nous, l'amiral Courbet fut à la fois supérieur à Paul Bert sous plusieurs rapports, égal à lui sous quelques autres.

La grande figure de l'amiral Courbet domine l'époque la plus difficile de notre intervention armée.

Administrateur, marin, soldat.... Courbet était tout cela, et dans toute la force de ces termes. Il était aussi un fervent chrétien.

Tout souvenir est éphémère parmi nous! On nous en a souvent fait le reproche, reproche mérité.

Mais cette inconstance résulte de notre ardeur même, de notre générosité spontanée, innée, autant que de notre vivacité d'esprit. De sorte que, lorsque le souvenir d'un homme évoque l'idée de ces qualités foncières qui sont le propre du Français, le Français n'oublie pas.

Il ne peut oublier Courbet.

Courbet, Bayard : quel rapprochement à faire entre ces deux noms, quels rapports entre ces deux hommes !

Comme Bayard, après avoir sauvé l'honneur du drapeau français, Courbet a décidé la victoire à se reposer sur nos étendards; il a fait plus encore, il a contraint l'ennemi à désarmer.

Comme Bayard à Romagnano, Courbet est mort en face de l'ennemi ; plus heureux cependant que le héros des temps passés, il put remplir tout entière sa glorieuse mission.

Bayard, après Marignan, arma chevalier son roi, — François Ier.

Courbet, à Son-tay et à Fou-tcheou, rendit à la France, avec sa gloire passée, tout son prestige en extrême Orient.

Courbet est mort…. sur le *Bayard !*

A Courbet comme à Bayard, à l'un comme à l'autre de ces deux héros « sans peur ni reproche, » soyons fidèles toujours.

Gardons pieusement leur souvenir ; et si nous ne pouvons, comme eux, servir la France avec éclat, aimons-la du moins ainsi qu'ils l'ont aimée.

TABLE DES MATIÈRES

SECONDE PARTIE

Intervention de la France dans l'extrême Orient.

1788-1889